It's Complicated:
The Social Lives of Networked Teens

鍵盤參與時代
來了！

danah boyd

達娜‧博依德————著　　陳重亨————譯

目錄
CONTENTS

REVIEW
各界推薦

在解釋青少年網路行為方面，博伊德擁有社會學家的見解、記者的眼睛和科技專家的悟性。如果你對於孩子在網路上做些什麼感到困惑，一定要看這本書。

——華特・艾薩克森 Walter Isaacson
《賈伯斯傳》、《創新者們》作者

博伊德仔細傾聽，完成她的研究。她是詮釋青少年與社群網路語言和意義的高科技媒介。

——伊芙・恩斯勒 Eve Ensler
社會活動家、《陰道獨白》作者

如果你想了解數位世界的當代年輕人，就要讀這本書。

——霍華德・加納 Howard Gardner
哈佛大學教育研究所教授、多元智能理論創始人

我希望每一位老師、家長、政策制定者和記者都能看看這本
書。對於青少年的網路生活,博依德知道一些最常見的誤解
和焦慮,並深思熟慮地分析。像這樣的一本書,正適合博伊
德來寫,不管在任何方面都不會讓人失望。

——亨利・詹金斯 Henry Jenkins

南加州大學傳播學院與電影藝術學院教授

本書極罕見地以年輕人的觀點檢視日常溝通中令人困惑的變
化,對於經常惹來激烈爭論的青少年與科技議題,博伊德這
本書提供了理性的分析和探討。

——伊藤瑞子 Mizuko Ito

文化人類學家、加州大學爾灣分校駐校學者

花兩杯冰星樂的錢就能買到這本書,讓你深入了解年輕人。

——南西・盧布林 Nancy Lublin

DoSomething.org 執行長

關於青少年的網路行為,博伊德的研究總是超越傳統智慧。
本書就是她多年研究的寶貴成果。

——艾莉莎・佩吉 Elisa Camahort Page

BlogHer 創辦人

在討論青少年和社群媒體的著作中,終於有一本書讓青少年

真正得以發聲！本書對於現今網路時代的親子教養和教育，以前所未見的角度提供許多寶貴見解。

——**安・柯理爾 Anne Collier**

ConnectSafely.org 共同領導者

本書內容精緻而銳利，帶來挑戰和希望。精明，細緻入微，挑釁，充滿希望，在這本必當一讀的論述中，博伊德深入探索年輕人和他們的數位生活。

——**史蒂芬・巴肯 Stephen Balkam**

家庭網路安全協會（Family Online Safety Institute）創辦人

博伊德的最新著作層次豐富而精巧，讓你的心智為之一新。

——**《紐約時報》**（*New York Times*）

根據十年來針對從郊區到市中心的青少年研究與採訪，本書雄辯地駁斥各種危言聳聽，讓家長們不必再對網路上種種奇怪現象感到焦慮和擔心。

——**《時代雜誌》**（*Time*）

本書是媒體專家達娜・博伊德研究青少年與數位科技的最新著作，在青少年與父母親常年不斷的權力鬥爭中，深入探討智慧型手機、iPad 和手提電腦帶來的衝擊。如今以網路相互連結的年輕世代，既是消費者，也是生產者，他們的作為往

往帶給家長、教育工作者和投資人諸多困惑，而這本書正可以增進大家對他們的理解。

——《金融時報》（*Financial Times*）

對於科技發展如何影響青少年的生活，學生、家長和教育工作者都能透過本書的全面研究和探討獲得啟發，讓成年人得以平衡理解，而不是一味地妖魔化這個不可避免的趨勢。

——《出版者週刊》（*Publishers Weekly*）

博伊德的深入研究，讓大家真正認識現今時常遭到誤解的青少年世界，他們參與社群媒體已是生活的一部分……由多位青少年和作者提供的豐富資訊和常識性的建議，讓讀者——特別是家長們——面對新媒體時代不必那麼擔心和焦慮，也了解到社群媒體對於青少年是何等重要。

——《科克斯書評》（*Kirkus Reviews*）

本書有很多有趣的觀察，比方說大多數青少年都不是我們以為的「數位原住民」。

——《觀察家報》（*Observer*）

本書詳盡研究青少年如何運用科技，然而，家長和整個社會的過度保護與父權心態，妨礙青少年發展媒體素養並進行一

些重要的思考，讓年輕人感到失望。就算你不是家長或青少年，都會發現這是今年來最有趣的一本書。

　　　　　　　　　　　　──《洛杉磯時報》（*Los Angeles Times*）

本書耗費十年工夫，引用諸多社會學家的理論，諸如傅科（Michel Foucault）與高夫曼（Erving Goffman），也是博伊德採訪全美一百六十六位青少年，讓他們自己發聲，讓讀者可以獲得真正的啟發。

　　　　　　　　　　　　　　　　──《電訊報》（*Telegraph*）

博伊德精巧的學術研究，讓我們看到青少年比成年的老頑固更擅長處理社群媒體時代的矛盾困境。

　　　　　　　　　　　　　　──《新政治家》（*New Statesman*）

本書以複雜而豐富的想法取勝，檢視諸多成年人對於青少年的討論，我們常常因為恐懼而壓抑了年輕人的聲音。

　　　　　　　　　　　　　　　──《新科學家》（*New Scientist*）

這本書是一份來自前線的戰報，也是涵蓋層面更為廣闊的社會分析。它不只探討最近流行的 Twitter 八卦或 Snapchat 上耍笨聊閒；在某個層面上，它觸及家長對青少年參與社群媒體抱有的偏執和焦慮，在另一個層面上，則是對於當代文

明的尖銳批判。最簡單的結論呢？孩子們很不錯，而錯的可能是社會。

—— Salon.com

達娜・博伊德，我最喜歡跟她談一些關於青少年和科技方面的話題，她總能告訴我一些我不知道的事情。這本書也是一樣，透過達娜獨特的過濾鏡頭，採訪全美各地的青少年，凝鍊出許多寶貴的見解。

—— Slate.com

本書以熱情兼及學術研究的筆調，生動地描述今日年輕人對於網路科技的使用狀況。作者博伊德勤勉地進行訪談調查，歷時十餘年的精心研究，在網路文化分析方面的著作中，是我讀過最重要的一本。

—— Boingboing.net

PREFACE

序

　　那是 2006 年，我在加州北部跟幾個青少年談到他們使用社群媒體的經驗。我在那裡碰到麥克（Mike），他是 15 歲的白人男孩，很喜歡玩 YouTube 網站。[1] 他興奮地說起最近很受關注的「健怡可樂加曼陀珠實驗」，很多人上 YouTube 網站看曼陀珠放進健怡可樂後變得像噴泉一樣的影片。也有很多青少年自己做實驗，要親眼看看曼陀珠和健怡可樂放一起會怎樣，麥可也做了。他興高采烈地向我展示他和朋友用那兩樣東西做實驗所拍的影片。他一邊帶著我觀賞他自己拍的許多影片，一邊解釋說學校借他一部錄影機，讓他可以完成一些學校指派的作業。學校積極鼓勵學生製作影片或其他媒體，以呈現課堂上學到的知識。他跟朋友會在週五借錄影機回家，在週末完成作業之後，也趁機做一些更好玩的影片。他們做的當然不是什麼高品質影片，而且放到 YouTube 上頭也只有自己的朋友上去看。但只要有人點閱，

就算是強迫哪個朋友來看，都讓大家很興奮。

我們邊說邊笑地觀賞麥克放到網路上的影片，他突然嚴肅地轉身對著我。「你可以幫我一個忙嗎？」他問：「能不能跟我媽說一下？跟她說我上網並不是在做什麼壞事。」我沒有馬上回答，所以他又繼續解釋：「我是說，她認為網路上的一切都很糟。你也是個大人，但你應該懂吧。你可以跟她說一下嗎？」我笑著答應他說可以。

這就是這本書要做的：描述和說明青少年的網路生活，讓那些擔心的家長、老師、政策制定者、記者，甚至是其他青少年都可以深入理解。這也是我八年來多方面研究青少年參與社群媒體和其他網路科技服務的總結。

為了搞清楚青少年都在幹什麼，我可是四處奔波，從 2005 年到 2012 年間，我觀察及訪談的青少年遍及全美十八州，他們的出身背景橫跨不同的社經地位和種族族群。我也耗費無數的時間，透過社群網站、部落格及其他社群媒體，觀察青少年在網路上留下的足跡。同時我也跟許多青少年在學校、公園、商場、教堂和速食店等實體空間見面訪談。

為了針對一些具體問題深入研究，我在 2007 年到 2012 年間總共對青少年進行了一百六十六場正式或半正式的訪

談。[2] 訪談地點也許是在他們家裡、學校或其他公共場合。此外，我也訪談了家長、老師、圖書館員、年輕的神職人員，還有其他一些會跟青少年接觸的工作人員。我就是這麼成為青少年文化的專家。此外，我原本擁有的科技背景，還有跟一些開發社群媒體工具的科技企業合作的經驗，讓我對於社群媒體是如何設計、執行及發布給大眾使用，都有第一手的理解。結合這兩項專業，我能夠進行更為廣闊的政策對話，參與一些與年輕世代相關的委員會，幫助網路社群與社會進行公開對話。

當我開始感受到青少年的熱情和挫折，面對更多群眾討論這個話題時，我發現到，在人們熱烈地討論青少年的網路生活時，反而很少人真正去傾聽青少年的聲音。很多人都會談到青少年參與社群媒體的現況，但很少人願意花點時間真正去聽一下他們想說什麼，也沒什麼人會注意到青少年自己對於網路和現實生活有什麼樣的意見和看法。我寫這本書就是要彌補這個落差。書中援用青少年的訪談，以及許多比較非正式的觀察和會面所得，有時候我也會從媒體中摘取一些報導，引入一些成人觀點以提供理解的脈絡，做為進一步說明的引例。

這本書呈現了我採訪和觀察青少年的經驗，並提供反思觀點。他們的聲音塑造出這本書，正如他們的故事讓我了解

到社群媒體在他們生活中所扮演的角色和作用。當代年輕人正試著在網路上發現自我，我希望這本書能夠揭示這個複雜而迷人的主題。

　　我希望各位在閱讀這本書的時候，可以先放下成見，才能理解青少年的網路社群生活。大致上來說，孩子們都很好，但他們也希望自己能夠被理解，這正是本書所希望做到的。

NOTES

1. 本書提到的名字大多為假名，有些是青少年自己選的，其他則是我從命名網站上根據出生年份及種族特徵來選，希望保有一些文化和時代上的特性。如果是摘引自公開資料，如部落格文章或新聞媒體的採訪，則直接採用文件上的名字，而這些未必是真名。

2. 2010 年至 2011 年間的訪談和實地調查是和瑪威克（Alice Marwick）合作，主題大多集中在隱私和霸凌。由瑪威克主持的訪談，書中會特別標示出來。要更深入了解本書採訪對象及研究方法，請參考：http://www.danah.org/itscomplicated/。

INTRODUCTION

導言

2010 年 9 月某個晚上，我在田納西州納什維爾一場高中足球賽的看台上感受到一股強烈的既視感。1990 年代中期，我是高中的鼓號樂隊成員，有無數個夜晚是在賓州中部各個球場看台上度過，名義上是為自己學校的足球隊加油，其實是為了可以跟朋友混在一起。2010 年的納什維爾，跟二十年前我讀高中時的情景可說是極為類似。我馬上發現，這正是美國的典型晚間時光。我忍不住覺得好笑，我以為科技已經改變青少年的生活，我到納什維爾就是為了和他們談這個。然而，我那時候坐在看台上想的是，儘管很多事情已經改變，但有些似乎也沒變。

我跟一位三年前在愛荷華州認識的青少年談話，他叫史丹（Stan）。他叫我甭再注意過去和現在到底有什麼差異了，他說：「你會很驚訝地發現，其實沒什麼變化。我猜很多事

情其實都一樣，只是格式有點不同，也許是改了字體，或換了背景顏色。」他滿口的網頁術語，卻讓我覺得科技似乎也沒改變什麼重要東西。

場景再回到納什維爾。啦啦隊揮舞著五顏六色的彩球，高喊：「防守！」這時，一群男孩、女孩穿著禮服，在跑道上排成一列，表示中場休息時間快到了。這場足球賽是球隊出外遠征後的返校比賽，中場休息時間會舉行「返校宮廷」（Homecoming Court）的活動，一群盛裝打扮的學生進場跟所有觀眾見面，隨後播報員會宣布今晚的國王和王后。這群學生男、女各八人，黑人和白人各占一半。我想到這個地區的人口結構其實已經大不相同，可是裡頭卻沒有亞裔和拉美裔的學生代表。播報員逐一介紹這幾位學生代表，特別談到他們的課外活動、在當地教會的參與，以及他們對未來的夢想。

此時坐在看台上的大部分學生，身上穿著代表學校顏色的衣服，有些人甚至畫在臉上表示支持。不過他們對於球場上發生的事情卻不太注意，除了那十幾名學生代表上場時曾引發一陣喧騰之外，大家逕自忙著哈啦聊天，享受這難得的機會，跟朋友、同學聚在一起。

跟我過去幾年來拜訪過的許多學校一樣，在納什維爾

的這所學校，友誼仍然受制於種族、性別、性傾向和年級的差異，你從這些學生跟誰坐在一起、跟什麼人說話，就能看得出來。大致上來說，學生集中在看台的兩側，家長和球隊的「鐵粉」則占據中央位置。學生大多數是白人，而且依照年級區分：高年級的學生坐在最靠近球場的座位，新生則被擠到後頭。女孩很少單獨與男孩坐在一起，如果有的話，就已經是手牽手囉。群聚在看台下方和右側的青少年，代表著這所學校的不同組成分子。底下那群學生大多是黑人。除了「返校宮廷」那群學生之外，只有一群學生混合多個種族，可資識別的是他們的「奇裝異服」，五顏六色的染髮、臉上穿環，還有一身黑的打扮。這些服飾在流行文化連鎖店「熱點」（Hot Topic）的衣架上都看得到，主要是迎合哥德風、龐克和其他另類文化族群。

只有兩件事證實現在不是 1994 年：打扮和手機。現在已經看不到 1980 年代興起的瀏海、捲燙，還有髮膠、定型液的過度使用，這些玩意一直到我 1990 年代進高中時還很流行。另一個不像 1994 年的是，無處不在的手機。就我看到的，那天在納什維爾球場上的青少年個個都有手機，蘋果 iPhone、黑莓機和其他高檔智慧型手機，似乎在這個中產階級學校特別受歡迎。而且不讓人意外的是，白人學生的手機通常比黑人學生的更貴，或者品牌更高檔。

美國高中生在 2010 年有 80％擁有手機，所以看台上人手一機的情況並不令人驚訝。[1]真正讓人驚訝的，至少對成年人來說，是那些青少年很少把手機當做電話來用。我觀察到的青少年都不是拿它來打電話。要拍「返校宮廷」照片，大家都迅速拿起手機；在人群中找不到朋友，也是急忙用手機傳簡訊，大家都碰到面之後，通常就不會再傳送簡訊了。這些青少年的手機很少響起，如果有人打電話進來，最典型的反應就是生氣地叫著「爸！」或「媽！」，大概就是爹娘打電話來查勤吧。從青少年的反應來看，顯然是當做不必要的干擾。而且，儘管很多青少年常常傳送簡訊，但他們不是只注意自己的手機，雖然他們有時候會盯著手機，但也常常跟身邊的人分享，一起觀看手機上的畫面。

　　反倒是看台上的家長比較注意自己的手機。一般而言，家長擁有智慧型手機的情形更普遍，也更常盯著自己的手機。我不知道他們是在檢查電子郵件，或是做別的事情，反正他們不是顯得無聊，就是已經分心在其他事情上。很多大人就這麼一直盯著手機，連球隊達陣得分都不抬頭看一下。而且他們也不像青少年，會跟身邊的人分享自己的手機，也不會對比賽或典禮活動拍照。

　　雖然我遇到許多家長都怨嘆孩子沉迷於手機，但我在納什維爾看到的青少年只是把它當成是可以相互連絡的照相

機。原因很簡單：朋友都在身邊啊，根本不需要別的。

我到納什維爾深入了解社群媒體和其他網路科技如何改變青少年的生活。那些在我高中之後才出現的通訊和資訊新穎科技，令我著迷不已。我十來歲時也上網，算是第一代學會上網的青少年之一。不過 1990 年代早期可不比現在，那時候我的朋友裡對電腦有興趣的還很少。而我之所以對網路感興趣，則是跟當地社區無法滿足我有關。對我來說，網際網路是一個更大的世界，裡頭有許多人都跟我一樣對特定主題感興趣，而且不管白天或半夜，隨時都找得到人跟我聊。我成長的那個時代，上網正是一種逃避世界的方式，而且我真的很想逃啊。

我認識的那些青少年，都因為種種不同原因被流行的社群媒體，如 Facebook 和 Twitter 所吸引，有些則著迷於手機 APP 和簡訊。現在的青少年跟我們早期上網的小孩不同，早期上網的人掛在聊天室、留言板，就是不想跟當地社區的人混在一起；但現在大多數青少年上網連絡的人，正是自己社區中的朋友。他們會如此使用網路，一點都不奇怪，完全是正常的表現，也都預期得到。

納什維爾足球賽隔天，我採訪一位女孩子，她前一天也去看了比賽。我們坐下來一起看她的 Facebook 網頁，她

讓我看很多前一天晚上拍的照片。她在球場時並不會惦記著Facebook，不過等她回家之後就開始上傳照片、標記朋友，也回應別人的照片。我看到她網頁上的動態更新，很多都跟那天在球賽上的談話有關。這時候的Facebook對她而言，是用來延續跟同學歡聚的快樂時光。儘管球賽過後，看台上已是曲終人散，但她還可以利用Facebook跟朋友聚在一起。

　　對於這些上網的青少年，社群媒體在他們生活中扮演著非常重要的角色。儘管具體的網路科技時有變化，但社群媒體提供給青少年的，就是一個可以用來打發時間、跟朋友聚在一起的空間。青少年在社群媒體上的互動，有時候就是實體社交的補充或增強。2006年社群媒體MySpace大行其道的時候，18歲的史凱樂（Skyler）對她媽媽說，MySpace對她的社交生活是絕對的必需品。她解釋說：「要是你不玩MySpace，就等於你不存在。」史凱樂的意思是說，能否在這些「很酷」的地方和同儕互動，決定你在社交上是否被大家接受。青少年認可的「酷」當然是各有不同，過去也許是指購物商場，但本書中的青少年則認為社群網站，如Facebook、Twitter及Instagram才叫酷。顯然到本書出版的時候，也許下一代的青少年又瘋迷新的APP和通訊工具，現今流行的社群網站又顯得過時。這些「空間」也許會改變，但結構原則並沒有什麼不同。

雖然有些青少年還是喜歡一起聚在商場和球場，但社群媒體的發展確實也造成了改變，讓他們哪裡都不必去，就能創造出「很酷」的空間來。而且因為許多社會和文化因素，社群媒體已經成為一個重要的公共空間，青少年可以在此聚集，進行非正式社交互動。社群媒體讓他們能夠參與，並促成我所謂的「網路公共空間」（networked publics）。

在本書中，我要討論的是社群媒體如何，以及為何會成為眾多青少年的生活重心，他們又是如何瀏覽、漫遊這些新科技創造出來的網路公共空間。[2] 我在書中也會談到許多成年人對於青少年參與社群媒體感到焦慮，並提出質疑和挑戰。經由說明青少年上網的行為、習慣，以及他們和成人之間因此造成的緊張關係，提供一些對於當代年輕人網路生活的重要觀察和思考。

社群媒體是什麼？

過去十年來，社群媒體已經從原本複雜難解的科技謎團進化為許多網站和服務，並且成為當代的文化重心，青少年瘋迷這些流行服務，進行社交互動、八卦閒聊、資訊分享和逗留消遣等等活動，可謂不勝枚舉。本書雖然會談到許多網路技術，包括廣泛的網際網路服務，還有諸如手機的簡訊服

務，但大部分都集中在所謂的「社群媒體」。那些在 2000 年代初期出現的網站和服務，包括社群網站、視訊分享網站、部落格和微網誌平台，都是提供工具，讓使用者得以分享自己創作的內容，凡此種種我在書中通稱為「社群媒體」。除了指涉各種通訊工具和平台之外，社群媒體也代表了 2000 年代中期出現的某種文化心態，即所謂網路 2.0（Web2.0）的科技及商業現象。[3]

我們稱之為社群媒體的技術服務，既不是第一個、也不是唯一支援社群互動的工具，讓青少年得以相互溝通和參與一些有意義的網路社群。電子郵件、即時通軟體和網路論壇留言板等等，如今雖然不再流行，卻也還是有很多年輕人在使用，但就文化現象來說，社群媒體的確是重新改造了資訊和通訊的生態系統。

在 1980 年代和 1990 年代，早期的網際網路使用者會利用電子郵件、即時通軟體跟認識的人聊天；若是要跟陌生人交流，則轉而使用聊天室或留言板等公共服務。雖然許多早期參與網路社群的人後來也都變成真正的朋友，但大多數在踏進網路世界之初其實互不相識。當時的網路社群是按主題形成，討論中東局勢、想要得到健康諮詢或對於各種程式語言功能感興趣的人，都各自擁有一方天地，不會跟其他族群混在一起。

大概是從 2003 年開始，部落格越來越受歡迎，再加上社群網站的興起，過去依照主題劃分的狀況也因此重組。儘管現有的部落格服務仍會根據分享的興趣主題，幫助網民相互溝通和連繫，但大多數網民看的是認識的人主持的部落格，而格主也是貼文給認識的人閱覽。[4] 早期的社群網站 Friendster 和 MySpace 剛推出時，主要是讓使用者可以透過它們來認識新朋友，特別是朋友的朋友，可以一起分享自己的興趣、品味或熱情。Friendster 更是被設計為婚姻介紹服務。換句話說，社群網站是專為拓展社交人脈而設計的，但是這些服務後來大受歡迎，卻是因為它們提供的平台也可以用來跟本來就認識的朋友連絡。很多早期使用者只是透過這些網站跟原來的朋友互動，並不太注意朋友的朋友，也無意透過這些服務來拓展人脈。當 MySpace 最流行的時候，有個廣告說它是「朋友歡聚的地方」，對很多使用者來說這也正是它的功能所在。

　　社群網站改變網路社群的本質。像 Usenet 和留言板等早期的網路社群工具主要是根據興趣主題而建立，儘管網民也利用它們來跟朋友連絡；部落格則像是個人網頁，其建立基礎就在於個別使用者。這些連結讓使用者同時照顧到自己的朋友和興趣主題，但社群網站讓興趣主題的重要性逐漸淡化，友誼成為中心元素。

早期的網路使用者利用網際網路技術和別人往來，也是行之有年，但在許多主流文化裡頭，這種網路社群的參與常常被當做是網路阿宅或其他社會邊緣人才會有的怪異舉動。到了 2000 年代中期，隨著網際網路大行其道，社群媒體隨之興起，特別是像 MySpace、Facebook 和 Twitter 等，上網分享資訊、跟朋友連絡，已經成為許多人日常生活的一部分，尤其在這段期間成長的青少年更是如此。參與社群媒體已經不是另類、非主流，反而成為標準動作。

儘管青少年長久以來使用過無數的工具來相互連絡，但現在對於社群媒體的熱烈參與卻是前所未見。到了 2013年，使用 Facebook、Instagram 或 Tumblr 的青少年已經不會讓人感到奇怪。就像 2000 年代中期熱中使用 Xanga、LiveJournal 或 MySpace 的青少年也不會讓人覺得太怪異。在這些網站正流行的時候，使用這些最出名的社群媒體工具不會遭人白眼，參與其中也不會被看做是反社會傾向。事實上，參與這些社群媒體都只是日常生活的一部分，跟看電視、打電話沒兩樣，這些我都會在書中說明。我很早就使用數位科技，並隨其發展一路成長，就我的經驗來看，這種狀況是個重大變化。

儘管書中談到的許多工具和服務如今都已過時，但我討論的核心活動，包括聊天與社交互動、自我表達、維護隱私，

以及分享媒體和資訊等等，現在和過去都沒什麼兩樣。雖然流行的網站和 APP 可能會不斷改變，青少年對於網路公共空間的參與還是跟以前一樣。網路新技術和手機 APP 改變了大環境，青少年透過手機與社群媒體互動，類似的玩法和活動讓他們得以跨越地域限制。從我進行這項研究以來，網路技術已經有所改變，而從我開始寫這本書到各位真正讀到時，這段期間裡網路技術也一樣會變化。這些技術變化很重要，但接下來幾頁要談的主題比特定技術的變化更重要，儘管所舉的例子都是過去發生的。

網路公共空間的重要性

在我們這個社會裡頭，青少年都很熱中於尋找自己的地方，而社群媒體所帶來的不同結果是：青少年對於社交連結和獨立自主的長久渴望，就表現在網路公共空間。網路公共空間其實就是藉由網路技術建構的新公共場所，它們同時是：一、經由網路技術建構而成的空間；二、經由使用者和科技、參與交織而成的想像社群。[5]

雖然日常生活中我們常常說到「公共」，但「公共」或「公共領域」的定義其實是更為學術的，它是群眾可以自由聚集的空間，又或者如政治學家安德森（Benedict Anderson）

所言，公共乃自認為想像的共同體的群眾總合。[6] 群眾根據性質或地理劃分，可以分屬於多個公共類別，而不同的公共類別又相互交疊或混合。公共類別彼此涉入，因此要理解特定公共領域的界限和形態，就成了莫大的挑戰。美國總統發表國情咨文，可能是針對他心中認為的美國公眾，但全球的人們也都知道他說了什麼，結果，誰也不敢肯定美國總統心中的公眾到底是指誰。

不同的公共類別有其各自的目的，其本質可以是政治的，或者是圍繞共同的身分和社會實踐而成立。提到公共類別，我們會先想到由國家控制的實體，但其中也不乏私人性質，例如企業或購物商場等商業場所。由於媒體的涉入，當代的公共類別也跟觀眾的概念有所連結。這些概念帶來了模糊，也引發諸多學者的質疑。我雖然使用「公共空間」這個術語，但無意涉入爭論，更不涉及這個術語所帶來夾雜不清的各種問題。我說的「公共空間」，就是提供一個群眾可以聚集、連絡，讓我們所理解的這個社會得以構成的空間和社區。

網絡公共空間具備空間的概念，同時也是一個想像的共同體，透過社群媒體和當中的新技術。做為空間，網路媒體空間的存在，是因為社群媒體讓群眾聚集、連結，可以一起說笑，打發時間。經由科技形成的網路公共空間也能發揮實

體公共空間的功能，就像過去幾個世代的青少年時常聚集的購物商場或公園。做為社交構造，社群媒體創造的網路公共空間，讓群眾可以將自己看做是更廣泛社群的一部分。正如透過大眾媒體共享電視消費，曾經讓青少年感覺自己和大家連結在一起，社群媒體也讓當代青少年以為自己是整個想像共同體的一部分。

青少年聚集在網路公共空間，跟他們喜歡去實體公共場所的原因一樣。他們希望自己是廣闊世界的一部分，跟其他人互動、連結，自由活動。同樣的，很多成年人擔心網路科技的理由，也跟他們長久以來對於青少年的公共生活感到憂慮的理由一樣，就像對群聚在公園、商場和其他公共場所的青少年感到擔心。如果說，我的研究讓我知道些什麼的話，那就是：諸如 Facebook、Twitter 等社群媒體服務提供給青少年的，正是參與公共生活的新機會，也就是這一點讓那些憂心忡忡的成年人更感焦慮。

我們大概都了解實體空間和其中允許的關係運作，但網路空間在結構上和群眾連結的方式上，跟實體空間大不相同。雖然鼓動青少年參與網路公共空間的，是在網路出現之前就有的社交欲望，但網路科技改變了社會生態系統，並影響從而展開的社交動態。

要了解其中哪些是新的、哪些不是，必須先了解科技帶來了什麼樣的社交新機會，又如何挑戰我們對於日常互動的設想和預定。環境上的設計和架構，讓某些型態的互動得以發生。比方說，圍著圓桌而坐，比課堂的座位安排更方便聊天對話。雖然在教室裡頭學生還是能夠轉頭跟後面的人說話，但課堂的設計形式就是鼓勵大家看著老師。特定環境中某些屬性或特質讓某些做法得以發生，有時是刻意鼓勵，有時則是非刻意的，這些屬性或特質稱為「預設賦使」（affordance）。[7] 要先理解特定科技的預設賦使，才能明白我們在完成目標的過程中，為什麼會運用或抗拒這項科技。比方說，一扇厚窗讓兩邊的人可以看到彼此、卻聽不到彼此的聲音，那麼這兩邊的人要相互溝通，可能得比手畫腳、舉牌子，或者直接把玻璃打破。這個窗子的預設賦使並不預期兩邊的人要怎麼溝通，但它的特徵仍然形塑了這個情況。

　　因為科技，讓網路公共空間擁有一些跟實體公共空間不同的特性。社群媒體創造出的媒體環境，尤其受到四種預設賦使所形塑。這些特性本身並不新，但因為網路公共空間創造出新的機會和挑戰，讓這些特性互相牽連。它們分別是：

- 持久性：網路內容與呈現的時間持久
- 能見度：面對可資見證的潛在群眾
- 散播力：容易分享內容

- 可搜索：可以尋找內容

經由社群媒體分享的內容可以長久存在，是因為這些科技原本就設定賦予持久性。能夠長久存在，通常就具備較大的影響力，讓這些內容能夠在不同步的情況下，長時間進行互動。比方說，愛麗絲三更半夜寫信給鮑伯，這時候鮑伯還在呼呼大睡；鮑伯隔天早上醒來，或者是三個禮拜以後才從夏令營回來，那則訊息還是在那裡等他，即使愛麗絲自己可能都忘了這封信。持久性的特質意味著經由社群媒體進行的對話會持續更久，因此而帶來的互動，跟大家聚在公園碰面談天的狀況就很不一樣。愛麗絲寫給鮑伯的那則訊息並不會過期，而且鮑伯還可以將它保存幾十年。持久性的特質，代表使用那些社群媒體，通常也是被記錄下來的。這種情況在程度上可說是史無前例。

透過社群媒體，我們可以輕易地跟廣大觀眾分享內容，也能夠取得相距更遠的內容，這讓訊息的能見度大為增加。更常有的情況是，當我們在網路上創造出內容後，它的能見度暴增，因為大多數的社群媒體就是以廣泛分享為前題。許多受歡迎的系統都要求使用者必須主動設定，才能限制特定分享內容的能見度，這跟實體空間相當不同。在實體空間中，如果要讓相當人數的群眾都看到特定的內容，必須經過協調

才辦得到。[8] 在網路公共空間裡頭，互動往往是預先設定的功能，要保持隱私反而費事。

　　社群媒體通常也設計用來散播資訊，或明或暗地鼓勵大家分享連結，提供方便轉貼圖文的工具，也方便複製、剪貼內容到其他網頁。所以大家在網上貼出的內容，常常是經由一個點擊或鍵盤操作幾下就可以輕易散播出去。[9] 有些系統提供簡單的按鍵，即可把內容轉寄、轉貼或分享到播送列表。就算系統沒有內建這些工具，網頁內容通常也可以輕鬆下載或複製再轉發。透過網路分享，實在是簡單到無可比擬，威力強大，同時也帶來問題。這樣的散播力可以用來號召群眾，也可以散播謠言。

　　最後是，自從有了搜尋引擎，大家的溝通連絡往往也都找得到。我媽就喜歡嚷著：「找找看！」搜尋我跟朋友們都在哪兒鬼混、說些什麼。現在，任何好奇的潛水客都可以查詢資料庫，找到別人寫的無數訊息，就算原本就設定為公開取用、觀覽的訊息，也未必想到有朝一日會因為搜尋引擎又被挖出來。搜尋引擎可以輕輕鬆鬆地讓深藏網海的互動內容浮出水面，這些搜尋工具的設計通常也會抹除情境線索，讓搜尋者更可能斷章取義。

　　但社群媒體的這些預設賦使沒有一樣是新的。我爺爺、

奶奶談戀愛時寫的情書，也一樣具備持久性。印在校刊上或寫在更衣室牆上的訊息也可以長久被看到。八卦消息和謠言在歷史上一貫是口耳相傳，宛如野火燎原。雖然搜尋引擎肯定會讓調查、搜索更有效率，也沒人知道你搜尋些什麼，但是這種打探別人活動的行為一點都不新啊。然而，社群媒體提供技術讓大家使用，參與這些行之有年的活動，從而改變和放大了整個社交環境，這一點可就是從前不曾有過的。

當大家在使用這些工具時，也協助創造新的社會動態。比方說，因為資訊能見度高、持久性強，青少年對於他們感興趣的人能夠利用搜尋緊迫盯人。也因為能見度大幅增加，當青少年在網路公共空間快速散播八卦消息，便開始了衝突。利用可搜索、散播力、持久性的特質，青少年也可以讓自己樂團的影片在 YouTube 網站上獲得最大能見度。儘管現今青少年社交互動的基本動機和過程其實改變並不大，但他們利用身邊這些工具來進行特定活動，就讓人覺得似乎跟過去大不相同。

青少年可以、也的確會操縱社群媒體來吸引注意，提高能見度，但這並不代表他們對此經驗豐富，或者自然而然就擁有技巧可以駕馭新科技帶來的種種事物。通常只顯示出，青少年對於社群媒體普遍比成年人放心，也比較沒有疑慮。他們不會去分析網路科技帶來什麼不同，而是在既定狀況

下，單純地想要透過它們參與公共世界。就他們的社會地位來說，讓他們感到新鮮的不是科技，而是科技可以帶來的公共生活。青少年都很想參與公共生活，也很想理解公共世界，因此會想要搞懂可以幫助他們參與公共生活的科技，這也在意料之中吧。成年人就不一樣了，成年人有更多自由可以探索各種公共空間，他們更容易、也更有能力去比較網路與實體公共空間的差異。所以他們會注意到網路公共空間跟當地的酒吧或教會等實體公共空間很不一樣。由於經驗值不一樣，人生階段也不同，青少年和成人的關注重點通常也不同，青少年想知道參與公共生活是什麼滋味，成年人則是比較注意網路化之後是什麼樣子。

我在書中還會再回來談到這四個預設賦使，說明參與網路公共空間會如何影響日常生活中的社會實踐。不過要提醒各位，這不是由青少年自己描述現在出現了什麼變化，他們往往不知道自己棲身其中的網路公共空間跟比其他公共空間有什麼不同，可能也不了解成年人為什麼會覺得網路公共空間很奇怪。對青少年而言，這些科技和伴隨其中的特性都只是網路時代中一個理所當然的生活部分，然而，這些特性揭示的變化卻讓許多成年人深感不安。我之後回來談這些問題時，會把青少年的觀點和成年人的焦慮相互對照，凸顯其中的變與不變。

新科技、舊希望與恐懼

　　任何受到廣泛關注的新科技都可能引發嚴重焦慮，甚至爆發全面恐慌。縫紉機問世時，有些人擔心小姐、太太們腳踩踏板，兩腿忽上忽下，恐將引發不當性欲。[10]隨身聽曾經讓某些人感到厭惡，因為它鼓勵使用者沉迷在自己的世界，不與外界溝通。[11]科技也不是引發所謂「道德恐慌」的唯一文化製品，任何新類型的媒介都會讓人擔心、害怕。漫畫、遊樂場，甚至是搖滾樂，都曾經被當做教壞小孩、引發青少年犯罪的元凶。[12]小說曾被認為危害婦女貞潔，福樓拜的小說《包法利夫人》引發的軒然大波最具代表。據說連蘇格拉底都曾經警告文字和書寫的危險，指其具備強化記憶、傳遞真相的功能。[13]這些憂慮現在看來都很好笑，但那些科技產品或新媒介剛問世的時候，大家可都是嚴肅以待。

　　從資訊與通訊史上，即使只是輕輕一瞥，都會看到道德恐慌和大家深懷戒心的戲碼。另一極端的烏托邦願景，也一樣都是荒誕不經。史萊拜（John Slabyk）曾設計一款 T 衭在 Threadless 網站上熱銷，衣服上頭總結了科技烏托邦的幻滅：

> 他們欺騙我們
> 說未來應該是那樣
> 我的噴射背包在哪

我的機器人夥伴在哪

我的藥丸晚餐在哪

我的氫燃料汽車在哪

我的核能磁浮房子在哪

我這病要找誰治啊

　　科技常常被說成可以解決世界的重大問題，一旦發現無效，我們的幻想又隨之破滅，甚至引發強烈反彈，因為大家也很擔心這些科技可能造成什麼嚴重後果。

　　對於年輕人使用社群媒體的恐懼和焦慮，有很多正是來自誤解或者破滅的希望。[14] 很多時候，我們是以烏托邦或反烏托邦的形式來表達自己的困惑。這個主題也會在本書中一再談到，像是性侵和其他網路安全問題，有時候也會因為誤解而引發道德恐慌。此外，指責青少年沉迷社群媒體的反烏托邦概念，以及誤以為科技可以解決不平等的烏托邦期待，都只是過度關注科技，而忽略了其他發揮作用的社會動能。

　　正與反兩個極端都依賴一種稱為「科技決定論」的奇妙思維。[15] 烏托邦和反烏托邦論者的看法，都認為科技本身具備在任何狀況下都以相同方式影響所有人的力量。烏托邦論者的說詞是，某項特定科技被普遍採用後，就能神奇地改變社會；而反烏托邦論者則專注於某項特定科技的濫用，將造

成可怕的後果，最後毀滅一切。這些極端說法都無助於理解一項新科技的廣泛採行，實際會帶來什麼效果。現實世界是細緻而凌亂，利弊互見且相互矛盾，在網路化的世界裡，生活其實相當複雜。

大人們總以為，小孩永遠是小孩

要是你注意傾聽年輕人的聲音，把他們的故事拼湊起來，你會得到一鍋充滿機會與挑戰的大雜燴，儘管變化萬千，卻也不乏脈絡連貫。就像我在納什維爾足球賽中所見，青少年文化的許多元素在數位時代中並沒有改變，學校看來一如往昔，當年塑造出我經歷過的焦慮和希望，到今天依然清晰可辨。有些狀況則明顯不同，但這些不同往往不是來自科技，更多是因為消費主義高揚，為了爭取有限的機會，導致競爭加劇，來自父母的壓力更加沉重，特別是在比較富裕的社區。[16] 很多時候我們會疏忽更廣泛的制度和體系問題，而把重點擺在科技上，只因為後者的變化很容易被看到。

懷舊會阻礙我們理解青少年和科技的關係。成年人對自己童年也許太過美化，早忘了當年面對的考驗和折磨。我碰到的成年人很多都以為跟數位網路時代的年輕人比起來，自己的童年更美好、豐富，也更簡單、安全。他們都以為科技

的興起，反映著社會、智識和道德上的敗壞。我的研究就是要表明其實剛好相反。

　　對於新科技，許多備受矚目與討論的憂慮都不是新的（例如霸凌），甚至更是受到誤導（例如會造成注意力下降），或者反而疏忽真正的危險（例如在性侵方面）。大多數跟真實事件或資料有關的迷思，都是狀況被誇大或故意引用不實數據而引發恐懼。媒體文化誇大其中動態，放大焦慮，使得恐懼加深。成年人要真正聽到年輕人的聲音，必須先拋開自己的懷舊情懷，也不要再自己嚇自己。但這些都不容易辦到。

　　青少年在兒童和成年人中，一向處於依賴和獨立之間的尷尬位置，他們想在家庭關係之外找到自己的身分，而不只是誰的兒子、女兒或兄弟姊妹。這個爭取身分的欲望會以某些熟悉的方式表現出來，例如青少年爭取自由，卻不願意或有能力承擔責任。青少年對於自己的父母和其他生活中出現的成年人，往往是既喜愛又鄙視，既需要又拒絕。而許多成年人對於青少年，則是感到又害怕又為他們擔心。

　　青少年都會想要掌握自我表現，通常是利用父母認為社會難以接受的服裝和髮型，或認為有危險的作為，顯然都跟他們爭取自我形塑和個人自主有關。他們的穿著打扮模仿流

行文化中的成功人士，表露出希望自己也被看做是二十幾歲獨立青年的欲望。穿著打扮就是一種塑造身分的方法，它會表現較多跟朋友有關的特質，而較少家庭的羈絆。

隨著年紀增長，有意義的友誼發展會成為成長的重要元素。朋友會提供許多東西，諸如建議、支持、娛樂，以及聯合起來對抗孤獨。在青少年邁向成人的過程中，友誼提供了一個跟家族和家庭不一樣的情境。雖然家庭對青少年還是很重要，但他們也很珍惜這些創造人際關係的機會，這是他們自己的選擇，而不是單方面接受而已。

對於個人在社會和德育上的發展，朋友的重要性一向有據可考。[17] 對青少年使用社群媒體的恐懼，其實是忽略了他們想要參與社會的基本欲望。父母常常把自己的價值觀投射到孩子身上，學校通常不是青少年最關切的重點，但父母卻沒發現這點。許多家長都覺得奇怪，為什麼孩子成天跟朋友講手機或傳簡訊，這些小鬼明明平時就在同一間教室。孩子好像被逼著去 Facebook 巡邏，一天得巡個上百次，到底是沉迷在科技新玩意兒呢，或者只是在浪費時間？這樣分心旁騖，以後怎麼上大學？我每次公開演講總要碰到憂心忡忡的成年人提出這些問題，對於青少年參與社群媒體的反應，父母和新聞媒體也往往都是採取這樣的態度和看法。

如果我們搞清楚青少年的社交動機，這些問題似乎就不是那麼急迫和難解。大多數青少年並不是迷上那些電子產品，而是因為友誼。電子產品會讓他們感到有趣，主要是因為青少年認為那是達到社交目的的工具。此外，社交互動也許分散了他們對學校的關注，但並不會讓他們在學習上分心。如果我們對於網路世代青少年的社交動態有基本的掌握，就不會對他們的行為感到憂慮或覺得奇怪。

我們來看許多人關切的網路上癮問題。青少年與科技的關係有沒有顯得不太正常的？當然有，但大部分青少年之所以巴著手機或電腦，其實是為了跟朋友黏在一塊，因為他們所處的文化環境中，要跟朋友聚在一起有許多限制。青少年想跟朋友聚在一起的渴望，就跟他們想像成年人一樣自由進出公共場合是一樣的。進出公共場所進行社交活動，是成長過程中的重要元素，但是許多成年人聚集的公共場所，例如夜店、俱樂部和餐廳，青少年都進不去。

從兒童成長為青少年的過程中，他們努力去理解自己要怎麼融入這個更為廣闊的世界。他們希望在公共場所現身，也會觀察成年人，包括一些公眾人物，藉以了解公共空間對成年人的意義為何。他們會觀察自己的父母和社區中其他成年人，以這些人為代表來理解成人世界。他們也會追蹤名人動態，例如饒舌歌手肯伊‧威斯特（Kanye West）和社交

名媛金‧卡戴珊（Kim Kardashian）等，想像自己出了名以後也能這樣自由自在。不管是變得更好或更壞，媒體也幫助他們建構公共生活是如何運作的大遠景。像是《澤西海灘》（*Jersey Shore*）這種實境電視節目就傳達出年輕人不受父母和老師約束的生活是多麼有趣。

有些青少年對於所見所聞的成年訊息也許感到排斥，但還是會從身邊各種訊號努力學習。當他們想像自己是年輕成人，就會開始測試自由的界限，例如想要自己開車，或是更晚回家。青少年爭取自主的決心可能會讓某些父母吃足苦頭，尤其是那些呵護子女，希望他們不會受到任何傷害的爹娘。隨著孩子的年齡增長，其中自是充滿了自我決心、冒險和艱難決策的衝突激盪。

青少年想要自由自在地跟朋友待在公共場所，沒有人監督，網路公共空間就正好符合要求，不但讓他們得以自主，又能保有隱私，這是父母、兄弟姊妹耳目眾多的家庭難以提供的。要了解青少年和社群媒體的關係，體認到這一點很重要。青少年透過社群媒體參與公共生活，並不表示他們不想保有隱私，不過許多成年人並不這麼認為。青少年想要享受參與公共生活的好處，但也想保有隱私。他們希望擁有操控自己社交環境的能力，卻常常被大人干擾，尤其是父母和老師。不過在網路公共空間裡，他們具備更多的能力，能想出

一些新方法來管理自己的隱私。

社群媒體創造出以年輕人為中心的公共空間,這是用其他方式辦不到的。但是這種空間大家都看得到,當成年人看著青少年摸索自己的路,有些人就不免擔心起來。

在網路公共空間,找到屬於自己的地方

2007 年我在愛荷華州某個小鎮的自助餐館,跟一位 16 歲的白人女孩希瑟(Heather)談到一些成年人對於 Facebook 的看法。希瑟聽說最近有政客想要禁止青少年玩社群網站,讓她非常火大:「氣死我了!社群網站真的就只是一種通訊工具嘛。要是禁止的話,你跟那些不常碰面的人就很難連絡了。」我問她為什麼不真的去找朋友,跟他們在一起。隨之而來的長篇大論很清楚地顯示我正好踩到她的痛處:

我沒辦法常常去找朋友,只有週末才能跟朋友在一起,更別說那些不常碰面的人。我很忙啊,有很多功課要做、要跑步,還有一份打工。沒功課、不用打工的時候才能跟我的好朋友在一起。有些人就這樣失去連絡,但我還是想找到他們,因為大家還是朋友嘛。我只是有一陣子沒跟他們說話,因為實在沒辦法啊。要是他們進了

不同的學校，那真的就難啦，我不知道他們到底住在哪兒，沒有他們的手機號碼，也不知道他們的 AIM（一種即時通訊軟體）用戶名稱，對我來說，用 Facebook 就方便多了。

對希瑟來說，社群媒體不只是工具，更像是一條社交生命線，她在乎的一些朋友唯有透過社群媒體才連絡得上。要是不能使用那些網站和服務，希瑟和許多她的同儕都認為自己的社交生活必定大為萎縮。她並不是覺得 Facebook 本身有趣，而是她認識的人都在這上頭。而且如果不知道該怎麼跟某些人直接連絡，她就會去 Facebook 試試看。

過去幾十年的青少年會聚集在公共場所，現代青少年則聚集在社群網站，這之間的道理是一樣的。1950 年代的青少年上汽車電影院，1980 年代的青少年到購物商場，現代青少年則是玩 Facebook、Twitter、即時通訊軟體、簡訊。青少年對這些新玩意趨之若鶩，知道自己可以利用它們來跟朋友連繫，跟那些他們認識不深的同學、同儕培養感情。他們熱愛社群媒體，就等於過去好幾代的青少年會去參加舞會、群聚在停車場，占據人家前門階梯，或者窩在家裡也要煲幾個小時的電話粥一樣。青少年都會想跟朋友講講八卦、打情罵俏、發洩不滿、切磋看法、分享興趣、表達情感還有說說笑笑。他們都希望能夠跟大家說說話，那麼就網路上談吧。

希瑟對 Facebook 和其他工具的依賴，表現出青少年生活經驗的重大改變。這種變化雖不是來自社群媒體本身，但我們從中可以了解數位科技何以大受歡迎。很多青少年的自由都很有限，他們不能跑太遠，也沒多少空閒時間，而且還要遵守很多規矩。在許多社區，那種放學後到處亂跑，直到天色漸黑才回家的時代早已過去。[18] 很多青少年都要留在家裡，一直到年紀夠大，可以自己開車，才能夠外出。年紀較小的青少年，放學後想跟朋友一起玩，得靠家長安排，要有人願意撥時間陪伴和接送才行。

　　他們的社交活動也常常被限制在家裡舉行。青少年通常是在其中一人的家裡見面，而不是在公共場所。這也沒什麼好奇怪的，因為現在的法規限制越來越多，能讓青少年群聚的公共場所越來越少。購物中心曾是市郊青少年聚集的大本營，如今要在那兒鬼混可比以前困難許多。[19] 商場屬於私營空間，業主可以禁止任何人上門，而現在許多購物商場都禁止青少年在裡頭成群結隊。此外，家長們也不太願意讓自家孩子在商場閒晃，因為害怕孩子不知道會碰上什麼樣的人。所以跟以前比起來，如今的青少年能去的地方少得多。[20] 要理解社群媒體何以大受歡迎，絕對不要忘記它跟實體社交空間縮減是有關係的。Facebook、Twitter 和 MySpace 不只是新的公共空間，更是許多青少年唯一可以群聚一堂的公共空間。更重要的是，就算青少年被困在家裡，也照樣可以在此

歡聚。

　　我常聽到青少年告訴我說，他們也很想跟朋友碰面，但日常生活非常繁忙，事情很多，況且他們也到不了太遠的地方，有些爸媽擔心孩子們見面互動不知道會玩出什麼花樣，所以就更難成行。西雅圖 16 歲混血女孩艾咪（Amy）就很明白地說：「我媽常常不讓我出門，所以我也只能上網。但待在 MySpace 跟人聊天、傳簡訊、講電話，又讓我媽神經兮兮地找些瘋狂的理由把我關在家裡。」社群媒體看起來或許像是青少年特別喜歡聚集的地方，但很多青少年其實也只能掛在 Facebook 或 Twitter 上頭，才能跟一大群朋友、熟人、同學和其他青少年待在一起。他們對社群媒體的狂熱常常是源自社交欲望。

　　青少年喜愛使用社群媒體，但並不代表他們對這些科技新玩意兒就比較理解或精通。很多青少年對於數位科技並不像大家說的「數位原住民」那麼熟悉。我碰到的那些青少年會去 Google 找東西，但很少人知道字串選取技巧，讓查詢更有效率，從這個十分受歡迎的搜尋引擎中挖出有用資訊。他們也會玩 Facebook，可是對於網站隱私政策的理解和設置仍嫌不足。社會學家哈吉泰（Eszter Hargittai）就笑說，現在很多青少年說是數位原住民，還不如說是數位小阿呆。[21]

「數位原住民」這個術語就像根避雷針，引發許多成年人對於新世代的希望和恐懼。媒體的報導和描述常常說現在的孩子是跟著數位科技的發展一起長大，因此天生具備了不起的超級新力量。他們的多工任務處理能力一定讓成年人瞠乎其後，每個月收發簡訊高達三千則。但這些既緊張又興奮的媒體卻又警告大眾，說孩子們也面臨許多前所未見的威脅，諸如網路性侵、網路霸凌，還有許多智識和道德上的墮落，像是網路上癮、注意力衰退、識字率降低、無節制的過度分享資訊等等。不過就像大多數的恐懼一樣，這些焦慮並非沒有先例，而且其中常有誇大和誤解。想要了解青少年怎麼玩社群媒體，最重要的是先別看那些報紙頭條，不管它們是寫好、寫壞，先拋開成見才能深入探索年輕人更為細緻幽微的現實。

我跟青少年鬼混的經驗讓我相信，這些網路世代所面對的最大挑戰都不是新的，有些是源自長久以來種族和社會的不平等歷史，其中涉及的經濟差異也日益明顯，青少年一直都在這種不均等的條件下生活和學習。我拜訪的學校有些擁有最先進的設施，教職員都是高學歷的專業人士，學生們都一心一意以常春藤盟校為目標。但在另一個極端，我也拜訪過殘破失修的學校，進門還得通過金屬探測器，專任教師沒幾位，代課老師一大排，學生甚至在課堂上公然吸大麻。要解釋這些差異是既複雜又困難，而且短期內恐怕也不太可能

解決。

　　儘管現在幾乎所有青少年都能使用科技及其產品，但程度上還是大有差別。有些青少年的高級手機可以無限上網，他們擁有自己的筆記型電腦和家裡的無線網路。其他一些人則是基本款手機，簡訊傳送按則數計費，也只能利用學校或圖書館被限制瀏覽範圍的電腦上網。在這方面，經濟不平等再次扮演核心角色。但使用方不方便還不是唯一差異，包括技術能力、媒體素養，甚至基本的英語讀寫能力等，都對青少年使用新科技的經驗有所影響。有些青少年可以從爸媽那邊學到一些科技新知，有些還得教父母怎麼利用字串搜尋資料，或者教他們如何填寫求職申請。

　　我們對於網際網路的重要期望之一，就是它在使用上可以實現真正的平等。但我和其他許多學者對於年輕人文化和社群媒體的研究卻發現，大家所期待不分種族的族群解放互動世界還是未能實現。種族緊張與歧視，這個早在數位媒體時代之前就已存在的不幸現實，仍屢屢逃過大眾的檢視和關注。

　　同時，我們也聽到很多人批評青少年常去的網路空間充滿了性侵和霸凌等種種險惡。但就算真的有，卻很少聽到青少年因為這些不愉快的經驗而嚇得不敢上網。霸凌、種族歧視、性侵、謾罵羞辱和種種隱藏在網路之中的險惡並不是現

代才出現，也都需要重視和處理。協助青少年，讓他們能夠安全地遨遊公共空間，的確是大眾應該關心的事。科技雖然讓這些問題更明顯，新聞媒體更喜歡以此為藉口，販售年輕人的腥羶色八卦，但我們都要明白，科技本身並不會製造這些問題。那些陷入險境的年輕人當然會讓我們感到困擾，但如果只是把我們所看到的抹除掉，其實並不能改善什麼。

日常生活中不管好壞、美醜，都可以藉由網路映照出來，甚至放大得更明顯。由於青少年都喜歡使用這些通訊工具，並且納入自己的日常活動中，也就讓我們看見廣泛的社會和文化體系正如何影響到他們的生活。青少年在網路之外受到傷害，會到網路上發洩和述說。在現實世界中遭遇到的種族歧視或女性歧視，這些事情也都會在網路上表現出來。青少年在塑造自己的網路公共空間，自然會把自身經驗投射進去。既然我們身處在同一個社會，就必須運用我們在社群媒體中所見，去了解生活中的社會和文化斷層是如何影響年輕人。我們必須這麼做，才能夠在青少年遭遇困難時伸出援手，直接提供協助。

自從網路進入日常生活，尤其是大家廣泛使用社群媒體後，我們一直被新聞報導疲勞轟炸，說新科技正在破壞我們社會的結構。在泛濫的驚恐報導中，擁護科技的烏托邦派一直鼓吹網路生活的驚人好處，而譴責網路的反烏托邦派則

是一直說我們太過依賴機器，大腦會因此衰萎瓦解。這些對於科技的對立看法，讓大眾對年輕人參與社群媒體的討論也趨向極端。這些極端看法和持續不衰的迷思，讓大眾看不清青少年上網的真實狀況，很可能讓小小的代溝惡化成巨大鴻溝。這些迷思扭曲了青少年生活的實況，有時是太過美化，但更多的是妖魔化。

如何閱讀本書

接下來各章討論不同的主題，都跟年輕人參與社群媒體有關，提供一個檢視問題的方法，其中有許多是圍繞著社會對年輕人上網的長久憂慮。各章雖是獨立成篇，匯整起來即是著眼於廣泛社會議題對個人及家庭的挑戰。我會總結自己的論點，並對於網路公共空間對當代年輕人意義為何提供深入分析。

做為熱中維護年輕人健康與福祉的研究人員，我努力撰寫這本書，在社群媒體蔚為主流的時代中，描繪出細緻幽微的青少年日常生活。我提出的問題很簡單：生活中受到社群媒體所改變的，哪些是新的、哪些不是？社群媒體在哪些方面提升了青少年的社交生活，又帶來哪些不利影響？要是社會不喜歡科技帶來的成果，我們要提出什麼建設性的方法來

改變，確保我們得以充分利用社群媒體的優點，同時有效管控可能的濫用？

　　對於行之有年的各種迷思，回溯式的理解會比拆解要容易得多，但本書想做的是後者。不過，對於社群媒體最普遍的憂慮，有些在最近幾年也開始消退，因為成年人自己也開始玩社群媒體，尤其是 Facebook。我謹慎地期待，成年人的參與可以平息某些最嚴重的驚慌。但是我在書中引用的驚慌例子和報導，一旦碰上新科技可能又隨即復活，還有其他的焦慮儘管有大量反證卻還是持續不退。比方說，現在很多成年人也越來越能接受 Facebook，但媒體報導又開始轉向一些手機 APP，像是 Snapchat 和 Kik，說它們有多可怕，結果狀況還是一樣，只是恐慌的對象不同。

　　社群媒體影響許多人的生活和習慣，並且繼續在許多方面的塑造上發揮顯著作用。很多人對於這些發展很感慨，或者深深懷念網路盛行之前的世界。現在要是有誰還認為網路會消失，那我就驚訝囉。如今的網路就像飛機、自來水、電力和機動化交通運輸一樣，已經成為現代生活的基本配備。但這不表示大家都會上網，總會有一些人選擇退出。[22] 即使在美國這麼富裕的國家，還是有很多地方欠缺衛生設備，也有些人刻意選擇沒有電力的生活。儘管網路和社群媒體大行其道，但這並不代表每個人都會或都想要上網，或者都以相

同的方式來經驗這件事。

當代年輕人在科技媒介影響生活許多方面的文化環境中成長，諸多經驗和機會也都跟他們接觸科技有關。一味地販售恐懼，無法幫助年輕人在這個現實環境中培養創造力。對整個社會來說，散播恐懼或疏於理解複雜現實的烏托邦幻想，都要付出代價。我撰寫這本書，是希望幫助大家更深入理解年輕人參與社群媒體是想做什麼，而且他們想要理解世界的本意其實應該受到大家的肯定。

在我心中，這本書的讀者應該包含廣大群眾，包括學者和學生、家長和教育工作者，以及媒體記者和圖書館人員。雖然書中許多部分要引用學術概念和思想，我不敢期待大家對於那些學術論文會很熟悉，因此在討論過程中只有必要時才會加入一些學術背景說明。想要深入探索相關討論的讀者，我會在注釋中提供更多參考書目和論文資訊。

我在書中引用 2003 年至 2012 年間蒐集的質性分析和民族誌資料，其中包括 2007 年至 2010 年的訪談，做為多個主題的描述背景。[23] 從我撰寫的內容和引用資料可知，書中討論大多是以美國青少年文化為中心而展開，不過當中有些分析也跟其他國家的文化和背景有關。對於支撐美國社會及社群媒體發展的資本主義邏輯，我視為理所當然，也很少試著

去挑戰。雖然我認為這些假設也應該接受批判，但這已經超出本書涵括的範圍，唯有接受年輕人生活其中的文化情境，試圖解釋他們在社會上的種種作為。

我開始為這本書展開研究，一直到完成的時候，流行的網路科技想必也會有所不同。就算是書中一再提及的MySpace，當年在社群網站中可是占據著主導地位，但是到了 2013 年時已是江河日下，大不如前。很可能到了各位讀到這本書時，又是另一番風景。比方說我在寫這篇導言時，Facebook 正漸漸失去它的魅力，而 Instagram、Tumblr、Snapchat 等新的 APP 和服務則應運而起。社群媒體整來說是一番變動不居的景色，我在書中引用的許多網路服務可能都已不復存在。但這些服務背後所代表的個人社交關係的操控能力、不同步通訊和網路資訊搜尋等等，仍然會繼續保留下來。各位不要因為我談到的網路服務已經過時，而忽略我在書中提出的論點。實例或許過時，但我利用這些例子來闡釋的核心原則與實務作為，很可能在本書出版後還是長久地延續下去。

上網的機會並非人人平等，也不是每個人都以相同的方式來經驗。然而社群媒體一方面正積極塑造當代社會，也同時被塑造，因此我們有必要超越成見和恐嚇手段，才能理解社群媒體是什麼，以及它是怎麼融入年輕人的社會生活。

社會常常花費許多時間來擔心年輕人，卻沒想到家長威權和保護主義作風又對青少年帶來多少阻礙，讓他們更難以邁向訊息靈通、深思熟慮和深入參與社會的成人生活。不管媒體是如何報導，大多數的年輕人都會想方設法突破限制，找到自己的定位，發現自己要如何參與這個世界。對於他們的創造力和忍耐，我要給予鼓掌，但同時也要強調他們的作為和經驗並非普遍一致的正面。

　　這本書不是寫給年輕人文化的情書，雖然研究讓我相信年輕人比我原先以為的還要有彈性。這本書是希望說服那些對年輕人生活擁有控管權力的成年人，包括家長和教師、媒體記者和執法人員、雇主和軍方長官，讓他們都能理解青少年參與網路公共空間自有其需要，絕非無可理喻。同時也希望讓他們知道，適應網路時代的生活既不簡單，也不會是一目了解然；剛好相反，情況還挺複雜的。

NOTES

1. Lenhart, Ling, Campbell, and Purcell, "Teens and Mobile Phones."

2. 關於其他文化中青少年的上網狀況，也有許多學者進行研究，包括：Livingstone, *Children and the Internet*；Mesch and Talmud, *Wired Youth*；Davies and Eynon, *Teenagers and Technology*。此外，「歐盟兒童網路計畫」（EU Kids Online Project）的領導學者，李文斯東（Sonia Livingstone）和哈登（Leslie Haddon）也在歐洲針對小孩子上網進行大規模的網路研究，發表許多報告、期刊論文和學術文章。要了解更多資訊，請參閱：http://www2.lse.ac.uk/media@lse/research/EUKidsOnline/。

3. 要深入了解在網路 2.0 時代興起的社群媒體在其中所扮演的角色，請參見：Ellison and boyd, "Sociality Through Social Network Sites"。我們認為社群媒體之所以成為顯著類別，不是因為許多科技服務標示為社群媒體，而是因為幾百萬、幾千萬網民在同時間內使用多項服務，進行各式各樣的協作、分享和社群互動。

4. 伊藤瑞子（Mizuko Ito）及其同事（包括我）曾在專著中描述「興趣型」和「友誼型」網友互動的緊張關係。雖然我們是在說明年輕人不同的網路玩法，但對於更廣泛的網路媒體使用而言，其運作模式也是如此。比方說，Facebook 服務主要就是友誼型，而 4chan 上的各個論壇版面則是興趣型。當然，有些大型社群媒體服務，如 LiveJournal 和 Tumblr 一向是二者兼備，也因此在這些網站中常常衍生出獨特的緊張關係。請參見：*Hanging Out, Messing Around, and Geeking Out*。

5. 伊藤瑞子在 2008 年最早使用「網路公共空間」來指涉伴隨數位網路媒體參與而增加的社會、文化和科技發展連結。我同意她的說法，但我在使用這個詞彙時希望更精確，因此我對「公共」援引更為廣泛的概念，牽涉到學界界一連串的辯論和分析。其中有許多是根據哈伯馬斯（Jurgen Habermas）的專著《公共領域的結構轉型》（*Structural Transformation of the Public Sphere*），將公共領域視為一種資產階級社會類別，進行歷史分析（參見：Calhoun, *Habermas and the Public Sphere*）。佛雷澤（Nancy Fraser）在〈再探公共領域〉（Rethinking the Public Sphere）中主張個人身分是在公共領域中確立；華納（Michael Warner）在《公眾與反公眾》（*Publics and Counterpublics*）中認為，「反公眾」讓邊緣化的個人建立強大社群，以抵抗公眾霸權；李文斯東在《觀眾與公眾》（*Audiences and Publics*）則主張，公眾是在對世界的共同理解下聚集而形成。對這三者我尤其同意。要深入理解我所知道的網路公共空間，請參見：boyd, "Social Network Sites as Networked Publics"。

6. Anderson, *Imagined Communities.*

7. 諾曼（Donald Norman）在著作《設計日常生活》（*The Design of Everyday Things*）提出「預設賦使」的概念，表示透過特定設計決策促成的互動機會。這個術語在人機互動領域已被接受，但由於經常被用來指稱科技製品在不確定使用者情況下的作用，因此受到某些重要學科的批評（參見：Oliver, "Problem with Affordance"），儘管如此，在討論設計特性時它

仍是有用的詞彙。

8.　Thompson, "New Visibility."

9.　詹金斯（Henry Jenkins）、福特（Sam Ford）和葛林（Josh Green）在 2013 年著作探討大家如何在網路上散播內容，他們認為媒體傳播的動態也因此而改變。請參見：*Spreadable Media*。

10.　Coffin, "Consumption, and Images of Women's Desires."

11.　Hosokawa, "Walkman Effect."

12.　Springhall, Youth, *Popular Culture and Moral Panics*.

13.　在〈斐德羅篇〉（Phaedrus），柏拉圖假蘇格拉底之口介紹一位埃及神祇。相關引文請參見：http://www.english.illinois.edu/-people-/faculty/debaron/482 /482readings /phaedrus.html。

14.　在我撰寫本書的十多年前，英國媒體研究學者白金漢（David Buckingham）即出版專著檢視成人對於媒體影響青少年的恐懼和焦慮。他討論過許多早期年輕人使用網際網路的問題，而如今新科技又面對這些老問題，正是本書的立論重心。請參見：*After the Death of Childhood: Growing Up in the Age of Electronic Media*。

15.　科技決定論的問題，科學和技術學者已有廣泛研究。韋納（Langdon Winner）的論文即是："Do Artifacts Have Politics?"。過去三十年來也有很多學術研究集中探討科技在實踐關係中的作用，其中一個流派稱為「社會建構論」（social constructivism），關於這個研究方法的討論，請參見：Leonardi, *Car Crashes Without Cars*, chap. 2。

16.　Levine, *Price of Privilege*; Pope, *Doing School*.

17.　Bukowski, Newcomb, and Hartup, *The Company They Keep*; Corsaro, *Friendship and Peer Culture in the Early Years*; Pahl, *On Friendship*.

18.　羅夫（Richard Louv）在著作中描述社會規範變化和家長恐懼加深，使得孩童和大自然日益疏遠。他主張要幫助孩子接觸自然，才能獲得身心健康。我讚同他的看法，但也發現青少年以科技做為替代，因為自然和毫無管制的空間對青少年來說挑戰性太高。請參見：*Last Child in the Woods*。

19.　Lewis, "Community Through Exclusion and Illusion."

20.　Valentine, *Public Space and the Culture of Childhood*.

21.　Hargittai, "Digital Na(t)ives?"

22.　Laura Portwood-Stacer , "Media Refusal and Conspicuous Non-Consumption."

23.　民族誌源自人類學，又揉合許多學科，是社會科學家了解和採集文化習俗的質性研究方法，記錄並解釋日常活動背後的社會意義。有興趣的讀者請參見：boyd, "Making Sense of Teen Life"。我的網站也有更多細節：http://www.danah.org/ itscomplicated/。針對年輕人的民族誌研究，請參見：Best, *Representing Youth*。

CHAPTER 1

身分：
為什麼網路上的青少年看來怪怪的？

2005 年常春藤某大學正考慮一位來自洛杉磯南區的黑人學生申請入學。這位學生在申請書上寫了篇好文章，說自己亟欲擺脫當地社區的黑幫騷擾，希望進入享譽盛名的學府繼續深造。招生人員對此印象極佳，一位擺脫橫逆、力爭上游的學生正是他們想要的。為了更深入了解這位申請人，招生委員上 Google 搜尋他的資料，結果找到那個學生的 MySpace 網頁，裡頭滿是幫派黑話、粗言穢語，而且談到許多幫派活動，讓他們不敢貿然接納。

我知道這件事是因為招生處後來派個代表來問我，他一開始就問了一個簡單問題：明知道招生委員會很容易就上網查到真相，為什麼那個學生還會騙他們？我搞清楚這件事情的來龍去脈，也對這位申請人做了點了解。不過那個問題還是讓我有點吃驚，所以我緊張地笑了笑。我過去跟南區小孩混過一段時間，也採訪過不少人。一直以來社區附近的黑幫隱憂讓他們飽受困擾，對此我早有感慨。因此我有點不好意思地提出另一種解釋：這個年輕人在他的 MySpace 網頁弄了那麼多的黑道偽裝，說不定只是一種求生技巧，才好平安過日子。

我試著站在那位年輕人的立場，把自己在洛杉磯看到的狀況說給那位招生委員聽。我的直覺是這位青少年大概很清楚自己家鄉的黑道狀況，或許他會覺得自己要藏好，才不會

成為攻擊目標。要是他跟我遇見的青少年沒兩樣的話，那麼他在 MySpace 上的資訊是做給同學、家人和社區朋友看的，不是針對大學的招生委員會。我不認識這位青少年，但我猜他在入學申請書上所言都是真的。而且我也懷疑，他大概也不敢在自家附近說他想去知名學府就讀的願望，因此這麼做的話很可能只會招來排斥，甚至是肢體上的攻擊。英國社會學家威利斯（Paul Willis）在 1980 年代即指出，年輕人要是想改變自己的社會經濟地位，通常就要冒險脫離自己的家鄉。[1] 像這樣的狀況，在我觀察過的幾個社區中都鮮明地呈現。

那位招生人員聽了我的分析後大為驚奇，後來我們就網路時代的自我呈現談了很久。[2] 我不知道後來那位青少年是否順利入學，不過諸如此類的青少年自我呈現被成年人誤解的情況，在那之後我還是一直看到。因此我也才了解，青少年在社群媒體上的所言、所為，就算本身不是問題，一旦被斷章取義地拿出來單獨解讀，也會變得有點奇怪。[3]

這裡頭要注意的是，那些內容是想對誰說話，而不是誰看到了。不幸的是，成年人有時就自以為了解他在網路上看到的資訊，卻不曾考慮過青少年貼圖或貼文當下的想法。了解情境、觀眾和身分之間的錯綜關係，是我們學習操控社群媒體的主要挑戰之一。就人們會犯下的許多錯誤來看，要掌

握這個情境崩解、想像觀眾均屬預料之事的網路世界，青少年通常也是一路領先。

網路讓訊息更容易被斷章取義

傳播學者梅羅維茲（Joshua Meyrowitz）在他 1985 年著作《地之無感》（*No Sense of Place*）中曾說過一則美國民權運動人士卡麥克（Stokely Carmichael）的故事。在 1960 年代時，卡麥克常常到許多地方對不同群眾演講，他面對白人政治領袖和南方黑人群眾時，演講風格不會一樣。等到他想在電台和電視台宣揚理念時，這就難辦了：到底他是面對哪些群眾說話呢？不管他選擇用哪一種方式來說話，總有一些人要被疏遠。他的顧慮一點也沒錯。後來他在廣播媒體演講，像牧師一般的大嗓門讓黑人民運人士覺得親切，卻疏遠了白人菁英分子。

梅羅維茲認為，廣播、電視等電子媒體很容易使看似分離的情境崩解。公眾人物、記者和鎂光燈下的任何人都必須同時駕馭分離的社群情境，讓他們所言和不同群眾的解讀不致於太過分歧。不同的社群情境有各自不同的規範，理當有不同的反應，當人們被迫必須同時掌握這些原本不相干的事情時，就會造成「情境崩解」（context collapse）。比方說，

跟朋友在夜店喝酒時，突然碰見以前的高中老師，可能就會覺得很尷尬。這種情境崩解的情況在網路公共空間裡頭會更頻繁地出現。

梅羅維茲所說的狀況不再只限於會上廣播媒體的名人圈。青少年一旦開始跟社群媒體互動，日常生活中也就時常要面對情境崩解和潛水觀眾。[4] 老師可能在網路上讀到學生的貼文，但這些文章原本只是想貼給朋友看，如果這些文章能夠讓學校的朋友和夏令營的朋友聊在一起，他們會很興奮，要是雙方互不打招呼，他們還會覺得難過。為了確立自己心中的情境，青少年採用的方法跟過去的人一樣，就是先想像自己要傳達的觀眾是誰。記者和政客也是如此。[5] 希望自己的發言得到合理的詮釋，就不會以隱形觀眾或不特定的對象來發言，因為這既不可能做到，也毫無效率。面對公眾的演講者必定會從潛在閱聽人中挑出特定族群做為傾訴的對象，注意這群預設觀眾對於特定論述會有什麼反應。這時候的社群情境，就是想像出來的觀眾。當我們在分屬不同情境的隱形觀眾面前表現自我時，都必須試著解決情境崩解的問題，或者主動為自己所言所行定義情境。

青少年常常想像自己的觀眾是那些他們選擇加為「朋友」或「追蹤」的人，卻不管實際看到他們個人動態的是誰。理論上來說，「隱私設置」讓青少年可以限制觀眾，只讓他

們屬意的人來觀看。就 MySpace 和 Twitter 而言，隱私設置的操作都比較簡單，利用隱私設置來限制誰可以觀看哪些內容，的確是可以辦得到。不過 Facebook 因為系統操作複雜，而且這個網站的隱私設置時有改變，要靠此來維護隱私可是相當困難，而且令人困惑。[6] 況且很多青少年也有很好的理由乾脆不設置觀看限制，有些人是希望跟相同興趣者分享一些資訊，也有些人則認為就算隱私設置也擋不住爸媽偷看，反而讓朋友們不能分享有趣的訊息。許多青少年抱怨自己在電腦上張貼圖文，或朋友們複製、轉貼、更新訊息時，爸媽都會在身後偷看。

讓事情更複雜的是，青少年想像的觀眾不見得是實際上來觀看貼文的人。社群媒體網站都會提供動態版面，這在 Twitter、Facebook 和 Instagram 等網站都屬平常，使用者常常想像自己的觀眾應該就是那些他們追蹤的人。但這些人說不定沒有追蹤該使用者，或者即使有追蹤，訊息也可能淹沒在資訊汪洋裡頭。因此不管他們的隱私設置為何，青少年都必須釐清誰可以看到他們的個人資訊、真正看到的又是誰，以及看到的人會如何詮釋等問題。

青少年對觀眾的想像通常也不是很精確，但這並不是因為他們年幼天真或太笨。當我們透過社群媒體對話或貼照片，常常記不清到底誰會看到這些內容，除非對方也上來發

言。雖然青少年常常因此受到責罵，說他們都不會注意還有別的成年觀看者，但這問題並非只有青少年才會發生。就像我們在餐會上跟某個人說話時，常常忽略現場還有其他人，在 Twitter 上跟誰一來一往地對話時，也常常發生同樣的狀況。社群媒體還帶來更多挑戰，特別是因為這些網路科技系統大多具備持久性和可搜索的特性。推文和動態更新不只那些追蹤者可以看見，同時也很快就成為庫存檔案，後來的使用者都可能看到。這些庫存檔案可以被搜尋，也很容易被轉貼和散播。因此青少年在網路上面對的情境崩解，很少會在貼文時與旁觀者發生衝突的當下反應出來，很可能是經歷了更長的時間以後，當新的觀眾從不同的角度來解讀時才會產生。

當青少年在現實環境中碰上情境崩解的狀況，他們的自然反應就是不說話。比方說，一群青少年聚在購物商場聊天，要是警衛或其中某人的媽媽靠過來，他們會停止交談，儘管那些話被聽到也無關緊要。如果是一旁的陌生人聽到，他們或許不在意，但要是有個具社會權威的人在場，情境就完全不一樣了。到了網路上，這就變得困難了。密西根州現年 15 歲的桑莫（Summer）解釋說，要在網路上即刻切換情境可不像在公園那麼容易，因為在公園時「可以看到身邊有誰或什麼事情發生，你可以很快就改變話題」。但在網路上無法改變對話，一方面是因為你根本不知道有誰在觀看，再者之

前就說過，大多數社群媒體對話具備持久性，那些內容都會被記錄下來。所以桑莫的媽媽要是來看她的 Facebook 網頁，就能看到長時間內大量的互動內容，完全脫離當時的社群及時間情境。當她媽媽靠近觀看時，桑莫和朋友們已經來不及變換話題了。能夠輕鬆快速地切換情境，才能確保當下的社交環境，但在數位環境中，這樣的能力並非理所當然。

由於社群媒體往往匯集了多重社群情境，青少年很難有效管理各種社群規範。有些人會希望自己的朋友和家人可以理解並尊重不同的社群情境，知道有些貼文並不是針對他們而發。但總有些人不了解，雖然那些內容對外公開，卻不是給他們看的。網名韓特（Hunter）的青少年在 Facebook 的貼文就碰上這個問題。

韓特是住在華盛頓特區的 14 歲黑人，帶點科技宅的特質，像是電視劇中的楞小子史蒂夫·烏克（Steve Urkel）的現代真人版，穿著鬆垮的衣服，眼鏡黏著膠帶，行為舉止就是個書呆子。不過他住在兩個獨立的世界裡頭。他說他的表兄弟和姐姐像是「貧民窟」出來的，但學校的朋友則是一些好成績的「科技宅」。在 Facebook 上頭，這兩個世界撞在一起，他得費力地同時應付兩邊。後來他姐姐再也不跟他的朋友對話，讓他特別感到洩氣：

有時候我在 Facebook 跟朋友對話，或者發布一條動態，最討厭的就是那些狀況外的人上來回應。我以前的學校，大家常叫我書呆子，而且我是他們見過最不黑的黑人，有人這麼說過，所以我在 Facebook 上就說：「要是有人拿〈又白又書呆〉（White and Nerdy）這首歌當手機鈴聲，我應該生氣嗎？」這其實是在說笑，我們在學校裡頭都這麼講的。結果我姐姐不曉得從哪兒冒出來說：「哎呀，小弟……」我的反應大概就像是：「住嘴！我又不是在跟你說話。」

我問韓特，他姐姐和朋友怎麼知道哪些貼文是對誰說的，他回答說：

我想這就是重點。有時候可能很難分辨，但我覺得我們說話時都有一種特定的方式。我跟我姐姐說話的方式，跟學校朋友或以前學校的朋友都不會一樣，比方我說：「哎呀，我在 K 小姐的課堂上打瞌睡。」他們會說：「對啊！K 小姐上課好無聊。」但我姐姐就會說：「好啊！你不應該打瞌睡，要專心啊。」之類的話。我覺得，我談到某個老師，你就應該曉得這些話不是對你說的嘛。

韓特很喜歡自己的姐姐，但也發現她在社交禮儀上讓人火大。他希望在 Facebook 上跟她保持關係，也高興有她作

伴，但對於她認為重要的事、她的價值觀和某些決定，他也覺得要和平相處相當困難。他不想在 Facebook 上排斥姐姐，但她不顧及潛規則，擅自回應他的朋友，常常讓他很生氣。

更糟糕的是，他覺得家裡會出來攪局的人還不只是他姐姐而已。韓特和朋友都很迷「神奇寶貝」卡片遊戲和一些他說是「又老又酷」的電玩，例如「薩爾達傳說」（Legend of Zelda）等。他一些表兄弟則相反，喜歡玩第一人稱射擊遊戲，如「最後一戰」（Halo）等，認為韓特玩的那種老舊電玩很爛。所以當韓特張貼一些跟朋友玩電玩的訊息，那些親戚也逮到機會嘲笑他們。由於表哥、表弟們都沒看懂他的暗示，所以韓特一方面少在網上張貼電玩訊息，同時也利用 Facebook 的隱私功能建立名單，讓某些人不會看到某些貼文。然而採取行動讓家人不能看他的貼文，其實讓韓特不太高興，他並不想隱瞞家人什麼，只是希望他們不會讓他感到難堪而已。如此的情境差異對韓特很重要，他並不是因為自己喜歡的東西而感到羞恥，或者想要隱瞞自己的興趣，而是希望自己可以掌控社交環境。他希望張貼訊息可以無需顧慮情境，他的觀眾都能搞清楚他是在對誰說話，同時尊重那些他認為不必言明的社交習俗。但要是在社群情境上缺乏共識，在網路上對話就變得令人討厭。

理解和定義社群情境的能力很重要。青少年跟朋友聊天

的時候，其互動方式自不同於和家人、師長。電視劇裡頭就常常利用這種情境崩解的情節製造笑料，但若在日常生活碰到其實很讓人崩潰。例如喜劇《歡樂單身派對》（*Seinfeld*）中克雷莫跟喬治在一起時，突然看到自己的媽媽，此時克雷莫一臉尷尬表情讓你覺得很好笑，但如果不是在搞笑劇裡頭，這種社交碰撞的情節可不會有什麼娛樂效果。[7] 像這樣的情況就需要有效監督和社交協商，而要做到這兩項，則需要些策略和方法，才能把平凡無奇的社交環境轉變為精心維護的關係。要是自己所處的不同世界不受控制地相撞，大多數人都會覺得不高興吧，然而社群媒體就讓這種狀況經常發生。這些危機有很多都是跟我們解讀社交環境和自我表達的敏感度有關。

網路公共空間的身分運作

　　心理學家特克（Sherry Turkle）在 1995 年著作《虛擬化身》（*Life on the Screen*）仔細描述未來網路會像是科幻小說中烏托邦與反烏托邦並存的擬真世界。她觀察早期網路使用者，尤其是那個時候的小孩，認為電腦和人類之間的區別會越來越模糊，當大家得以在網上逃脫網外的身分限制，一個新社會於焉形成。特克特別注意早期網民遊戲般的身分設定，她對此極為著迷，卻又能以心理分析的角度來觀察，

概括性地認為網路身分同時具備療癒和欺騙功能。[8]

　　特克批評有些人利用這種虛構身分來害人，但她也強調，使用者以虛構身分在虛擬世界中呈現，在這個扮演的過程中也能讓人進行反省，而有許多收穫。不像在真實世界中直接面對面，我們在網路上是沒有形體的，因此上網者必定是有意識地建構自身的數位呈現。媒體研究學者松登（Jenny Sundén）說，這個過程等於是我們靠著鍵盤把自己打出來。[9]特克雖然認為人的身分總是栓著自己的精神或靈魂，但她也指出，網路能夠讓人解除具象呈現，或者說是「物質」身分的負擔，讓他們在網路上變成一個更好的版本。

　　我以前總希望特克對未來的憧憬是對的。我在 1990 年代中期開始上網時，也是個青少年，我上網就是為了逃避所謂的真實世界。我覺得自己在學校受到排斥和誤解，在網上，我想成為什麼樣的人，我可以自己描繪出來。我在扮演那些虛構身分的時候也在發掘自我，而且像這樣的人也不是只有我。當時上網聊天的樂趣，有一部分也是因為大家都不知道對手是否真如他們自己描述的那樣。我知道當時有一位自稱是名人的網友，其實不是名人，還有一個人說他已經發現癌症療法，其實也沒有，但是在網路上那些具象特徵，例如性別和種族就不總是那麼鮮明。[10]當時這種感覺就是好玩，而且自由，我還幻想過網路可以拯救我們，脫離暴政和虛偽，

就像巴洛（John Perry Barlow）1996 年〈網路獨立宣言〉
（Declaration of the Independence of Cyberspace）所言，
他在世界經濟論壇對全球各國領導人說，新的「心靈之家」
帶來「沒有身體的身分」。我個人對於能夠成為他所說的新
文明原住民，感到十分驕傲！

　　經過了二十年之後，現在網路身分描繪的狀況跟早期網
民的想像已經很不一樣了。雖然遊戲服務和虛擬世界在某些
年輕族群中還是很流行，但虛擬角色扮演的網站和後來更為
盛行的社群媒體網站，在文化上有著明鮮的差異，後者更傾
向於鼓勵非虛構導向的氛圍。儘管在那些環境中，網路化名
也一樣很常見，但是像 Facebook 等社群媒體的身分運作，
已經跟特克原本的想像不同。現在有很多青少年上網哈啦的
朋友，都是真實世界中認識的人，而他們在網路上的身分描
述也更為貼近他們在網路之外的社群。像這樣的情況讓青少
年在網上和網外的世界更有連續性，跟我成長時期所經歷的
很不一樣。

　　這不表示線上活動的身分運作都一模一樣。大多數青少
年進行社交活動和瀏覽內容時，都常常使用社群媒體，他們
在每個平台上看似截然不同的玩法，可能表示他們想要扮演
不同的人，但如果只是這樣來解讀社群媒體中的身分運作，
那也太天真了。比方說，青少年可能在視訊服務如 Skype 等

使用本名；而在照片 APP 像 Instagram 上又另外使用描述性的暱稱。[11] 當她在部落格如 Tumblr 等選擇登錄名字時，也許又會選擇與特定興趣社群有關的名字。

但很多時候，青少年其實只是在回應特定服務的規範而已。在 Facebook 上叫「潔西卡·史密斯」，在 Twitter 上叫「小怪獸」，並不是想創造出心理上的多重身分，她只是在不同網站預期不同的觀眾，面對不同的規範，選擇以不同的方式來代表自己。這些名字有時候是自我呈現的刻意選擇，但更多的狀況只是因應網站要求的突發奇想。雖然有些青少年在許多不同網站都選用同一個暱稱，但也有些青少年會因為自己喜歡的綽號已經被別人用掉，或者覺得自己已經長大，不適合再使用過去的暱稱。不管原因為何，結果就是產生許多線上身分，非常耐人尋味。在這個過程中，青少年必須解讀並創造自己位居其中的社群情境。

搞清楚社群情境很重要，青少年游移於不同的社群情境，有些是在網路空間製造出來的媒介情境，有些則無需透過媒介，例如在學校裡頭，他們對於這些社交動態的管理也會不同。他們如何互動、跟誰互動，這些事情在學校餐廳、課後音樂社團或群組簡訊服務中都不會一樣。我採訪的青少年裡頭，很多人的 Facebook 正是各種不同朋友碰撞在一起的主要地點；其他服務如 Tumblr 或 Twitter 則常常用來創造

跟興趣有關的社群。[12] 比方說，在 Tumblr 上，有一群青少年互相連結，分享時尚相關議題的資訊，他們創造出來的時尚部落格社群，連時尚界都嘖嘖稱奇。在 Twitter 上青少年跟其他粉絲大談名人八卦的情況，也絕對不少見。這些例子可以說明大概在 2013 年時這幾個平台是怎麼被利用的。各位讀到這本書的時候，青少年對於不同網站的處理方式或許已經有所改變，但是像這樣，在特定網站有一定的情境，並且在不同網站差異顯著的情況，十多年來都一樣。重點並非哪個社群網站，而是年輕人群聚其中形成的情境。年輕人群聚的網站此起彼落，迭有興衰，隨著時間的推移，其原始目的也會改變。有些人認定這樣的起落代表年輕人文化的劇烈變化，然而，儘管情境的轉換或許可見且顯著，但基本方式還是保持原樣。

特定網站的情境並非由技術決定，而是青少年與網站的相互作用。用社會學的說法，社群媒體網站的情境是社會性建構而成。[13] 更實際來說，這表示青少年聽到某個網站有什麼新奇玩法，就會跑去瞧瞧。他們會透過自己認識的人，看他們怎麼使用那個網站，然後在自己使用的過程中加強或挑戰網站原有的規範。結果就是，社群媒體的規範會由網路效應形成，特定網站的用戶會相互影響，進而確立了網站的使用規範。

由於青少年參與社群媒體是跟著更大的同儕團體走，因此在網路上受到強化的規範並不會太過偏離學校既存規範。比方說，我認識一位十來歲的女孩很著迷一個叫「單向」（One Direction）的男孩流行樂團，即使她在學校的朋友並不特別青睞。因此她就不會在學校餐廳談到她欣賞某個成員，因為她知道同學們不會覺得這個話題多有趣。她不掩飾自己對於「單向」樂團的熱情，但也不會跟朋友討論樂手髮型、最新專輯等話題，而是轉向 Twitter 找同好。她會到 Twitter 找同好，是因為「單向」在 Twitter 設有粉絲頁，但她後來更常跟其他粉絲聊天，而不是回應歌手的推文。透過這個粉絲社群，她也開始在 Tumblr 互動，並且在 Instagram 張貼粉絲圖文。她的朋友也都知道她很迷，偶爾還會笑她迷戀名人，但他們並不追蹤她的 Twitter，因為對她生活的那一面並不感興趣。她沒有對朋友隱瞞自己的興趣，而是自己創造出一個獨立情境，單獨運用一個數位身分跟其他粉絲聊天。如果她想跟同學交談，就會改用 Facebook 或簡訊。但這幾個情境並非完全互不相干，後來她發現有位同學也是粉絲，兩人就在 Facebook 和 Twitter 上常有對話，她們在 Facebook 說學校的事，在 Twitter 說單向樂團。後來有幾位 Twitter 上的粉絲也在 Facebook 上加為好友，這就為她們談論不同話題創造了空間。

這位年輕粉絲就是一個典型的精明網民，在不同的社

群之間悠遊自得，對於不同規範和社群實踐都很熟悉。她在 Facebook 和 Twitter 之間暢行無阻，充分掌握它們的社群情境。她對於自我身分有一貫的理解，因此能夠在不同的環境中適當地表現自己。她在這些媒介中悠遊自得，就像在網上和網外之間順暢地轉換，她不是變換身分，或是切割虛擬和真實，而是根據不同的社群情境做出適當的表現。

青少年游移在不同的社群環境中，和不同的朋友、興趣團體及同學互動，操控著各個集體塑造和建構的社群情境。他們靠時間和觀眾來感知情境，不過也很難明確說明。雖然游移於不同的社群情境並不是現在才有，但科技發展讓年輕人更容易在不同的社群之間快速移動，讓人以為他們彷彿可以同時出現在好幾個地方。呈現出來的景況就是，青少年在不同的社群中快速幻化，但身影模糊，像是一場複雜的舞蹈。

最近幾年社群媒體的流行，使得非虛構身分或者所謂的「實名」身分顯著增加，但我們也一樣要注意到，網路上同樣有些環境讓青少年以匿名或精心打造的身分聚集在一起，為想像的網上情境和真實的網外情境做出區別。最明顯的就是很多人一起玩的線上遊戲，如「魔獸世界」（World of Warcraft）和「星海爭霸」（StarCraft）等，我碰到的年輕人都很喜歡。跟早期網民一樣，「第二人生」（Second Life）和「Whyville」等虛擬世界，讓青少年嘗試多種好玩

又富創意的身分運作。[14] 創造網路化身、選擇虛擬性格的過程都需要大量的反省，青少年對此可是十分認真。

有些青少年對於自己的網路化身投入大量時間和心思，然而我遇到的青少年也有些對此並不在意，投入的時間並不比決定 Twitter 暱稱還認真。他們的選擇當然還是有其意義和價值，但不覺得那有什麼重要性。我曾經問過一位玩「魔獸」的青少年為何選用某個角色，他苦著臉看著我。我一再追問他的選擇是否帶有特殊意義，他才翻著白眼回答我說：「那只是遊戲好嗎！」後來又說他有幾個備選角色，各自擁有不同的戰鬥技巧，就看他想在遊戲中完成什麼，才來決定選用哪個角色。

選擇和設計網路化身，是參與融入式電玩和虛擬世界的核心，但年輕人對於這方面的處理有許多種不同的方式。有些青少年選擇的化身是反映自己的真實身分，也有些青少年是根據技能和美學觀點來建構。有些青少年覺得自己「在世界中」時跟在學校時完全不一樣，也有些人是跟同學一起玩那些電玩遊戲。在這些環境中，角色扮演的元素似乎表示虛擬和現實的截然不同，但是在奇幻的遊戲世界中，這一點又常常顯得模糊曖昧。[15]

除了社群媒體網站和多人線上遊戲中的身分之外，還有

一種不具名的次文化，讓用戶完全擺脫身分識別，以貼圖留言板服務為主的 4chan，就是這種匿名社群的代表。4chan 最早是 2003 年由 15 歲青少年樸爾（Chris Poole）創設，當時大家叫他「穆特」（moot）。他創設這個網站，原本其實是為了跟其他青少年分享色情圖片和動漫。[16] 4chan 上線後成為非常活躍的網路文化生產泉源，但也充斥著許多惡作劇，經常成為網路遭到批評時的對象。這個網站是許多爆紅網路圖文等「模因」（meme）的誕生地，例如以貓為主題的幽默圖文「笑臉貓」（lolcats），是由有趣圖片配上搞笑文字，這種文法或拼字不太正確的網路文體一般稱為「笑臉文」（lolspeak）。[17] 4chan 也是匿名組織「匿名者」（Anonymous）的起源地，這個激進駭客團體曾發動多次廣受矚目的政治活動。[18] 雖然這個網站的貼圖、貼文者身分不明，但分享內容的品味和幽默大多跟青少年男孩有關。

你在 4chan 上很難找到什麼暱稱做參考，因為這個網站的內容大多數是匿名分享。我認識幾個會在 4chan 貼文的男孩，他們大多對這個網站的匿名規範很欣賞。他們認為匿名帶來的自由感，是一般要求建立身分的網站難以企及，不管是用實名或虛擬化名。也有人承認會濫用這項自由幹些壞事，例如匿名騷擾他們討厭的女孩，或者想方設法對 Facebook 管理員騙取資訊。但更多的青少年其實只是想要有一個不必被成年人監視、可以躲避同儕眼光的自由空間。一旦匿名

之後，就成為隱形群眾的一部分，這些青少年也曉得他們在這個網站裡頭並不是想建立個人聲譽。但就算個人身分不會被認出來，自己的貼文、貼圖要是獲得關注，還是會很高興，因為這讓他覺得自己是社群的一部分。此外，大量使用一些圈內人才懂的黑話和參考元素，也更容易辨識彼此是否為 4chan 成員，這也成為一種塑造身分和社群的機制。[19]

如今青少年熱烈參與許多社交環境，並且共同打造其規範基礎，也展現許多不同的做法。對於要怎麼管理內容和呈現自我，讓他們預期的觀眾前來閱覽，青少年的手法日漸成熟而複雜，也許並不總是成功，但他們的努力甚是可觀。

網路上的「臥室文化」

當 MySpace 網站正流行的時候，克里斯（Chris）收到他 16 歲女兒的加友訊息，他非常高興。他原本就決定不主動要求女兒在社群網站上加友，因此他覺得這個訊號代表了信任和愛。他興匆匆地接受加友請求，馬上點閱他女兒的個人資料。結果一看，心就涼了半截。在資料頁的下半部有個框框問說：「你是什麼藥？」附帶一張鏡子上有白色粉末和紙鈔捲的照片，底下文字寫著：「古柯鹼」。克里斯努力讓自己鎮定下來，前去詢問女兒。她的反應是大笑，然後跟

爸爸撒嬌：「爸～」她爸爸看到的是網路上很流行的問答，學校裡頭大家都在玩，只是最近剛好碰上這個題目。她解釋說，你很容易看出這些問答題的意思和答案，可以製造出一些你想要的效果。克里斯可沒因此鬆口氣，但他也不會就這樣驟下評斷，仍然遲疑地問她為什麼會把古柯鹼當做答案。她接著又說，學校抽大麻的學生是「遜腳」、吸魔菇則是「瘋了」，然後又說：「你們那一代很多人吸古柯鹼啊，不都沒事嘛。」這下子換克里斯爆笑起來，覺得她對爸爸和其同代人的看法非常有趣。克里斯是在美國中西部農村的白人社區長大，酗酒和青少年懷孕的問題比較常見。事實上，克里斯只比他女兒大 16 歲而已。他在高中畢業後曾經從事一些音樂工作，但當時已經是個單親爸爸，沒什麼時間可以跑趴。不過他年輕的時候完全沒碰過古柯鹼。後來克里斯很嚴肅地問女兒是否對古柯鹼有興趣，聽到她生氣地說不，讓他心安不少。後來針對旁觀者看到這些趣味問答可能造成誤解，他們又聊了很久。

　　很多青少年在社群媒體中張貼訊息時只想到內容有趣，或者只是貼給一小部分的觀眾看，卻沒想到同樣的內容若不了解來龍去脈，可能讀出不同的意思來。有些看似不正確的身分訊息，其實只是某種自我呈現遭到誤解。這個問題在早期社群媒體特別明顯，因為當時要參與那些社群媒體網站都必須揭示詳細的身分資訊，比方說，MySpace 就要求用戶提

供年紀、性別、位置和其他訊息來建立個人資料。

當我無意中看到艾莉（Allie）的 MySpace 個人資料時，她說她 95 歲，來自澳洲的聖誕島（Christmas Island），年收入二十五萬美元以上。像這樣近乎百歲的老人，從那麼偏遠的印度洋小島上網到 MySpace，而且年所得這麼高，雖說不是絕無可能，但也不太可能。我快速瀏覽艾莉的其他資料，發現她大概就是紐澤西州的青少年，應該就是個高中女孩吧。她的網路相簿裡頭就有她的自畫像、跟朋友一起拍的照片，還有一些青少年出遊的照片。她的朋友也大多表示來自紐澤西州，個人資料列出的高中也在當地。她在個人資料頁上的留言有些跟她的家庭和父母有關。我並不認識艾莉，但我懷疑她揭示的個人資訊只是在騙我。

我碰到過許多編造姓名、位置、年齡和收入等資料的青少年，甚至像 Facebook 的關係狀態，不管有沒有男女朋友，都要說是「一言難盡」，他們覺得這樣很好玩。不太用心的觀眾要是翻閱 Facebook 的用戶資料，或許會覺得好多青少年都是同性戀，因為很多人列為「交往」的對象其實只是他們的好朋友。同樣道理，如果從 Facebook 用戶資料來看，一定讓人覺得美國的人口普查資料有問題，因為至少在 Facebook 上，好多青少年都有幾十個兄弟姐妹。當然啦，如果仔細看的話就會發現，那些兄弟姊妹其實也都是好朋友而

已。這些都只是青少年對於社群媒體網站要求提供用戶資訊的頑皮回應，這裡列舉的也只是少數幾種方式，但從中也可以發現到青少年對於友誼和社交的需求訊號。

後來我跟很多青少年聊起來，才知道那些社群網站還有很多娛樂和搞笑的方式。在富裕社區之外的地方談到錢，總會被認為有點傻氣吧，可是我碰到無數個青少年在MySpace上說自己年收入「二十五萬美元以上」。年齡欄位的出生年份故意挑「69」，在青少年中也算是個流行。[20] 各位也可以在社群媒體中搜尋有多少用戶說自己住在阿富汗（Afghanistan）或辛巴威（Zimbabwe），因為這兩個國家正是下拉式選單的頭和尾。Facebook希望用戶提供「真實姓名」，但我認識的很多青少年只會提供名字，姓氏則選用公眾人物、虛構角色或朋友的。這些還都只是青少年在用戶資料中編故事的幾個方式而已。這些做法讓他們覺得自己可以控制個人資訊，他們常常跟我說，網站要求提供這些資訊實在很好笑。

解讀這些青少年的個人資訊，可能以為他們就是在說謊。不過標示自己富有或住在國外，其實也不是想要騙誰，這些違反網站規定的做法只是為了博得朋友一笑罷了。[21] 大多數青少年並不是想在虛擬世界中設定一個想像身分，只是不願意遵守網站要求如實自我呈現的規定。[22] 他們覺得要

求他們提供正確資訊也沒什麼道理，部分原因是因為他們知道，會看到他們個人資訊的人本來就認識他們啊。比方，16歲的西雅圖白人男孩多明尼克（Dominic）告訴我說，他沒提供正確訊息是「因為我的網友本來就都是我的朋友，他們都知道我是不是在開玩笑。」青少年根據對於社群情境的認知，決定要不要分享某些資訊。很多青少年把社群媒體的資訊揭示規定視為一種建議，而不是要求，因為他們把這些網站當做是跟同學及其他熟人的互動平台。

青少年的動態分享既不是隨心所欲，也不會配合網站要求，更不會任由那些支配成人用戶的規範所決定，主要關鍵還是分享資訊時以年輕人為主導的社群情境。青少年不把社群媒體當做是要在裡頭扮演自我或創造分身的虛擬空間，而是一個可以跟朋友歡聚一堂，同時兼顧私密和安全的地方，既好玩又能塑造形象。洛杉磯的墨西哥裔青少年，15歲的米奇（Mickey）說：「我（在 MySpace 上）不是要說謊，而是不想放上真實訊息。」他強調他放上假資料是為了要控制社交環境，不想讓爸媽或老師輕易就搜尋到他，也不想讓一些「怪物」發現，那些傢伙可能在網路上找尋弱勢的青少年。他想要的就是一個可以跟朋友在一起的空間，所以他只提供足夠的訊息，讓他的朋友都能找到他，又不致於在成年人面前過度曝光。

青少年會編一些資訊，是因為這樣做很好玩，也可能是因為他們覺得網站無權要求這些訊息，或者是因為他們認為這樣才不會被大人找到。如此的做法，正是希望自己能夠控制網路上的社群情境。

青少年透過社群媒體建立個人資訊的同時，也是在操縱公共環境和更為私密的友誼空間。傳播學者哈德金（Paul Hodkinson）和林肯（Siân Lincoln）認為，這些個人資訊的建構也可以從「臥室文化」的角度來觀察。[23]很多青少年會用各種不同的媒介物來裝飾臥室，表現個人風格，例如照片、海報和一些小東西，而他們在網路空間的自我呈現也一樣會運用很多媒介物。同樣的，青少年會利用臥室做為跟朋友歡聚的空間，而他們在網路上也會這麼做。但是因為社群媒體的屬性使然，要區隔出網路空間的界限更為困難。很多青少年都抱怨說，要讓自己的兄弟姐妹和爸媽不進房干擾，幾乎是不可能的事情，而他們想在網路上保有隱私就更困難啦。因此這又反過來挑戰青少年的能耐，看他們是否能更有效地描繪自我的細微差異，來區隔某些觀眾或跟他們對抗。

印象管理不只是個人行為而已

在著作《日常生活中的自我表演》（*The Presentation of*

Self in Everyday Life）中，社會學家高夫曼（Erving Goffman）把跟自我呈現相關的社會儀式稱為「印象管理」（impression management）。他認為我們給別人的印象，是來自我們刻意提供和無意洩漏出來的訊息。換句話說，儘管我們為了給別人一個好印象，會選擇分享一些訊息，但同時也會在無意中洩漏一些訊息，從而揭露出我們到底是怎樣的人、對他人會有些什麼反應。那些在規範、文化動態和制度體系中提供和洩漏出來的訊息，讓我們得以就更為廣泛的情境來理解這些表演或呈現。我們在解讀他人的自我呈現時，會根據洩漏出來資訊和情境來判讀對方傳達的訊息。明顯外露和幽隱信號之間的張力，讓我們獲得更多的個人資訊，進而塑造出對一個人的印象。對方也會根據我們的反應調整呈現方式，以提供他們認為最好的。

我們會根據社交環境，包括情境和觀眾，來決定分享哪些資訊最適當，冀求博得最佳理解。年輕人企圖理解其間的情境，就是希望自己能夠操控他們面前的社交環境。他們也許在同儕面前耍帥、耍酷，就算大人覺得他們行為不檢也無所謂。[24]青少年會希望自己喜歡的人也喜歡他；或者是在嚴重沮喪或焦慮時，能夠表現得充滿自信和快樂。不管他們想要傳達的是什麼，都必須先掌握整個狀況和情境界限。一旦情境界限崩解或資訊被斷章取義，青少年可能就無法成功傳達預期的印象。

自我呈現絕對不是憑空捏造出來的。高夫曼雖然對個人在塑造自我呈現時的角色扮演著墨甚多，但他也強調個人是團體的一部分，整體印象對個人印象的傳達頗有影響。在討論團隊對於印象管理的重要性時，他指出我們會憑藉熟悉的程度，以相互認可的態度，共同合作來塑造印象，定義任何給定的情況。他也指出，「團隊中的任何成員都有可能因為不恰當的行為，有意或無意地搞破壞」。[25] 當青少年在網路上建立個人資訊時，他們既是個人，也是團體的一部分。他們的自我呈現既是自己刻意提供，也是諸多朋友的分享，同時也是其他人回應的產品。當艾莉絲的朋友鮑伯回應她的個人資訊時，他就對她的自我呈現產生影響。就算是鮑伯選擇的大頭貼都會影響到艾莉絲，因為當他發表回應時，他的大頭貼就會出現在艾莉絲的頁面上。[26] 不管是在網上或網外，印象管理都不只是個人行為，而是社會過程。

　　網路上的印象管理會這麼棘手，有一部分原因是在於青少年所處的環境也是在網路。情境崩解並不是偶然才發生，也來自大家對於界限存有不同的感覺，因此個人做的決定也會互相影響。我在北卡羅來納州曾跟一位高三黑人男生稍微聊了一下，他當時正在爭取體育重點學校的足球獎學金。有幾個來自不同學校的招生人員和教練問說可不可以在 Facebook 加友，他馬上就答應了。這個學生一向把 Facebook 當做個人履歷來經營，讓大家知道他是一位考慮周到、富同

情心的美式作風年輕人。不過他也常常擔心 Facebook 的網友不知道會貼出什麼東西來，他的顧慮可不是杞人憂天。

幾天後，我和另一個男學生馬修（Matthew）聊聞，他是那位足球學生的同學，兩人也是 Facebook 的網友。馬修跟那位美式作風運動員的同學在網路上的表現可就大不相同，他的個人資料中滿是粗魯的評論和搞笑，很容易被外人誤解。我問 17 歲的白人男孩馬修說，他貼這些東西在個人網頁上，要是陌生人看了可能會造成誤解。馬修回答說，他不跟不認識的人加網友，而認識的人就會知道他只是在開玩笑。我指出他的隱私設定不夠嚴密，只要是朋友的朋友都能看到他的個人資訊。他原本不了解我在說什麼，我說明他同學加了一些教練和學校代表為友的狀況，他同學正在爭取進入那些學校。馬修的反應很驚訝：「他幹嘛這樣？」馬修和他同學對於怎麼玩 Facebook 顯然想法很不一樣，所以他們想像的觀眾也不同，但因為他們同在網路上，Facebook 的功能就讓他們的頁面連繫起來。於是他們會互相影響到自我呈現的意圖，而他們的分享和交友規範也會發生預料之外的衝突。

即使青少年在特定環境中對於恰當與否的看法一致，他們的朋友和同儕在禮貌和規範意識上也不見得都一樣。社群情境，再加上網路讓大家相互連結，要搞定這個狀況可是相

當複雜。最常見的「解決方案」就是，不要因為情境不同而刻意塑造印象。事實上，Facebook 創辦人祖克伯格（Mark Zuckerberg）據聞也曾經說過：「你要是擁有兩個身分，就是欠缺誠信的例子。」[27] 運用資訊區隔來管理情境崩解的狀況，萬一資訊跨越界限就倒楣了，像是本章開頭談到的洛杉磯青少年，被迫面對差異極大而無法相互理解的社群情境，根本就一籌莫展。青少年面對這種狀況感到特別棘手的原因，即在於管教他們的成年人往往認為自己有權利去觀看、批判和分享他們的資訊，即使大人的解讀或許完全是斷章取義。

2010 年美國公民自由聯盟（American Civil Liberties Union）收到一位農村高中生的投訴，凸顯了這個問題。在某次學校集會場合中，駐校警員在台上公開展示一張該校學生手拿啤酒的照片做為不良示範。[28] 這張照片並不是照片中那個女孩自己公布的，而是朋友貼在 Facebook 上並標示她的名字。這個集會的目的是教導青少年維護自身隱私，但是學生反而被激怒了。因為那個駐校警員是用成人的標準，故意讓學生丟臉，告誡他們要守規矩，而照片被公開的學生則擔心她會因此得不到當地的獎學金，或許還可能要面臨更嚴重的後果。讓狀況更複雜的是，這張照片也不是她自己發布，而是朋友貼上去的。當她的朋友上傳照片，並標示名字後，已經破壞了那個女孩希望保有的自我形象。有人可能認為是

那個女孩有錯在先，她本來就不應該在聚會上拿著啤酒。她的確可能喝了酒，據報有七成二的高中生喝過酒精飲料，但她也可能只是幫朋友拿，或者就只是拍照擺擺樣子而已，不是真的喝酒。[29] 這個女孩當然沒想到她去參加那個聚會，結果會演變成在公開集會上遭到羞辱，而她是否真的犯錯，應該遭到這樣的懲罰，其實誰也不清楚。但成年人從中介入，不顧原有的情境，妄加評斷，在這種狀況下青少年反而遭到指責，說這是他們行事不加思考所致。成年人以自己的價值觀，斷章取義地解讀，認為青少年有錯在先，就可以採取這種公開羞辱的手段。如此的處置，根本無視於青少年的隱私，也破壞了他們管理自己身分的努力。

有些人可能以為，那個拿著啤酒的女孩算是很幸運了，也沒有被警方逮捕，因為未成年人飲酒是違法的。但值得注意的是，成年人同樣會採取這種差辱手段，強迫青少年處事符合成人標準，而且青少年和成年人也都會排斥或懲罰那些身分、價值或經驗不為大眾所接受的人。我遇到許多青少年都想對自己的父母或老師保守一些祕密，但那些最努力對抗情境崩解的，是那些想弄清楚自己性取向的青少年，或者是不這麼做就覺得被自己社區排斥的人。有些人就是對此感到沮喪和惱怒，比方說華府的韓特就很想在自己的「貧民窟」家人和優等生朋友之間小心調控。其他還有一些青少年女孩的私密照片被公開分享，說她們是利用「性」做為武器，

這些受到羞辱的女孩子們不但感到非常尷尬，情緒上也很受傷。還有一些我在信教虔誠的保守地區碰到的女同志、男同志、雙性戀和跨性別者（四類統稱「LGBT」）的青少年，也都非常害怕自己精心維護的情境崩解。

　　我在愛荷華州就意外碰上一個努力想解決自己性取向難題的青少年女孩。她自己在網路聊天室找到一個女同志社群，雖然成員不見得都是女同志，但她認為他們給的一些匿名建議相當有幫助。他們告訴她有助於同志出櫃的網站，提供一些個人經驗，並且給她一個幫助同性戀者的熱線電話，要是她向保守的爸媽討論自身問題遭遇任何困難，都可以打這支電話求助。雖然這些陌生人的支持和驗證令她津津樂道，不過她還沒準備好要公開自己的身分，而且她非常害怕爸媽可能會看到她在網上的聊天內容。她也擔心學校的朋友可能會發現並告訴她爸媽。她讀中學時就知道爸媽會監看電腦的瀏覽紀錄，要是亂逛不好的網站就會受到處罰。所以她每次上聊天室之後，都會小心地刪除庫存網頁紀錄。但她不知道 Facebook 會怎麼追蹤她瀏覽的網頁，也擔心這家公司可能會將那些網頁公布在她的 Facebook 頁面上。為了解決這個問題，她上聊天室或任何跟同志有關的網頁時，會使用微軟的 Internet Explorer 瀏覽器，而扮演平常的乖乖牌就改用 Chrome 瀏覽器。儘管如此，她還是很害怕會把事情搞砸，破壞自己精心維護和區隔的社群情境，在她真正準備好之前

就東窗事發。她很想讓這兩個不同的情境井河不犯，但是覺得好困難。這樣緊張令她七上八下，一遍又一遍地。對於這些正努力發掘自身，渴望融入廣闊世界的青少年來說，尤感艱辛。[30]

　　在青少年努力理解不同的社群情境，以求適當的自我呈現之際，有件事也逐漸清晰起來：網路到現在也還沒進化到一個喜樂境界，讓大家在網路上都可以擺脫實體世界中的種種限制。青少年正在努力理解自己是誰，學習如何融入這個社會，儘管是在情境相互連結而崩解，觀眾身在暗處，所言所為很容易被斷章取義的情況下。而他們也正在努力解決一些成年人面對的戰鬥，儘管他們這麼做的時候是受到監控，而且也還未穩固地確立自己是誰。總而言之，他們正在討厭的文化迷宮中摸索。

NOTES

1. 威利斯在其著作中檢視工人階級流動的基本社會動態，請參見：*Learning to Labor: How Working Class Kids Get Working Class Jobs*。他提出的想法在蓋恩斯（Donna Gaines）的著作中被引用到美國背景，做進一步的延伸和思考，請參見：*Teenage Wasteland: Suburbia's Dead End Kids*。

2. 雷比（Rebecca Raby）曾說成年人和青少年之間存在著「巨大鴻溝」，是我們真正了解年輕人及其文化實踐的挑戰之一。請參見："Across a Great Gulf?"。

3. 被邊緣化的年輕人特別容易遭到成年人誤解和批評，因為成年人無從理解這些青少年面對的情境。比方說，葛雷（Mary Gray）的著作曾指出，同性戀的農村青少年必須處理「農村／同志」的身分衝突，然而異性戀的農村成年人認為性取向無須強調，也不需要討論；同性戀的都市成年人則相信那些青少年只要斷然捨棄農村生活就夠了。儘管成年人有這些預想，但格雷發現，很多青少年會發展出創新的方式來解決這些衝突。請參見：*Out in the Country: Youth, Media, and Queer Visibility in Rural America*。

4. Marwick and boyd, "I Tweet Honestly, I Tweet Passionately"; Vitak, "Impact of Context Collapse and Privacy on Social Network Site Disclosures."

5. Marwick and boyd, "I Tweet Honestly, I Tweet Passionately"; Litt, "Knock, Knock. Who's There?"；Brake, "Shaping the 'Me' in MySpace"; Baron, "My Best Day."

6. 在本書研究期間，Facebook 的隱私設置就有極大的變化，讓青少年在 Facebook 和社群媒體上要掌握情境益形複雜。關於 Facebook 的隱私設置如何改變，請參見：Stutzman, Gross, and Acquisti, "Silent Listeners"。

7. Kirschbaum and Kass, "The Switch."

8. Turkle, *Second Self.*

9. Sundén, *Material Virtualities.*

10. Stone, *War of Desire and Technology*; Dibbell, *My Tiny Life.*

11. 關於社群媒體媒體實名的政治討論，請參見：Hogan, "Pseudonyms and the Rise of the Real-Name Web"。

12. 伊藤瑞子及其共同作者（包括我）曾指出，年輕人參與網路媒體可以從友誼導向和興趣導向來理解。雖然很多年輕人游移於友誼和興趣之間，通常會因為不同目的而選用特定的媒體進行互動，我在田野調查中也看到這樣的區別。請參見：*Hanging Out, Messing Around, and Geeking Out.*

13. 我在導言中曾提到，我側重社會科技層面來研究科技與社會實踐的關係，透過許多學術理論來了解社會如何建構科技。這些理論通常是回應一個普遍、卻有問題的觀點，即認為科技會決定做法，也就是科技決定論。我的分析方法受到許多社會建構主義者的影響，尤其

是畢克（Weibe Bijker）、休斯（Thomas Hughes）和聘奇（Trevor Pinch）等人的作品。想進一步了解這個研究方法，請參見：Leonardi, *Car Crashes Without Cars*, chap. 2。

14. Taylor, *Play Between Worlds*; Boellstorff, *Coming of Age in Second Life*; Nardi, *My Life as a Night Elf Priest*; Kendall, *Hanging Out in the Virtual Pub*.

15. Beth Coleman, *Hello Avatar: Rise of the Networked Generation*.

16. 關於 4chan 的新聞報導，請參見：Brophy-Warren, "Modest Web Site Is Behind a Bevy of Memes"。想進一步了解 4chan 匿名的社會實踐，請參見：Bernstein et al., "4chan and /b/"；Knuttila, "User Unknown"。

17. Lefler, "I Can Has Thesis?"; Miltner, "Srsly Phenomenal."

18. Coleman, "Our Weirdness Is Free"; Stryker, "Epic Win for Anonymous."

19. Whitney Phillips, "This Is Why We Can't Have Nice Things."

20. 青少年常以數字「69」代表情侶互相口交的象形符號。

21. 多納特（Judith Donath）研究網路身分與欺騙，發現訊息需要有更多的策略訊號，閱聽眾才會認為是欺騙。有些訊號，例如各大社群媒體要求的人口統計資訊等，都很容易偽造；但其他資訊就比較難，例如跟朋友一起合照。要進一步了解，請參見："Identity and Deception in the Virtual Community"；"Signals in Social Supernets"。

22. 最早的社群網站，包括 Ryze、Friendster 和 MySpace 等，都是以開拓人脈為目的（關於社群網站的歷史，請參見：boyd and Ellison, "Social Network Sites"）。 為了讓用戶能夠準確地向陌生人介紹自己，這些網站會希望用戶提供性別、位置、品味、生日、婚姻狀況、職業、收入等正確資訊。但在用戶另有盤算之下，這些設定很快就受到挑戰。當 Friendster 的用戶開始開設假帳戶時，該公司非常憤怒，強勢關閉那些假帳戶，並且要求用戶依照原本設定的目的來使用網站。但是這種「支配」用戶的做法通常會導致反彈（關於 Friendster 事件的始末，請參見：boyd, "None of This Is Real"），許多早期用戶大舉跳槽到其他社群網站，包括 MySpace。MySpace 允許用戶自行判斷適合的個資，因此很多 MySpace 的用戶，尤其是青少年都覺得這方面比較自由。

23. 1970 年代文化理論家麥羅比（Angela McRobbie）和嘉伯（Jenny Garber）把運用媒介物打造個人空間的做法稱為「臥室文化」。哈德金和林肯更深入發展這個概念，請參見：Hodkinson and Lincoln, "Online Journals as Virtual Bedrooms?"；McRobbie and Garber, "Girls and Subcultures"。

24. Milner Jr., *Freaks, Geeks, and Cool Kids: American Teenagers, Schools, and the Culture of Consumption*.

25. Goffman, *Presentation of Self in Everyday Life*, 82.

26. Walther et al., "The Role of Friends' Behavior on Evaluations of Individuals' Facebook Profiles."

27. Kirkpatrick, *Facebook Effect*, 199.

28. Misur, "Old Saybrook High School Makes Privacy Point."

29. Johnston, O'Malley, Bachman, and Schulenberg, *Monitoring the Future.*

30. 需要操控同志身分的青少年特別了解管理不同社群情境有多麼困難,很多青少年在現實世界中選擇隱藏自己的性取向,更能領會箇中滋味。這些青少年常常被指為「家醜不可外揚」,但有些人其實只是還在努力化解這種身分衝突而已。請參見:Mary Gray, *Out in the Country: Youth, Media, and Queer Visibility in Rural America*。

CHAPTER 2

隱私：
年輕人的資訊為何公開分享？

很多青少年發現，一談到資訊公開與否，好像怎麼做都不對。如果公開發表個人想法，常常會受到批評；要是不公開資訊，營造爸媽看不見的私密空間，大人又不放心。對於隱私維護的界限，家長與青少年已經戰很久了。家長抱怨青少年為了維護隱私，不准爸媽擅闖他們的房間，要求爸媽自己節制，不要偷聽他們講電話，當青少年和朋友們聚會時，也不要爸媽跟隨。而當爹娘的也看不慣青少年穿一些太短、太小的衣著。他們一直以為青少年穿著暴露，就是因為不曉得要維護自己的隱私。換句話說，有些青少年長久以來的共同行為，都被當做是他們對於隱私的不良執迷或排斥。

　　對於隱私空間和個人表達等由來已久的親子拉鋸，現在又因為社群媒體的盛行而進入新層級。青少年都不喜歡爸媽觀看他們的網路資訊，或者當他們跟朋友在網上聊天時，父母在旁邊偷看。現在的父母也不再只是擔心孩子穿什麼衣服出門，還要擔心他們躲在房間裡穿什麼衣服拍照，而且還貼到網路上。過去大人看不到的互動，現在突然都有跡可尋，班班可考，當爸媽的當然會擔心小孩不知道會亂說什麼話，或者在網路上公開太多個人資訊。我個人在小時候也經歷過「禁止入內」房間吊牌，跟爸媽吵過迷你皮裙和內衣外穿等衣著，但等到網路盛行之後，隱私和暴露等話題已經成為頭條新聞的等級，波及整個世代的年輕人。

成年人常常以為這一代的青少年為了參與社群媒體而放棄隱私維護,這種假設令他們感到十分無力。我曾問過北卡羅來納州的威佛(Waffles)這個問題,他的回應顯然不是很爽:「每一個青少年都想要保有隱私啊。不管他們有沒有說過,每、一、個、都、想、要!」威佛是17歲的白人科技宅,每天都上網好幾個小時玩電玩,跟網友互動,也參與很多種類的網路社群。因為他參與這些網路公共空間,就認為他不關心自己的隱私,這讓他很不能接受。「並不是說青少年利用網路跟其他人連結,就代表他們不關心個人隱私。我們也不會對每一個人訴說自己生活上的每一件事情啊……無限上綱地扯說青少年不顧及隱私,老實說,我覺得是成年人的無知和輕率。」威佛說這些話時所帶有的情緒,我在其他青少年翻白眼的時候可看了不少,他們都很敏銳地感受到成年人對於他們參與社群媒體感到不高興,因此也對成年人認為他們不顧慮隱私的無腦假設非常不耐。[1]

　　正當青少年忙著管理身分和操控以年輕人為中心的社群媒體時,卻又碰上現在的媒體生態針對每一種青少年時尚、道德恐慌和新科技帶來的興奮效應,都一定要大肆宣揚一番才過癮。每個星期都會看到新聞報導哀嘆隱私已死,不停地數落青少年參與公共社群媒體服務,說這就是隱私消亡的證明。[2] 納絲寶(Emily Nussbaum)在《紐約雜誌》(*New York Magazine*)上說,現在很多人都樂意公開自我,讓大

家都很擔心年輕人：「現在的小孩根本就不知羞恥，毫無隱私意識。都是一些只想表現、只想出名的妓女，還有些專搞色情的小伙子張貼他們的日記、電話號碼，寫一些爛詩，天啊，還貼些骯髒照片在網路上！」[3]我在全美國聽過不少家長、老師和宗教界人士表達過類似的憂慮，只是沒說得這麼直接，大家對青少年這麼樂於公開自己都覺得好恐怖。他們常常跑來問我，說他們很擔心小孩的未來，如果真的關心自己和個人隱私，為什麼會在網路上暴露自己。

大家都認為青少年公開太多個人資訊，顯見不關心隱私的看法已經在公眾議論中根深柢固，但研究發現，青少年確實希望保有隱私，也做了許多努力，卻常常被媒體忽視。[4]不管有多少年輕人想盡辦法要保有隱私，成年人還是以他們在公眾之前的表現做為當代青少年行為不檢、作風猥褻的鐵證。同時，一些科技界的經理人如 Facebook 創辦人祖克伯格和 Google 董事長施密特（Eric Schmidt）強調社會的隱私規範已經改變，也強化了大眾對年輕人的看法。然而，這些業界觀點只是在為自己網站的隱私設定做辨護，他們說年輕人熱烈參與社群媒體，就是隱私時代已經結束的證據。[5]記者、家長和科技專家似乎都認為，樂意在公開場合分享個人資訊，還有任何追求表現、招徠關注的行為，必定都跟維護個人隱私背道而馳。

我遇到的青少年都很關心自己的隱私，但他們怎麼理解這個問題、怎麼做，卻不見得馬上就能獲得成年人的認可，或者了解他們的看法和做法有什麼道理。青少年想要保有隱私，是針對那些可以掌控他們的人。就此而言，大多數的成年人也是這樣。青少年想要爭取的隱私，不像那些高倡隱私權的社運人士或具備政治意識的成年人，他們並不是針對政府和企業，而只是想擺脫父母、師長和其他對他們生活有直接掌控權力的人。他們想要的是一種能夠「被忽視」的權利，被那些會干涉他們的人忽視。青少年並不特別擔心什麼組織因素，只是想要擺脫家長作風的成年人，以安全和保護為名，監控他們日常生活中的社交。

　　青少年希望保有隱私，這並不妨礙他們對參與公共生活的渴望，置身公共場合與被公開之間還是有很大的區別。青少年要的是聚集在公共場合進行社交活動，但不見得每個發出聲音的表達都要被公開。然而置身於網路公共空間，可不像跟朋友聚在公園，前者的互動更容易讓成年人看見，因此參與社群媒體很容易讓「置身公共場合」與「被公開」之間的區別變得模糊。於是猛然一看，渴望置身於公共場合似乎就跟保有隱私互相衝突。了解青少年如何理解隱私、如何操控社群媒體，正是理解網路世界隱私意涵的關鍵，因為其間的界限太模糊，協商的必要是意料中的事。青少年參與社群媒體並不像我們以為地表示隱私終結，反而更強調出我們生

活其中的網路世界，隱私與公開之間的相互作用變得更加複雜。[6]

青少年不是想要躲起來，只是為了保有隱私

2006 年 17 歲的布萊（Bly Lauritano-Werner）為青年電台（Youth Radio）錄了一段節目，主題是她認為隱私是什麼。[7]她跟媽媽一起錄這段節目，強調親子之間的世代隔閡最令她感到無奈。美國公共廣播電台（National Public Radio）播出這段節目，揭露了她跟媽媽在隱私界限認知上的緊張關係。「我媽媽總說網路是『公開的』，來為自己辯護。並不是說我做了什麼可恥的事情，而是女孩子總要一點隱私啊。我在網路上寫日記，是要跟朋友交流，並不是要讓她追蹤我生活的最新八卦。」在那段節目中，布萊採訪媽媽，媽媽很明確地表示她有權利觀看布萊的貼文。她說她應該可以看，「我又不是外人，我是你媽媽啊！而且我覺得，我會比那些不認識你的人更覺得有趣 …… 你貼出來不就是要讓大家看嗎？我就是大家裡頭的一個啊，所以我可以看吧。」儘管媽媽也知道布萊不希望她觀看，但她認為既然大家都可以看，那麼媽媽也有權利，這讓布萊感到非常無奈。

很多成年人認為，既然網頁功能許可，他們就有權觀看

任何青少年的網頁內容，但許多青少年對此並不同意。比方說，當我談到老師觀看學生的 Facebook 個人首頁時，15 歲的非洲裔學生香特爾（Chantelle）就很不以為然地問道：「他們來我的網頁幹嘛？我又不會去老師的網頁看他們寫什麼。為什麼他們就要來我的網頁看我的東西？」她接著又明白地說，她也沒什麼好隱瞞的，只是強調老師這麼偷偷摸摸地窺視，讓她覺得自己的隱私受到侵犯。對於香特爾和許多青少年來說，這不是技術上可不可行，而是社會規範和禮貌的問題。

前一章談到研究自我呈現的社會學家高夫曼也曾寫道，在公共場合和他人相處時，保持「禮貌性忽略」的重要性。[8] 比方說，兩個人就算是在捷運車廂內面對面坐著，也不應該瞪著對方看，或者任意插嘴，加入對方的談話。當然，有些人還是會這麼做，但他們一樣知道轉移視線或假裝沒聽到對方的談話內容是一種社會責任。[9] 其中的關鍵不在於聽不聽得見，而是應不應該偷聽。儘管技術上你能夠聽見、看到，這種行為仍然違反了禮儀和禮貌這種社會力量。

在那三分鐘的廣播節目中，布萊和媽媽沒有找到解決之道，只好認命地接受沒有辦法可以阻止媽媽來窺探，她的結論是日誌網站「就快完蛋」啦！如今家長們也開始進來註冊，建立自己的網頁，並且利用這些服務認識陌生人，

一點都沒有察覺過去警告子女要小心陌生人，如今顯得多麼虛偽。布萊說那些話是在 2006 年，當時說的是日誌網站 LiveJournal，不過我這幾年來針對許多社群網站，也都聽過相同看法，尤其是 Facebook。2012 年時我問一些很早就開始玩 Twitter、Tumblr 和 Instagram 的青少年，為什麼要玩這些新服務，而不願意玩 Facebook，我聽到幾乎一致的回答：「因為爸媽還不知道這個。」儘管實際牽涉的網站迭有變化，但只要是這些原本以青少年為中心的空間遭到成年人「入侵」，都會讓青少年感到失望。為了獲得他們想要的隱私，有些人就會躲到一些更新的網站，或者是爸媽和其他成年人還不曉得的 APP。

布萊在媽媽的監看下仍然希望找到自己的自由，但隨著社群媒體大行其道，更多的觀眾帶來挑戰，在在迫使青少年重新思考如何在網路公共空間中保有隱私。有些人是不斷地尋找不沒有成年人干擾的自由空間，但父母緊跟在後的情況下，這種老鼠躲貓的遊戲讓人感到疲憊。不過很多成年人如果知道真相的話，應該會感到很吃驚：青少年其實不是想要躲起來，他們只是為了保有自己的隱私而已。[10] 因此許多青少年都拚命尋找新方法，讓自己在公共場合也可以保有隱私。為了達到這個目標，他們必須掌握自己能夠使用的工具，讓自己在形塑社會行為的規範中仍然得以行動。

能控制社交環境，才能維護隱私

　　「隱私」原本就是沒有明確定義的複雜概念。[11] 美國最高法院大法官布蘭德斯（Louis Brandeis）說隱私是「獨處的權利」；法律學家嘉維森（Ruth Gavison）說隱私是他人透過資訊、關注和身體接觸到你的手段。[12] 法律學家威斯汀（Alan Westin）採取結構主義手法，認為隱私是「個人、團體或機構決定自己的資訊在何時且如何傳達給他人至什麼程度的權利」。[13] 這些定義容有差異，卻又互有關連，並且都強調「使用權」與「能見度」的控制。雖然「隱私」的定義難以達成共識，可能讓有些人感到失望，但法律學家索洛夫（Daniel Solove）認為，種種對於隱私的解釋都揭露出我們對於日常生活中隱私管理的反思。[14]

　　對於隱私的公開討論，我們常常聚焦在隱藏或退出公共場合，而學者和工程師往往更注意資訊流的控制。這兩個角度都有助於我們思考隱私的問題，但正如哲學家尼森鮑姆（Helen Nissenbaum）敏銳地指出，隱私始終是源自情境。[15] 很多關於隱私的學術討論著眼於誰是否擁有或喪失隱私，就我採訪的青少年而言，他們未必都擁有隱私，但不管面對什麼結構性或社會性的障礙，隱私都是他們一直努力爭取的權益。想保有隱私，不光是具備資訊、使用權、能見度的控制能力就可以，在游移於複雜的情境線索、技術賦使和社會

動態中，還要擁有控制社交環境的能力。保有隱私是一個持續的過程，因為社交環境從來都不是靜態的。尤其是在網路公共空間裡頭，互動的持久性和可搜索等特質，都會讓時間界限變得更加複雜。你幾個星期之前的回應，很容易就被拿來在當前狀況下解讀，而在一個不同步進行的簡訊串中，我們很難區別一段談話的開始和結束。

在努力爭取隱私的過程中，控制社交環境既不容易，也不明顯，它需要權力、知識和技能。首先，我們必須在社交環境中擁有一定程度的行動能力或權力，也就是具備社會地位，或者有辦法抵抗在此環境中更有權力的人；其次，我們必須對運作其中的社交環境和情境具備合理的了解；第三，我們必須擁有管理社交環境的技能，能夠理解與影響資訊流，以及它們如何被解讀。要爭取隱私，這些先決條件都很重要。此外，那些質疑青少年為何不好好管理自己隱私的人，往往認為這些事情都是理所當然的。

青少年要在網路公共空間爭取隱私，通常都要先掌握這些基本元素。置身於爸媽常以保護孩子安全為由，窺伺孩子上網，在這樣的社會背景下，青少年往往缺乏控制社交環境需要的行為能力。[16] 網路社交環境，包括潛水觀眾、情境崩解和內容的持久性，都會使得狀況益形複雜，讓青少年難以想像這些媒介的社交環境界限何在。最後是，在預設賦使迻

有變化下，要培養管理資訊流的技能也十分困難。比方說，像 Facebook 一直在改變隱私設置，要培養必要的技能，控制網頁內容的能見度，就算不是不可能，也非常麻煩。在這些情況下，青少年要控制社群媒體上的資訊流並不容易。媒體一再鼓吹取用與管制的重要，有些青少年依靠直覺就知道怎麼做，但不是每個人都這麼清楚。對於他們面對的限制，聰明的青少年通常會試著採取更富創意的新方法控制社交環境，爭取隱私，包括掌握技術賦使、提升行為能力，以及運用新策略重新安排社交環境。

以公開為預設，保有隱私尚待努力

　　人跟人之間的對話，即使是發生在公共場合，這個互動通常仍是以私底下進行為預設，如果想要公開，就必須透過其他的努力。比方說，兩個人喝咖啡聊是非，這些行為可以認定具備相當程度的隱私。談話內容也許後來被部分轉述，但除非有人在可以聽到的範圍內偷偷錄音，否則根據禮貌和禮貌性忽略等社會規範，這個談話仍然具備相當程度的隱私性質。違背這個規範的例子當然是不少，包括崔普（Linda Tripp）偷偷錄下萊文斯基（Monica Lewinsky）的告白，導致柯林頓被彈劾，還有狗仔隊利用望眼鏡頭偷拍名人照片。[17] 但這些行為都會被視為違反規範，因為若是在私密的社交

環境下，大多數人都不認為自己的談話會被公開。

但在一個媒介化的世界裡頭，關於能見度和表達傳播的假設和規範都必須受到質疑。很多最流行的社群媒體的設計都鼓勵用戶散播資訊，比方說像 Facebook 這樣的網站，公開資訊跟大眾分享顯得相對容易，但要透過隱私設定讓特定貼文限制只給少數人觀看則相對困難。結果很多用戶的盤算，會跟在非媒介化環境下很不一樣。用戶對於隱私的設定，不是根據資訊是否重要到必須公開，而是看貼文是否私密到需要設定特殊的保護。換句話說，參與網路公共空間的用戶是以公開分享為預設，如果要保有隱私就需要格外處置。

因為這種以公開為預設的架構，大多數青少年要是認為對話無關緊要，就不會刻意更動隱私設定來限定觀眾。青少年會常常在 Facebook 上分享許多資訊，只是因為他們認為那些貼文的內容不必設定為私密。比方說，青少年會分享「生日快樂」的訊息，或者公開詢問他人正在忙些什麼，因為他們認為這些特定的互動其實無關緊要，沒什麼好隱瞞的，便不會刻意把這些細微瑣事設定為私密，結果他們在網路上的互動幾乎都變成公開。[18] 成年人說青少年整天浪費時間貼那些有的沒的，而青少年則認為，重不重要由觀眾自己做判斷就好了嘛。

這並不表示青少年從來不會限制內容的能見度，要是覺得有些事情比較敏感，他們會直接更換媒介，改由簡訊或即時通訊軟體，跟人數較少的觀眾直接對話。當然，他們有時候也會把事情搞砸，可能是無心的，也可能是有意的。他們可能會發表不適當的評論，故意引戰，這可能是想引起關注，或者就是想罵人。他們貼的一些照片，就他們想像的觀眾來看也許並無爭議，但有些貼圖就是會引發預期之外的麻煩。青少年也不是沒想過他們的貼圖、貼文可能會造成社會成本，只是他們的判斷未必會對。

　　青少年都知道科技發展已經改變了分享的規範，但他們認為這只是事件的能見度發生變化，而不是底層的價值改變。我在北卡羅來納州遇到愛莉西亞（Alicia），17歲的白人女孩，她對科技發展改變資訊分享的看法是：

　　我只是覺得它（科技）重新定義了我們自己可以透露出什麼，是大家都能接受的。我是跟著這些科技一起長大的，所以我不知道社群網站流行之前是什麼狀況。不過現在似乎不必花掉所有時間，一一跟個別的人講，才能分享一些個人的事情。現在只要貼上通訊版面，需要的人就能上去看。這樣更方便啦。

　　愛莉西亞知道以公開為預設會對隱私帶來一些衝突，但

她認為太過執著於此只是被誤導了：「成年人看到我的相簿或 Facebook 動態牆的對話，就以為這對隱私是多麼大的破壞。但我不這麼想……我覺得隱私應該是你保留給自己的東西。」愛莉西亞並沒有因為她分享很多訊息就放棄隱私，她認為自己可以選擇不要分享某些事情，那就是保有隱私。

因為重點擺在哪些事情需要「保密」，而非是否「公開」，這讓青少年一不小心又落入常見的謬論，說只有那些有事情隱瞞的人才需要隱私。的確，青少年只有在限制觀眾瀏覽貼文時，才會刻意維護隱私，不管他們這麼做是出於敬意或害怕。但隨著貼文的時效變得越來越長，青少年也更加意識到，這些貼文要是日後被看到，很容易被斷章取義，造成意想不到的後果。

我在華盛頓特區遇見的 17 歲非洲裔女孩夏米佳（Shamika），就發現同儕喜歡拿她過去的貼文套進新情境中來說三道四。她非常生氣，因為那則貼文是一個月以前寫的，跟現在的情況完全沒有關係。為了解決這個問題，夏米佳採取徹底的行動，過去貼文一概刪除。她每天登錄 Facebook，閱讀一些朋友的留言之後，就馬上刪除。她也會去找出她在朋友的貼文或照片上的留言，並刪除留言。她刻意把她的 Facebook 頁面清理成一片空白，那個頁面原本叫做「動態牆」，所以這種做法稱為「刷白牆」（whitewalling），動態內容全數刪掉，

露出原來的白色背景。我對夏米佳說，其實任何人都可以把那些內容剪貼保存，日後再貼回來，她會意地點點頭，回答我說那樣做也「太可怕了吧」。換句話說，她是利用科技把自己動態內容迭遭取用的困擾，轉變成對方違反社會規範。

雖然網頁內容的持久性是大多數社群媒體的既成事實，但有些新的 APP 開始質疑這種基本設定。例如，2013 年青少年開始風靡的 Snapchat，據稱照片在瀏覽之後就會自動銷毀。由於一般都認為青少年會利用這種服務來分享一些不好的內容，因此記者常常說這個 APP 必定是用來傳送色情資訊或色情圖片。但我在閒聊時問青少年怎麼使用 Snapchat，發現大多數使用這個 APP 的人，只是覺得那些圖片傳過就算了，不必保存下來。他們也許是分享一些圈內人才懂的笑話、一些無聊的圖片，只是當下才覺得有趣的東西。那些圖片無須存檔，只是用來分享取樂，就像是某個片刻的姿態，而他們就利用 Snapchat 來傳達這種想法。

正如我們在導言中所說的，技術賦使和預設方式會影響到青少年如何理解及使用特定社群媒體，但他們也不會完全被牽著鼻子走。當青少年面對特定科技功能時，他們會根據自己想要達到什麼目的來做決定。在一個設定私密比廣泛分享還要困難的技術生態系統中，青少年往往就會選擇分享，即使這麼做會造成他們已經放棄隱私的印象。這並不是說每

個青少年都很渴望獲得大家的關注，有很多只是覺得不必費力去設定照片或對話的瀏覽限制而已。結果，原本在非媒介空間只是短暫存在的內容突然可以長久留存，讓人以為這其中的規範或基準已經激烈改變，但其實毫無更動。青少年不會刻意設定私密，來限制特定內容的能見度，而是發展出不同的策略在公共場合爭取隱私。

讓大人看不懂的社交隱寫術

小孩都喜歡玩編成密碼的訊息，他們會探索兒童黑話（pig latin）或隱形墨水筆隱藏的神祕訊息，幻想自己是個間諜，或者是傳遞機密的信差。小孩長大後，他們就開始運用更為複雜的辦法來逃避成年人的監視。我觀察青少年在網路公共空間的呈現，很喜歡看他們在公開貼文中隱藏祕密訊息。他們這種做法，我跟瑪威克（Alice Marwick）稱為「社交隱寫術」（social steganography），即利用一些共有的資訊或線索，把訊息隱藏在公開的社群情境中。

這種在尋常事物中隱藏祕密的做法並非現在才有。古希臘人要傳遞消息至遠方，不能只靠密使或編成密碼，因為信差可能會被敵方捕獲，密碼也可能會被解開。傳送祕密最安全的辦法，最好是一開始就沒人知道有這個祕密。史料記

載古希臘人的種種做法，例如把祕密藏在蠟丸裡頭，或者刺在奴隸的頭皮上，等他頭髮長出來才派他去傳遞祕密。[19] 雖然這些訊息都很容易看到，但你必須先知道有這東西才能找得到。密碼學家說這種把祕密隱藏在尋常事物中的技術叫做「隱寫術」。

社交隱寫術會使用很多語言和文化工具，包括歌詞、圈內人才懂的笑話和其他特定的文化典故，把資訊編成密碼，雖然可以解開，但外表看來沒什麼意義。有些青少年以代名詞或綽號指稱特定事物，採用預定的暗號、密碼來分享八卦，讓潛水的成年人無法解讀。青少年會把祕密揉進其他文字裡頭，讓成年人看不出來，或者誤解其義。青少年之間的對話也許都是學校的八卦，誰跟誰打得火熱、哪個老師很討厭，但是局外人看來卻是毫無意義。

這些做法都不是新的，長久以來，青少年一直在使用身邊的任何工具，在老師和家長眼皮底下分享各種訊息。在學校裡傳紙條，或在置物櫃裡留下訊息，都是學生利用紙筆和巧思分享資訊的基本款。在廁所、浴室牆壁上的塗鴉也許是破壞公物，但那些鬼畫符也可以傳遞訊息。當新科技進入青少年的生活中，他們會運用這些新玩意祕密地溝通，也不足為奇。上課時傳送簡訊跟傳紙條差不多，只是沒有那張實際存在的紙而已，而且也比較不會被抓到。不過如果把訊息編

成密碼，萬一傳送失敗，也不會因此洩密。

波士頓 17 歲的拉丁裔女孩卡門（Carmen）跟男友分手後，「覺得很不快樂」，她希望朋友都能知道她的感覺。就跟很多她的同儕一樣，卡門利用歌詞來宣告自己的心情。她的第一反應，是想要貼一首抒情或悲傷歌曲的歌詞，但又怕媽媽會產生誤解。這種事情以前就發生過，當她媽媽看到她貼出一些帶有明顯情緒的貼文時，常常會「反應過度」。因此她想要找首歌來傳達自己的感受，又不會讓媽媽以為她想要自殺。

她也細心地注意到，媽媽在她 Facebook 頁面上的出沒，會干擾她跟朋友之間的社交。卡門跟她媽媽很親，在大多數狀況下她也很高興媽媽是她的網友，但媽媽不斷在她的Facebook 上發言，也會讓她的朋友不敢在上頭自由回應。卡門說她媽媽貼出回應以後，「大家都嚇跑啦。媽媽貼文之後，好像大家都不見了」。她希望自己貼出的東西，大家會進來回應，既使她媽媽也在場。

卡門最後是貼出〈永遠看著人生光明面〉（Always Look on the Bright Side of Life）的歌詞。這首歌聽起來很歡樂，但是在蒙蒂・派森（Monty Python）電影《布萊恩的一生》（*Life of Brian*）中，主角唱這首歌的時候是被釘在十字架

上。卡門知道她那位從阿根廷移民來美國的媽媽不會懂得這個英國文化上的典故,但她的密友們都會了解。幾個星期前,她和她那群怪胎死黨在某個朋友家過夜時,大家才一起看過那部片子,片中歌詞與畫面苦樂並置,讓他們哈哈大笑。她這個方法有效,因為她媽媽只看到表面的歡樂,馬上在Facebook回應說,看到她這麼快樂,覺得很棒。她的朋友們也不會出來糾正她媽媽的誤解,而是拿起手機傳送簡訊,問她現在好不好。

卡門這則貼文會特別有效的原因,有一部分是因為她本來就常常貼歌詞來表達各種心情。於是這首歌的歌詞也融入平常轉貼的那些歌詞、摘錄和回應之中,她不必刻意宣揚,因為她知道跟自己親近的朋友會知道怎麼解讀,而他們果然也都曉得。她的朋友都了解那個文化典故,知道怎麼解讀那首歌所傳達的訊息。於是乎她這則貼文對少數人傳達了自己的感受,但大多數人看來就只是分享一首歌而已。

很多青少年會利用編碼加密來控制能見度,也有一些青少年以類似的做法,利用一些祕密來捉弄同學。比方說,有些青少年會利用代名詞和歌詞,讓旁觀者明白自己不是知情人士。我在北卡羅來納州跟一位17歲的白人女孩瑟琳娜(Serena)一起瀏覽Facebook,剛好看到她同學克莉絲蒂(Kristy)貼出一則動態更新,說:「我對這一切真是煩透

了！」而且已經有三十幾個人按讚。我問瑟琳娜這是什麼意思，她長篇大論地解釋克莉絲蒂和凱西（Cathy）之間的事。果然我們在凱西的動態牆上也看到一則更新：「她真是個賤人！」同樣也有幾十個人按讚。我這個局外人當然看不出這兩則貼文有關係，更無從理解「這一切」和「她」是指什麼。但瑟琳娜就完全明白裡頭的來龍去脈，她知道事件的主角是誰，也知道她們之間有什麼爭執。她運用自己了解的內情來解讀她在 Facebook 上看到的訊息，而且她也知道很多同學都知道發生什麼事，但沒有一個老師看得懂。雖然圈外人也都看到這些個別發出的訊息，但沒什麼人敢問那到底是怎麼回事。

青少年公開貼出這些經過編碼加密的訊息，他們也知道圈外人會感到好奇。那些看不懂訊息的人，有些會因為發現訊息獲得熱烈迴響、但自己卻看不懂而感到沮喪，有些人則因此被吸引，希望了解更多；有些人會據此進行調查，但也有人會選擇忽視這些看不懂的貼文。我問北卡羅來納州 17 歲的白人女學生珍娜（Jenna），要是她看到那種暗藏密碼的訊息，感覺怎樣。她說那得看是誰貼的文：

> 如果是我想要了解的人貼的，那我會努力挖一下，我會注意動態牆上有沒有留下什麼對話。如果是一些討厭鬼，我才不管他們在幹嘛。我也有朋友是我去馬來西亞

時認識的，他們也都在 Facebook 上，我不會時時追蹤他們的動態，因為他們在說些什麼我根本看不懂，或者他們說的事情也不是我想看的。

許多青少年都樂於向同學及熟人公開自己的社交動態，但前題是只有圈內人才看得懂到底發生什麼事，其他不相干的人照樣是一頭霧水。這些青少年都曉得成年人在場，但他們也覺得，要是有人問起，他們也能夠提出一套令人信服的說法。通過這樣的加密語言，青少年可以排除任何不在學校八卦圈裡的人，包括家長、老師和不在自己交際圈內的同儕。[20]

我觀察青少年參與社群媒體十年，發現這種編碼加密的手法變得更加普遍。在 2010 年到 2011 年間，青少年開始談到一種叫做「潛推文」（subtweeting）的方式來講別人的八卦，這種經過編碼加密的推文讓毫無頭緒的圈外人完全看不懂。很多時候他們會以這種方式來談論朋友和同學間發生的事情，需要知道來龍去脈才有辦法解開密碼。換句話說，青少年利用潛推文在人家背後說些閒言閒語。雖然這只是一種編碼加密的技巧，會出現這個詞，正凸顯這種方式有多麼受人歡迎。[21]

經過編碼加密的內容、潛推文及其他社交隱寫術，都是在網路公共空間中爭取隱私的一種策略。青少年會這麼做是

因為他們知道，與其限制他人觀看貼文，不如讓他們看不懂貼文的意義。雖然不是所有青少年都會這樣精心包裝內容來限制觀眾，但很多人在知道大家都在看的情況下，都會探索類似的技巧來保障自己的私密表達。

父母的監視會帶來什麼問題？

《紐約時報》（*New York Times*）在 2008 年刊出一篇文章：〈簡訊代溝：你太老囉（開玩笑的）〉（Text Generation Gap: U R 2 Old (JK)）。一開始是爸爸開車載著女兒和她朋友，她們在聊天時，爸爸插嘴說了些話，女兒就翻白眼啦。後來她們就不聊了，開始傳簡訊。爸爸又告誡女兒，光顧著傳簡訊，不跟朋友說話，也太沒禮貌了吧！女兒回答說：「可是，爸爸，我們是在互相傳簡訊。我不想讓你聽到我在說什麼。」[22]

大人監看、偷聽、在身邊徘徊、「干涉我的事」，青少年對於這些日常監控早就習慣了，因此他們許多隱私策略都是為了對抗爸媽和其他成年人的權力。大人總認為自己有權聽他們說什麼、看他們做什麼，所以他們會轉換溝通工具、會編碼加密、會利用隱私設定，也會要求隱私。[23] 有些青少年甚至走極端，故意挑戰大人的監督。

我的同事瑪威克在華盛頓特區採訪的 18 歲黑人女孩米卡拉（Mikalah），她對大人不斷的監控早就習慣了。米卡拉在幾個不同的寄養單位待過，對於政府機構和幾位監護人在網上和網外的定期連絡和檢查也習以為常。因為他們會去看她在 Facebook 上的貼文，讓她很不高興，所以決定刪除自己的帳號。當她準備刪除帳號時，Facebook 出現訊息挽留她，秀出一些她的朋友的照片，附帶一個告示說大家都會想念她。Facebook 還提供一個不同的選擇，說她可以暫時關閉帳號就好。如果只是暫時關閉帳號，她的個人頁面雖然消失，但她隨時都可以重新登錄，帳號即可恢復。這麼做的話，可以讓她保留帳號，裡頭的貼文、貼圖、朋友、回應和其他設置也都保留不動。

　　因為有這個選項，讓米卡拉想到一個好點子。她選擇暫時關閉帳號，但隔天又登錄，重新啟動，跟朋友聊天，看看朋友的最新動態，使用完畢後又再次關閉帳號。隔天晚上同樣做法重來一次。經由這樣反覆地關閉和啟動，她把 Facebook 變成像是即時通一樣的工具。當她登入時，大家就能找到她；要是她關閉帳號，就沒人找得到。從米卡拉的角度來看，這是一種保護隱私的辦法，因為她只在晚上才會登入，而那些要監看她的大人只在白天進來。她利用暫時關閉帳號的功能來滿足自己的需求，找到用自己的能力控制社交環境的辦法。

米卡拉的做法雖然極端，卻強調出部分青少年在持續不斷的監控下也會想方設法來保護自己的隱私。青少年受到監控的經驗可說是千差萬別。因為種族或社經地位而遭到邊緣化的青少年，通常比幸福生活的青少年更容易受到監控，但就算是出身良好的幸福青少年也一定會跟父母的監視相對抗。[24]

　　雖然不是所有的家長和監護人都會想要控制孩子的一舉一動，但很多人認為「好」爹娘一定要知道一切。我經常聽到家長說，當父母的要負起責任，就算是侵犯小孩的隱私也在所不辭，尤其是跟網路有關的時候。一位紐約媽媽克莉絲汀娜（Christina）在網路論壇上說明她的理由：「我不認為青少年『需要』隱私，尤其是在網路上。我會追蹤孩子在網路上的一舉一動，也會檢查他們的房間。我是當爸媽的，不是他們的朋友。」有一位青少年回應她的貼文，說父母親不該站在孩子背後偷看他們在幹什麼。克莉絲汀娜的回答衝得很：

　　不管討不討厭，我都會這麼做，而且以後還會一直這麼做。這是我的電腦，我會登入查看他們的瀏覽紀錄，追蹤他們去了哪裡，跟誰說話……任何事情我都要知道。我是媽媽，保護他們就是我的責任。現實生活裡頭，我不會讓他們跟陌生人說話，所以我怎麼會讓他們在網路

上這麼做，卻不去監看呢？就我看來，那樣就太傻了。要是我的女兒不喜歡我監視，她們大可不要用我的電腦。

雖然不是所有的父母都跟克莉絲汀娜一樣，但確實反映出美國也有這種「積極」管教的作風。[25] 法律學家伯恩斯坦（Gaia Bernstein）和特里格（Zvi Triger）發現，要求父母親積極管教的規範在公共論述中越來越多，也逐漸被列為法律，要是家長不願意配合積極管教的文化要求，就由法律要求他們負起責任。[26] 所以就算當爹娘的不認同克莉絲汀娜的做法，也要承受很大的壓力，他們必須採取監視行動，才算是「好」爸媽。因為科技因素，青少年在網路上的對話都有數位足跡可尋，很多家長就覺得有必要追蹤、閱讀和了解自己孩子在網路公共空間中的一舉一動，即使在現實世界中根本不會做得這麼徹底。

克莉絲汀娜大概是覺得，只要孩子還住在家裡，就有權力追蹤他們的一舉一動，另有些家長則是藉著無所不在，達到無所不知的監控。密西根州的 16 歲白人女孩畢安卡（Bianca）對我說，就她家的狀況而言，根本毫無隱私可言。問題不只是她爹娘總是隨侍在側，只要是在他們聽得到的範圍內，他們都覺得自己有權力干涉。畢安卡告訴我，她在家裡頭是不可能跟好朋友說上幾句貼心話，因為「我家人不管什麼事情都要參一腳」。不管畢安卡是用手機、即時通訊

軟體，或者是不是在客廳，她的爸媽都會聽她在說什麼，甚至有時聽不懂還要插嘴問清楚。畢安卡最好的朋友翻著白眼表示同意，說她們最好是去她家，因為她媽媽會給她們「空間」。

習慣東嗅西嗅的爸媽也不是現在才有，在手機出現之前，當年無線電話問世時，青少年是多麼高興啊！因為他們可以拿到自己的空間接聽。[27] 但就算是那個時候，爸媽和兄弟姊妹也會用分機偷聽。如今，爹娘的窺伺已經延伸到孩子的網路活動。在很多家庭裡頭，電腦會放在大家一起使用的空間，有一部分原因就是爸媽認為應該掌握孩子上網的狀況，才能保障他們的安全。

雖然我採訪的青少年大多不介意電腦擺在什麼位置，但很多人卻抱怨爸媽老是在旁邊走來走去。麻州 15 歲白人女孩凱特（Kat）就告訴我說，她覺得她媽媽的行為實在很討厭：「我在網路上跟人對話時，很不喜歡他們站在我背後。我會說，『媽，你能不能不要躲在我背後偷看啊？』我也沒在幹什麼壞事，只是感覺很奇怪，很討厭啊。」凱特並不是在網上做什麼丟臉的事情，她甚至願意把 Facebook 密碼告訴她媽媽，但她還是不喜歡那種被監看的感覺。有些青少年認為保有隱私是一項權利，但有更多人認為隱私代表著信任。所以如果爸媽成天探頭探腦地偷看他們在網上的貼文，

對青少年來說這就是不信任。要是爸媽從來不讓他們一個人自己上網，像凱特這樣，青少年會覺得生氣，因為這表示爸媽對他們的行動沒有信心。

這個親子關係間的信任問題，也反映在網站密碼。很多青少年是樂意告訴爸媽自己的密碼，「以防緊急狀況」，但也希望爸媽不會趁機偷看。阿拉巴馬州 15 歲的白人男孩克里斯多福（Christopher）告訴我，他爸媽有他所有的網站密碼，但他希望他們不要自己登入到他的帳號，除非是有什麼緊急狀況。他尊重爸媽的關心和保護，也希望爸媽能夠信任他。雖然他認為自己的網頁裡頭沒什麼值得他們擔心的，但要是他們只是想進來偷看他在做什麼，他可是會生氣的。就跟他的很多同儕一樣，克里斯多福認為擁有侵犯隱私的權力，和真正選擇這麼做，這兩者是有差別的。

不管隱私是否為孩子可以擁有的「權利」或爭取得到的特權，影響到孩子對於隱私的理解及其經驗的，正是成年人的監督。哲學家傅科（Michel Foucault）在其著作《規訓與懲罰》（*Discipline and Punish*）中說明監視即是控制機制，犯人一旦相信他們正被監視，即會配合他們所認定的監獄規範和獄卒的期待。監督是強大主體針對無力個體行使權力的機制。家長選擇徘徊、窺伺、追蹤，就是暗地裡想要規範青少年的行為。雖然父母這麼做常常是出於疼愛，卻沒有理解

到監控就是一種壓迫，會限制青少年做出自主選擇的能力。不管孩子對於監控的回應為何，都會受到這個被監控的經驗所影響。從而影響到他們理解社群情境，破壞他們的行為能力，也會讓他們更難以有效控制社交環境。結果，青少年爭取隱私的作為反而讓成年人更加看不順眼，認為他們採取的都是不適當的方式。因為青少年認為自己受到監視，所以想在公共場合中爭取隱私，卻不反對其中蘊含的公開性質。

公開，反而能保有隱私

泰勒（Taylor）並不特別喜愛分享個人資訊，要是她能夠選擇的話，她也不會急著告訴朋友自己的生活發生什麼事。她知道自己的朋友都是好意，但這位波士頓的 15 歲白人女孩就是比較含蓄一點，不喜歡別人「干涉」。為了應付朋友和同學的煩人問題，她為自己的生活編造一套「簡化版」分享在 Facebook，讓朋友不會再來糾纏真正發生什麼。讓她感到不解的是，多少透露一些事情，反而比完全不透露更能爭取到隱私。

這狀況不只是泰勒的領會而已，很多公眾人物也發現到，表面上無限制地分享任何事情，反而能為他們帶來隱私。暱稱朵切（Dooce）的知名部落客阿姆斯壯（Heather

Armstrong）曾說：「有人看到我就說：『我知道你的任何事情，感覺真是奇怪！』但其實你並不曉得，我生活中的九成五都沒在部落格公開過。」[28] 像阿姆斯壯這樣的部落客似乎什麼事都上網公告，讓他們因為太過公開而顯得好像很容易受到傷害，但事實上他們的生活中還是有一大部分可以保有真正的隱私。

如今這個世界，發布動態更新實屬常見，帶有意願和目的的分享，讓青少年得以控制社交環境，確保不會任人宰制。我在洛杉磯跟一位青少年在課後閒聊，問她為什麼要在自己的首頁上分享那麼多自己的囧照，她笑著告訴我說這樣才安全啊！她自己分享囧照、自己寫圖說，比任由朋友亂發揮要安全得多。因為他們手中也都有那些讓人發糗的照片，假使給他們機會的話，大家都會很樂意讓她囧一下的。儘管她寫的圖說也可能帶來別的問題，但她先發制人，自嘲一下，其他人就不能藉題發揮，用別的方式來操控這個情境。解釋完想法之後，她又繼續說道，擺出完全公開的模樣來吸引他人目光，反而會讓更為私密的一面獲得隱私保障。

藉由公開來維護隱私，大多數是因為資訊由自己公開，才不會落入他人操縱。帶有意願的分享可能成功，也可能失敗。比方說，我認識的一些男、女同性戀或跨性別戀者的青少年，都會積極分享一些訊息，讓自己看起來像是異性戀者，

這樣大家才不會繞著他的性傾向打轉；有些我認識的受虐兒則喜歡說些誇張的故事，別人才不會追問他家到底發生了什麼事。只有到了青少年必須說謊欺騙來隱瞞個人隱私，才會有問題產生。但大體上來說，青少年藉由分享來創造隱私感，也只是他們想在權利屢遭壓抑的社會中行使其行為能力而已。最常見的方式是，在他們公開個人訊息的時候，會刻意排除某些關鍵元素。比方說，很多青少年都會告訴爸媽學校發生的事情，但那些跟他暗戀對象有關的資訊卻一點都不透風。這些青少年一方面有所隱藏，另一方面則是透過分享來守住隱私空間。

隱私並非靜態構造，不是任何特定資訊或設定的固有性質，而是我們透過管理印象、資訊和情境，以求控制社交環境的過程。有人譏諷說，只有那些心裡有鬼的人才需要隱私，才需要隱瞞。但這種說法是誤導。[29] 隱私有其必要，因為它對個人發展很重要。青少年都會長大，他們都希望感受到自己很重要。對那些在社會中處於邊緣位置或缺乏幸福生活的人來說，隱私尤其重要。青少年也一直沒有放棄隱私，即使他們的爭取經常受挫於那些對他們握有權力的人，仍然不斷地援引無權無勢者長久採用的策略，以科技翻新做法來爭取隱私。[30] 很多青少年維護隱私，並不是控制內容的取用，而是讓人看得到內容卻看不懂它的意思。

「隱私」和「公開」很容易被認為是對立的概念，很多科技產品也都是根據你必須自行選擇要保有隱私或公開來建構。但是在實務上，隱私和公開之間的界限其實甚為模糊。很多青少年面對公開場合並不迴避隱私，但他們在網路公共空間裡頭仍然找尋新方法來爭取自己的隱私。青少年發展出新策略來保障隱私，往往也是透過這些作為找回自己被剝奪的權力。隱私不只是仰賴行為能力，但是能夠實現隱私，即是行為能力的表現。

NOTES

1. 英國青少年對於社群媒體和隱私的看法也幾乎一樣，請參見：Livingstone, "Taking Risky Opportunities in Youthful Content Creation"。

2. Kang, "With Quick Click, Teens Part with Online Privacy."

3. Nussbaum, "Say Everything."

4. 研究表明很多青少年都想過隱私的問題，例如：boyd and Hargittai, "Facebook Privacy Settings"；Hoofnagle, King, Li, and Turow, "How Different Are Young Adults from Older Adults?"；Stutzman, Gross, and Acquisti, "Silent Listeners"。但這並不表示他們不會在網路上公開資訊。皮尤網路暨美國生活計畫研究中心（The Pew Internet and American Life Project）針對青少年和隱私的研究顯示，青少年會兼顧公開和隱私，請參見：Madden et al., "Teens, Social Media, and Privacy"。

5. Kirkpatrick, "Facebook's Zuckerberg Says the Age of Privacy Is Over"; Popkin, "Privacy Is Dead on Facebook"; Johnson, "Privacy No Longer a Social Norm"; Jenkins Jr., "Opinion: Google and the Search for the Future"; Smith, "Google CEO Eric Schmidt's Most Controversial Quotes About Privacy."

6. 派倫（Leysia Palen）和多里斯（Paul Dourish）認為，跟傳統模式的「社交退縮」相反，隱私其實是多種緊張關係共同運作的結果，尤其在網路世界裡。請參見："Unpacking Privacy for a Networked World"。

7. Lauritano-Werner, "Effort to Keep an Online Diary Private."

8. Goffman, *Relations in Public*.

9. 「禮貌性忽略」的觀念可謂根深柢固，有幾個手機使用禮儀的研究指出「被迫偷聽」，即無法躲避旁人非常明顯的私人談話，會令人感到非常困擾。請參見：Ling, "Mobile Telephones and the Disturbance of the Public Sphere"；Lipscomb, Totten, Cook, and Lesch, "Cellular Phone Etiquette Among College Students"。

10. Grimmelmann, "Saving Facebook."

11. 「隱私」有很多種定義，尼森鮑姆（Helen Nissenbaum）討論過隱私的多種定義，並根據性質做區分：規範性或描述性；接觸相對於控制；提倡其他價值相對於保障個人領域。請參見：*Privacy in Context*。艾倫（Anita Allen）則從不同角度定義三種隱私：身體隱私、資訊隱私和財產隱私。請參見："Coercing Privacy"。

12. Gavison, "Privacy and the Limits of the Law."

13. Westin, *Privacy and Freedom*, 7.

14. Solove, *Understanding Privacy*.

15. Nissenbaum, *Privacy in Context*.

16. Marwick, Diaz, and Palfrey, "Youth, Privacy and Reputation."

17. Thompson, "Shifting Boundaries of Public and Private Life."

18. Bazarova, "Public Intimacy."

19. Petitcolas, Anderson, and Kuhn, "Information Hiding"; R. Anderson, "History of Steganography."

20. Jurgenson and Rey, "Comment on Sarah Ford's 'Reconceptualization of Privacy and Publicity.' "

21. 皮尤研究中心發現，58%的青少年會利用圈內人才懂的笑話或其他隱晦的暗示包裝訊息，年紀較大的青少年（62％）比年紀較小者（46％）更常利用這種方式。請參見：Madden et al., "Teens, Social Media, and Privacy"。

22. Holson, "Text Generation Gap."

23. Lampinen, "Practices of Balancing Privacy and Publicness in Social Network Services."

24. 從許多方面來說，隱私都是社會經濟問題。當國家提供社會服務，監控和督導就成為基本配備。在領取社會救助的家庭長大的青少年，或者接受兒童救濟服務的小孩，隱私常常會遭到侵犯。關於隱私的社經層面討論，請參見：Gilman, "Class Differential in Privacy Law"。同樣道理，黑人青少年會採取更多方法來掩飾自己的身分，在網路上提供假的個人資訊。請參見：Madden et al., "Teens, Social Media, and Privacy"。

25. Nelson, *Parenting Out of Control*；Clark, *Parent App*.

26. Bernstein and Triger, "Over-Parenting."

27. Haddon, "Phone in the Home."

28. Heather Armstrong quoted in Rosenberg, *Say Everything*, 265.

29. Solove, " 'I've Got Nothing to Hide.' "

30. 長久以來，政治異議分子尤其會利用這些策略隱身在公眾之中。當代中國政府限制方言和討論主題，就出現許多規避管制的例子。中國人常常利用諧音來躲避言論審查，例如以「河蟹」來代表官方壓制異議分子的「和諧」做法。也經常以圖片取代文字，讓藉由電腦運算法的監控更難以遂行。華裔美國藝術家米娜（An Xiao Mina）曾貼文介紹這些做法："A Curated History of the Grass Mud Horse Song" 及 "Social Media Street Art"。

CHAPTER 3

成癮：
社群媒體如何迷倒青少年？

在《紐約時報》2009 年的一篇報導〈為了戒除上癮，有些人離開 Facebook〉（To Deal with Obsession, Some Defriend Facebook）中，網路成癮勒戒中心（Center for Internet Addiction Recovery）主任，心理學家金柏莉・楊（Kimberly Young）說她碰到幾十位青少年想要戒除 Facebook 。「這跟其他上癮症狀一樣，」楊說：「都很難自己戒除。」[1]

　　我也碰過幾個青少年因為時間有限、社交狀況問題或其他什麼原因，決定退出各種不同的社群媒體。[2] 納什維爾的白人高三學生安德魯（Andrew）就跟朋友約定要離開 Facebook，自爆帳號，因為他覺得自己「上癮」了。他會玩到凌晨兩點才去睡覺，隔天又因為沒有獲得充足的睡眠而心情不好。他說他告訴自己：「這真是太傻了！它正在控制我的生活，我不能再這樣下去。」於是安德魯和他朋友使用同一部電腦，在幾分鐘之內先後停用自己的帳號。

　　但安德魯的決定卻帶來一些問題。他說關了帳號之後，社交生活大受限制，想要找個社交活動更加困難，進行人際往來也變得好麻煩，無法碰上新朋友或偷偷觀察新朋友就是一個例子。為了證明自己的決定沒錯，他想起老一輩不用 Facebook 不也一樣過日子，於是他認為自己願意而且也能夠做出這些犧牲。「我提醒自己，」他說：「這個社群網站讓我覺得既聰明又愚蠢。」後來又補充說：「也不是，

這個做法其實很聰明，可是……我應該更成熟一點，離開
Facebook。」他把自己跟 Facebook 的關係看做上癮，使得
他對於什麼是基本規範產生質疑。他藉由貶低 Facebook 的
必要性，把時刻離不開網路的自己視為不成熟，讓自己覺得
又能掌控跟那個社群網站的關係，和延伸出去的事物。

　　青少年在談到自己上網時就愛用「上癮」這種詞彙，
而媒體報導更為誇大，說這個世代的年輕人毫無節制地迷上
新科技，也因此無能控制自己的生活。那些散播恐懼的報導
還常常指向中國和韓國的網路戒癮集中營，像是在戒酒、
戒毒或戒賭一樣。[3] 美國的媒體報導也常常描述美國年輕人
宅在自己的房間裡頭，黑暗中只有螢幕的光芒映照在年輕
人的臉上，整個世代像是社群媒體上癮的殭屍，完全離不開
Facebook、Twitter 和 Instagram 動態牆。這個由媒體所描繪
的社群媒體上癮情況，跟安德魯使用這個詞彙所形容的可是
毫無相似之處。

　　有些青少年和新科技的關係確實不太正常，他們迷上電
玩或社群媒體，嚴重破壞生活規律，影響他們在學校的表現，
也妨礙了情感發展。不過「上癮」這種說法誇大扭曲了青少
年和新科技的關係，而且似乎以為只要參與就會導致發病。
這種說法也暗示著社交結果是由科技單獨決定。媒體說青少
年欠缺與社群媒體維持正常關係的能力，把青少年參與科技

使用的熱情，描述成社會應該加以處置的疾病。對很多成年人來說，要找出其他的社會、文化和個人因素，倒不如直接責怪科技來得省事。

　　談到青少年參與社群媒體，很多成年人愛用「上癮」的說法指責青少年無法控制自己，有些人甚至會以自己迷上社群媒體做為證據，來支持這種說法。對於青少年參與科技使用的憂慮也不是現在才出現，但很少人會問，為什麼青少年對於擁抱新科技總是如此熱烈。這世代的青少年臉上映照著電腦螢幕的光，而過去的青少年不也一樣映照著電視螢幕的光，這兩者可是前後呼應。[4] 過去幾個世代的父母也曾經對青少年成天煲電話粥深以為憂。現代的青少年當然不會在室內有線電話上聊幾個小時，但他們還是一直在聊啊，他們利用社群網站更新動態、貼圖、貼影片，或者傳送簡訊給朋友，繼續聊下去。青少年之所以投入那麼多時間上網，娛樂和社交是兩個重要原因。

　　青少年常抱怨說，做那些他們不覺得有趣、但必須做的事情時，時間慢得像老牛拖車；要是他們上網跟同儕廝混，時間又是飛快流逝。這狀況讓他們感到迷惑，也帶來罪惡感，同時更是憂慮社群媒體上癮的根源。以下是我在 MySpace 正流行時，採訪堪薩斯州兩位白人高二學生的對話，她們倆是好朋友：

莉莉（Lilly）：MySpace 真是太可怕了！有人回應我，我點開他的資料來看，然後網站會跟你說誰是他的「十個最好的朋友」，然後我又點其中一個來看，我一直看、一直看，最後連到田納西州的網友去，才又回到我自己的網頁。

梅蘭妮（Melanie）：而且在五個小時之後，你大概會想說：「老天啊！我剛剛到底在幹嘛？」

莉莉：對啊！完全入迷。真不知道這是哪個天才想出來的，你完完全全被吸進去。

　　莉莉和梅蘭妮說的狀況，可以用上癮來理解，不過心理學家奇克森米海伊（Mihaly Csikszentmihalyi）則有另一套解釋，他稱之為「心流」（flow）。[5]契珊米海伊認為，「心流」即是專心致志、全神貫注的狀態，俗話說的「瘋迷」，感受不到時間的流逝，注意力完全集中，讓人覺得心滿意足地參與。對於發揮創意和藝術活動來說，這是理想狀態，很多運動員、音樂家和演員在上場之前，都希望自己可以駕馭這種心理狀態。對於領導、寫作、軟體開發和教育等活動，這種全神貫注的狀態也非常重要。但是我們在賭博、玩電玩時也會體驗到這種狀態，而這件事往往被社會視為強迫衝動或上癮。[6]精神上的深度參與，本身並不是問題，除非參與的活

動是不為社會所接受，可能造成身體傷害或財務代價太高。

　　跟強迫衝動不一樣的是，青少年深度參與社群媒體時，並不會減少社交，反而是互動得非常熱絡。仔細聆聽青少年談到社群媒體上癮的狀況，他們並不是在談論電腦、智慧手機或特定社群網站的功能，而是在談論彼此。[7]青少年對社群媒體「上癮」，是人際交流的新延伸。他們利用社群媒體做為社交的主要場域，其實只是文化動態的附屬結果，跟科技沒多大關係。父母的限制和生活的密集排程等原因，讓青少年轉向任何可以跟朋友連絡的環境。大多數的青少年並不是對社群媒體上癮，要說是沉迷，也沉迷在彼此的互動上。

青少年都罹患「網路成癮障礙」？

　　「上癮」是晚近才出現的概念，雖然幾個世紀之前就有人談到酗酒的問題，但直到 20 世紀早期，醫療專家和大眾才開始用「上癮」（addiction）一詞來表示濫用物質的情況。[8]在此之前，「上癮」是表示對特定休閒活動的強烈興趣或熱愛，例如園藝或閱讀等。[9]到了 19 世紀末、20 世紀初，上癮問題越趨嚴重，才成為醫療關切的重點。但醫療人員只是不斷地指責物質，對於個人在這個問題上應該負起什麼責任卻頗有爭議。《美國醫學會雜誌》（*Journal of the American*

Medical Association）在 1926 年即指出：「說它是鴉片習慣、鴉片疾病或鴉片上癮都無所謂。」[10]

進入 20 世紀以後，隨著醫療界極為重視上癮的問題，這個詞也因此在大眾流行用語中漸具影響力。匿名戒酒會（Alcoholics Anonymous）在 1935 年從社區走進全美，幫助那些難以自拔的酒鬼恢復清醒。1949 年，世界衛生組織（WHO）也召集會議探討「藥物依賴成癮」的問題。[11]

「上癮」一開始是指吸毒和酗酒，等到成為流行詞彙以後，又拿來指涉一些強迫行為，包括賭博、暴食、自殘和性愛成癮等等。在美國精神病學協會針對精神障礙的分類中，根據《精神疾病診斷與統計手冊》（*Diagnostic and Statistical Manual of Mental Disorders*），把化學品依賴區分為物質障礙，強迫行為則屬於衝動控制障礙。過去二十年來，對於資訊和通訊科技的過度使用也成為上癮論述的一部分，通常歸類為衝動控制障礙。

精神科醫師哥德堡（Ivan Goldberg）在 1995 年創造出「網路成癮障礙」（internet addiction disorder），他寫了篇諷刺文章談到「有些人不顧自己的家庭義務，一上網就死盯著電腦螢幕」。他原本是在取笑社會上的偏見，把日常生活的行為當做病態來看待，沒想到在無意中反而率先提出這

個概念。當學術界開始討論網路上癮的問題，把它看做是真正的精神障礙時，哥德堡批評說：「我認為網路上癮不會比網球上癮、賓果遊戲上癮和電視上癮更有道理。人對任何事情都可能做得太過分，因此就稱為障礙是不對的。」[12]

雖然哥德堡不接受網路上癮的說法，還是有很多醫療和研究人員要求將強迫上網的狀況標示為一種病症。[13]關於網路上癮的醫療討論，大多集中在上網「過度」或「濫用」是否構成障礙，就像上隱或強迫症。對於上網過度是否只是憂鬱、焦慮或其他疾病所表現出來的症狀，專家也頗有爭議。雖然有些人跟網路的關係確實很不正常，好像也妨礙到日常生活的能力，但目前也還不清楚上網到底只是病徵，還是病根。然而「上癮」這種說法就是簡單明白，大家一聽就懂。

在大眾媒體中，「上癮」常常被當做是年輕人文化的問題。1938 年的老片《大麻狂熱》（*Reefer Madness*）喚起大眾恐慌，說大麻是一種「殺人草」，會讓意志不堅的年輕人上癮。1950 年代後期到 1960 年代間，吸食海洛因的情況漸增，引發大眾關切，到了 1970 年代，包括傑尼斯·喬普林（Janis Joplin）和吉姆·摩里森（Jim Morrison）等搖滾巨星嗑藥身亡，更令萬眾嘩然。1971 年一本匿名作品《去問愛麗絲》（*Go Ask Alice*）直接挑起青少年嗑藥的問題，讓原本就處於焦慮之中的家長更是人心惶惶。這本書據說

是一位青少年女孩的日記，記述她嗑藥成癮的過程，最後結局即如書中前言所示的藥物過量。由於書中對於吸食藥物的描述，有些家長和教育工作人員都希望查禁這本書，很多人也將書中的大膽描述當做是濫用藥物的危險明證。[14] 在整個 1980 及 1990 年代中，流行媒體把藥物濫用當做中心議題，並且將之妖魔化，包括電影《猜火車》（*Trainspotting*）、《追陽光的少年》（*Drugstore Cowboy*）、《赤子本色》（*The Basketball Diaries*）等，都把年輕人嗑藥當做主要情節。這種觀點也一直持續到 21 世紀，例如電視節目《皮囊》（*Skins*）和《名人康復》（*Celebrity Rehab*）等。

大眾對於「上癮」的討論引發許多對立情緒。美國社會一方面更為關切醫療和精神健康問題，但另一方面，社會名人對於藥物失控仍存幻想。名聲爭議的藍調歌手艾美・懷恩豪斯（Amy Winehouse）在 2011 年猝逝後，媒體熱烈討論她的死亡與藥物上癮有關，詳細報導她在酒精和毒品之中掙扎，經常引用其招牌歌曲〈康復〉（Rehab）的歌詞，說她不願去診所戒毒。而她猝逝的消息傳開後，很多年輕人在 Twitter 上標示她為「#27club」的成員，這個「俱樂部」的成員包括吉米・罕醉克斯（Jimi Hendrix）、科特・柯本（Kurt Cobain）、傑尼斯・喬普林和吉姆・摩里森，都是因為酗酒、嗑藥，在年紀輕輕的 27 歲就魂歸離恨天。

大眾對於「上癮」的討論，也不管它是生理或心理上依賴某種物質或行為，任何人只要其作為被社會認為危害正常生活，都會被當做是「上癮」。因此當青少年選擇上網進行社交或休閒娛樂，而不是讀書做功課時，爸媽就覺得可疑。要是這些社交或休閒娛樂讓小孩欠缺睡眠或成績變差，當爸媽的就責怪這些科技產品。我們也很容易猜想得到，跟讀書做功課比起來，青少年當然更喜歡跟朋友哈啦廝混或放鬆地遊玩，即使這些活動不被社會認可。然而成年人卻不願意承認這一點，反而將自己的優先順序投射到孩子身上，並且把他們跟科技產品的互動看做是病態。

　　有些青少年在控制衝動方面的確是有困難，我們也不應該忽略他們在管理自己優先順序時所面對的難題，但是這種一竿子打為「上癮」的說法，把新科技當做妖魔鬼怪，認為青少年面對周遭誘惑根本毫無抵抗能力，是不能產生建設性對話的。

　　很多成年人都認為自己知道哪些事物對青少年才是「好的」，諸如：學校、功課、專心、注意和早睡早起，而很多青少年也都敏銳地察覺到，社會又是多麼看重這些成年人的期待。但很多成年人不知道的是，他們自己的日常生活與社會互動是多麼習以為常，而青少年又是多麼渴望進入其中。

對於藥物上癮、強迫症和「心流」的研究已達一個世紀，關於人類心理的探索也有重大成果，了解人對於周遭世界的關係不是個個都毫無控制能力。青少年似乎就是特別脆弱的一群，但是把他們跟社群媒體的互動當做疾病來研究，卻是毫無所獲。青少年跟成年人一樣，跟社會的關係甚深，但跟成年人不同的是，青少年常常不能自由自在地跟他人連繫，因此他們可能採取成年人覺得怪異的方式來進行社交活動。

在有限的自由中成長

　　住在密西根州的 16 歲越南裔女孩塔拉（Tara）在反省自己為什麼這麼喜歡上 Facebook 後，她說：「有點像是上癮了，」又笑著補充說：「就像大家所詬病的嘛，會花掉你很多時間，真的！可是忍不住啊。」塔拉喜歡玩 Facebook，因為她跟朋友可以靠它相互連絡。如同許多她的同儕一樣，塔拉每個星期都要花好幾個小時瀏覽朋友的照片、動態更新、張貼回應和閱讀別人的回應。對塔拉來說，參與 Facebook 是社交上的必要，更是她社交生活很重要的一部分。但這並不是說她的社交生活只有 Facebook，或者只喜歡用這種方式和朋友連繫。我曾問她為什麼要花那麼多時間在 Facebook 上頭，而不想透過網路以外的方式來連繫，她馬上打斷我的問話，解釋說她更喜歡跟朋友面對面聊天，問題是她不可能

辦得到。這時候她 18 歲的姊姊莉拉（Lila）也插嘴說：「要是沒有其他選擇，就只好上網啦。」

這兩位女孩說得很清楚，她們想要的是跟朋友聚在一起，所以她們樂意採取任何方式來達成這個目的。塔拉和莉拉以「上癮」來形容她們對 Facebook 的重度使用，也都知道爸媽對她們花那麼多時間上網很不高興。但是她們的爸媽也不准她們任意外出，去跟朋友混在一起。對於 Facebook 和爸媽態度給她們的感覺落差之大，她們實在不知道該怎麼形容，尤其是她們發現溜上 Facebook 比溜出家門要容易得多的時候。她們花很多時間上網，並且毫不在乎地戲稱為上癮，強調她們把上網當成生活中的大事，因為她們的朋友和同儕真的都很重要。對她們來說，上 Facebook 正是可以跟大家連繫的唯一途徑。

對很多家長而言，青少年花那麼多時間玩社群媒體，就是網路上癮的證據，就是這些科技產品為孩子們帶來不利的影響。家長擔心孩子太常上網，或者不知道孩子上網都在幹什麼，因此他們會竭盡全力不讓自己的孩子接觸社群媒體。波士頓有個爸爸給他女兒兩百美元，要她停用 Facebook 帳號五個月。[15] 北卡羅來納州有個青少年女孩在 Facebook 上抱怨自己的爸爸，她爹看到後，怒氣沖沖地在視訊網站 YouTube 貼影片回應，他自拍影片朗讀一封他給女兒的信，然後開槍

轟掉他女兒的手提電腦。[16] 這種反應當然是太極端了，而且裡頭有些問題可能比所謂的青少年網路上癮還要嚴重。這些父母採取如此嚴厲的行動，顯示他們對這些科技製品實在也很感挫折。

我常常聽到家長抱怨說，他們的孩子喜歡跟電腦在一起，而不是跟「真」人，但與此同時，我也不斷地碰到青少年跟我說，他們更願意跟朋友面對面相聚。雙方說法南轅北轍，是因為青少年和家長對於「社交」應該是怎樣的看法不同。家長以為，教室、課外活動和預先安排好的同學家聚會，就是青少年跟朋友一起玩的機會，但青少年感興趣的其實是那種不事先安排的輕鬆聚會，可以跟更多不同群體的同儕混在一起，而且沒有大人在旁邊監督。很多家長都以為青少年的社交機會應該很充足，但我碰到的青少年感覺卻正好相反。

如果是在外面晃蕩，現在的青少年比過去任何世代都還要沒自由。[17] 過去很多中產階級青少年漸漸長大之後，「想幹什麼都行，只要在天黑以前回家」。雖然每個人種族、社經階級、城鄉區域等條件各自不同，童年景況也頗不一樣，但基本上都是走路或騎腳踏車上學，跟朋友聚在一塊兒的地方也都是一些公共場所或營業場所，例如公園、商場、飲食店、停車場等等。一直到 1980 年代大家開始擔心「鑰匙兒童」的問題之前，兒童或青少年獨自一人，沒有大人陪伴在

身邊都是很正常的現象。那時候的小孩很多十來歲就要負責照顧年紀更小的弟妹，有些人在正式工作之前，早在青少年時代就曾經送報紙、當保姆或打些零工為自己賺點零用錢。晚上偷溜出去當然不被認可，但也不是很罕見。

如今的童年景況已經大不相同。很多人到離家較遠的學校就讀，他們認識的同齡朋友中，住在離家步行可達範圍之內的沒幾個。對於治安的恐懼，也限制了他們的行動。即使是在少有犯罪發生的郊區住宅區，青少年還是會被警告在外遊蕩很危險。在我拜訪過的許多社區，許多家長都認為在住家附近騎腳踏車本來就不安全。我碰到的青少年也有很多人認為危機四伏，無處不在，也認同父母的安全疑慮。例如，德州奧斯丁的 15 歲女孩喬丹（Jordan）就對我說，要是沒有大人陪同，她是不准出門的。雖然她爸爸出身自美國中產階級白人家庭，但她的外籍母親對於治安的恐懼影響了她的童年。「我媽媽是從墨西哥來的⋯⋯她怕我會被綁架。」她說。喬丹雖然也覺得自己應該不會被綁架，可沒興趣試探命運。她說她也不敢去附近的公園，因為有陌生人潛伏在那裡，不過她希望媽媽讓她在屋前的路上玩直排輪。

有很多社區的親子規範都側重在限制和監督，不准小孩進入公共場所，密切監督其行動，而且把小孩的日常生活排滿該做的事情。也有很多家長，特別是從富裕且治安狀況

較佳的社區出身者,都知道自己比他們的父母更加限制子女的行動。他們認為現在的社會越來越危險,所以這些限制都是必要的,儘管資料顯示當代年輕人面對的危險比父執輩在二十年前還少。[18]

限制青少年行動的不只是家長而已,青少年也經常自我設限,或許是為了讓父母安心,也可能是因為他們真的認為外頭很危險。青少年經常會附和父母對於治安的疑慮,並且認為現今世界比過去要危險許多。西雅圖 15 歲白人女孩娜塔莉(Natalie)即對我說,她希望這個世界沒有那麼危險,但她可以理解為什麼爸媽不准她在外頭趴趴走。她是真的相信他們這一代人面對的危險是前所未見。

我在成長過程中常去的公共空間和商業空間,如今往往被爸媽和青少年視為禁地。[19] 政府決策者禁止夜間遊蕩,採取許多法律手段來對付幫派、少年犯罪與暴力問題,因此青少年進入公共場所的機會也大為受限。[20] 即使父母不反對,也沒有法律上的限制,許多餐飲業者、購物商場和娛樂場所也會或明或暗地不歡迎青少年,不讓他們在裡頭成群結隊,甚至完全謝絕這些小大人。有些場所會安裝最新的聲音系統,發出只有小孩和青少年聽得見的尖銳高音,讓他們敬而遠之。[21] 就算青少年可以自由外出,也有地方可以去,他們要到特定地點還是會有許多困難。我採訪的青少年當然大部

分都沒有車，住在城鎮的青少年還可以搭公共交通工具，但父母通常還是禁止他們獨自一人在外遊蕩。就算是住在都市裡頭，很多青少年除了搭校車往返住家和學校之外，從來沒有獨自一人搭乘過公共交通工具。

有一項針對小孩如何到學校的研究顯示，過去四十年來孩童的移動方式已有劇烈變化。在 1969 年時，從幼稚園到八年級的學生自行走路或騎腳踏車上學者達 48％，由家人開車接送者僅 12％。到了 2009 年，狀況剛好相反，自行走路、騎腳踏車上學的學生只剩 13％，由家人開車接送者達 45％。[22] 在這個對於治安疑慮頗深的社會裡頭，家長接送小孩上學甚至持續到高中。雖然這些研究主要著眼於孩童不常騎車、走路，造成肥胖問題，但這種變化對於青少年社交也有顯著影響。過去對許多青少年來說，走路或騎車上學的時間正是跟朋友、同儕聚在一起的時候。就算獨自一人上學，他們也會早點到校，在置物櫃附近跟朋友、同學哈啦，或者放學後不趕著回家，也要跟朋友小聚。不過我現在看到的學校景況，已經不是這樣了。

除了治安疑慮、禁止外出和行動受限之外，時間因素也是青少年進行社交的大問題。由於課外活動、宗教活動、打工很多，還有家庭的期望，很多青少年都沒什麼空閒時間。堪薩斯州 16 歲白人男孩尼古拉斯（Nicholas）就說他都沒有

自由的時間，因為放學後和週末時間都有校隊練習，就算是少有的空閒時間，他能跟朋友進行社交的選擇也很有限。他爸媽希望他在校隊可以專心練習，參加比賽，而不只是去玩玩而已。如果有點空閒時間，爸媽又要他專心做學校功課，或者從事社區服務等他們許可的活動。他爸媽認為，跟朋友出去玩就是浪費時間，而且還認為尼古拉斯在社團活動中就已經有充足的時間跟朋友互動了。對此他可不同意。

很多家長認為，讓子女的生活很忙碌，他們才不會惹麻煩。我在部落格上談到青少年在外行動受限時，收到奧斯丁一位爸爸恩利克（Enrique）的電子郵件，他說：

> 畢竟我們現在就身處在一個充滿恐懼的社會，這當然很不幸，但狀況就是如此。我是當爸爸的人，當然會盡量保護我的女兒，我不會讓她去到我看不見的地方。現在跟我小時候很不一樣了。我對她是不是太過保護了呢？也許吧，但情況就是這樣啊。這樣很悲慘嗎？不會啦，只要我們讓她很忙、很忙，就不會覺得悲慘囉 :-)

恩利克並不刻意限制什麼，只是安排許多活動，讓他女兒沒空惹麻煩，她也就不會覺得自己受到太多束縛。

安排一些活動來排除空閒，這可不是毫無根據的，有研究顯示小孩太無聊就容易作怪。[23] 很多家長就根據這些研究報告，讓他們的孩子從來不會感到無聊，但這些家長也做得太超過啦。許多中產階級和上層階級的青少年，沒日沒夜地參加各種規畫好的活動，體育、社團、音樂等等等，應有盡有。這些青少年當然就沒多少時間可以沉思、遊玩、社交和放鬆。

我採訪愛荷華州 15 歲的中產階級白人女孩米拉（Myra），問她關於跟朋友連繫的問題時，她每一題都勾選「沒時間」，讓我覺得她真是又好笑又可憐。她平常要學捷克語、參加體育活動和管絃樂團，還要去某個托兒所打工，她說她媽媽把她日常生活 98％的時間都排滿了。這些活動米拉都不喜歡，但她媽媽覺得都很重要，就幫她安排了。對米拉來說，缺乏自由時間，也不能控制自己的行程，可真是個痛腳。她很生氣地說週末也不會比平時更自由：「我媽通常會為我安排許多事情，所我週五晚上要幹什麼，真的沒有什麼選擇……我很久都沒有自由的週末啦！久到我都不記得上次可以自己選擇過週末是什麼時候。」米拉說她媽媽也是出於好意，但她實在好累，而且也覺得自己好像跟大家脫節似的，因為除了課堂之外都沒時間跟朋友連繫。她參加的活動都相當正式，而且還得趕場，所以沒什麼時間跟朋友輕鬆互動。偶有空閒米拉就上網，希望可以藉此跟朋友聊天。她只能利用日常生活的小小縫隙來維繫友誼和社交，儘管是透過

間接的方式，這些活動還是很重要。

　　不論是富裕的郊區，還是小鄉鎮的青少年，他們都說因為父母對於治安的恐懼、欠缺交通工具，還有日常生活的時間被排滿活動，讓他們很難跟朋友面對面地互動。即使在都市裡頭，大眾運輸工具選擇比較多，可以提供更多的自由，青少年也常常說到爸媽害怕讓他們獨自搭乘捷運和公車出門。在家裡頭，青少年也得提防鬼鬼祟祟在旁窺伺的爹娘。而他們說的那些正式活動，通常都把時間塞得太滿，讓他們沒空從事輕鬆的社交互動。就算爸媽好不容易給予一點自由時間，他們也會發現彼此的時間配合不上，他們的朋友或許也因為父母的顧慮，行動大受限制。那些當爸媽的常常限制孩子的活動，給予許多壓力，同時也常常抹煞掉孩子的自由時間，甚至在不經意間把青少年的社交活動視為異常。這反而讓青少年更渴望社交，在某些狀況下甚至被逼得得偷偷摸摸地進行。結果許多青少年只能轉向大家共同的園地：不必同步在場的社群媒體、簡訊和其他媒介。

學習「社交技巧」的機會

　　西雅圖 16 歲混血少女艾咪因為行動受到限制，也使用 MySpace 來進行社交。她每天放學後得馬上回家，先餵飽她

妹妹，再幫她做好學校功課和一些家務。她爸媽偶爾會讓她在週末外出，我問她機會有多少，她朋友詹姆斯（James）回答說「幾乎沒有」，艾咪聳聳肩表示同意。我問她要幫爸媽做什麼，他們才會讓她出去。她說要讓屋裡保持乾淨，而詹姆斯則翻著白眼說：「那是你媽媽心情好的時候吧。」我問說，她媽媽為什麼同意她來接受採訪，她說她媽媽認為這等於是一個工作機會，因為我會提供金錢補償這些青少年的時間。艾咪說，接受我的採訪，她便有機會跟朋友混在一起，這讓她很興奮。我猜採訪結束後，他們會告訴她爸媽採訪花了很長時間，好讓他們可以在外頭待久一點。

艾咪說得很清楚，她並非比較喜歡跟朋友掛在網上，而是認為反正也出不了門，剛好科技提供了難得的機會，讓她可以跟朋友連繫。當我問她不然她想要做什麼，她說：「去任何地方都好啊，不管是哪裡，我都不介意，就是不要待在家裡。只要可以跟朋友在一起，可以去外頭混一下。」因為不能出去外面，她只好一有時間就上網，她解釋說：「我媽不常讓我出去，所以我能做的，大概就是到 MySpace 找人聊天、傳簡訊、講電話，因為我媽總會有些莫名其妙的理由要我留在家裡。」

要是光看她在 MySpace 上的參與狀況，局外人可能會認為艾咪似乎沉迷於社群媒體。但跟她聊過之後，就會發現

她顯然也很希望跟朋友待在一塊兒，才會想盡方法上網，就是為了跟朋友連繫。因為結構性的限制，讓她難以實現歷代青少年的目標：跟朋友一塊四處晃蕩，此時社群媒體成為青少年可以聚在一起的地方，而她的表現就是為了回應這些限制。他們渴望相互連繫，聊點八卦，青少年面對如此高度組織化且限制重重的生活時，上網正是他們的合理回應。

如今的社群媒體不但提供青少年社交和觀看別人互動的新機會，同時也是讓他們可以放鬆的新管道。密西根州同樣16歲的一對好朋友，莎夏（Sasha）和比安卡（Bianca）都是認真的好學生，但她們也說需要跟朋友互動，休息一下。莎夏說她每天的行程是這樣的：「我先讀幾小時的書，然後跟朋友聊一、兩個小時，這可以讓我恢復注意力，也比一直讀書更能吸收資訊。」比安卡插嘴說道：「要讓大腦休息一下。」這兩位青少年都是認真、努力的學生，她們認為社交互動是讀書的重要調劑，具備提振精神的功能。

我問她們，在這些網路互動中會有何收穫，比安卡用一些大人會用的詞彙來護衛自己的社交活動。她強調那是學習「社交技巧」的機會，並解釋說：「你可以學會怎麼應對不同的情況和不同的人，學會跟那些你不是很喜歡的人相處。所以真的很有幫助。」這些話跟大多數青少年談到上網時的說法不太一樣，但說得倒是相當正確。青少年在跟他人互動

的過程中，也會從一些非正式的管道中學會很多事情，在互動之際發展和培養出對於整個社會的理解和感受。青少年可能是因為想跟朋友混在一起，才吵著要上社群媒體，但他們也因此獲得一個具有豐富學習機會的環境。

對資訊、對人「上癮」，其實是人性的一部分：這是希望了解周遭環境、和社會保持連繫的健康需求。我們獲取資訊、接觸人群的機會越多，就越能接受這些情況。我們用「news junkie」（新聞上癮）來形容快速翻閱報紙的行為，不過我從沒見過哪個爹娘會擔心自己的小孩看太多報紙。當爸媽的有時也會開自己孩子的玩笑，說他們是「書蟲」、「書呆子」，但不會因此而擔心孩子的心理健康有問題。不過要是發現青少年花很多時間上網，從這個網站巡遊到那個網站，往往就會令家長擔心不已。這些家長自嘆日常行程之繁忙，感慨自己沒什麼自由時間，卻沒想到自己的孩子也面臨一樣的狀況，會有一樣的感覺。

很不幸的是，當青少年轉向社群媒體尋求社交和資訊，成年人常常就以為這其中必有問題，而且把這些問題當做是科技帶來的錯誤。比方說，科技評論家卡爾（Nicholas Carr）在其著作《淺薄》（*The Shallows*）中即譴責網路，說它在不知不覺中帶來敗壞。他說網路正在劇烈改變我們的大腦，用一些無關緊要的資訊分散我們的注意力，從而破壞

我們的專注力。青少年進行媒介互動，也必定劇烈改變了大腦運作。認知科學家平克（Steven Pinker）也指出，刺激會改變我們的大腦運作，不過他的論點跟卡爾相反，認為「科技不會讓我們變笨，只會讓我們更聰明」。[24] 科普作家強森（Steven Johnson）在其著作《開機》（*Everything Bad Is Good for You*）中提出類似觀點，認為參與日益複雜的媒體世界，會讓我們的大腦越來越靈光。卡爾的看法難以開闊，是因為他過度誇大科技在其中所扮演的角色和負面結果。這種看法即是來自「科技決定論」，忽略環境中的社會文化背景。

我毫不懷疑上網社交會影響青少年的大腦運作，透過參與社群媒體，青少年同時也在學習如何了解一個連絡頻繁而交織緊密的世界。但我不會像卡爾那樣杞人憂天。我的看法比較接近學者戴維森（Cathy Davidson），她在著作《眼見為憑》（*Now You See It*）中即表示，現在的孩子樂於使用新科技就是在學習。而這些學習上的改變，讓那些固守於自己過去學習經驗和環境的成年人不知所措。青少年參與網路媒體，是為了要控制自己的生活，控制自己和社會的關係，在這個過程中，他們會開始理解人與人之間的關係，以及資訊又是如何在人與人之間流動。他們也會學習到社交世界，正如比安卡所說的，培養出社交技巧。

讓人擔心的不是青少年的大腦運作會改變，它本來就不

斷在改變啊。值得關切的是青少年在成長過程中接觸媒介化社交，對他們的意義為何，對整個社會又會帶來什麼影響。巡遊於這個資訊泛濫的社會，面對這麼多社交機會，青少年也許還不是這方面的專家，但他們持續參與這樣的社群媒體，我們也沒理由不相信他們不會從中發展出一些技巧，更沒理由相信排斥數位化服務會有助於他們成為更健康、更快樂，也更有能力的成年人。

「青春期」就像一個壓力鍋

大約在 20 世紀交接之際，也就是「上癮」概念開始出現的時候，心理學家霍爾（G. Stanley Hall）也提出「青春期」的定義，讓法定成年之前的年輕人不必承擔所有成年人的責任。[25] 他運用一些行為差異的資料來說明人類成熟和認知發展階段，他認為小孩子就像是不能理性思考的野蠻人，而青春期則是年輕人開始認知道德規範的發展階段。在這個階段中的青少年需要保護，我們必須跟道德改革者合作，限制童工遭到剝削，實施義務教育，並且引進少年司法的概念。因為他的呼籲和奔走，美國社會才逐漸了解青少年既是需要保障的弱勢族群，同時也可能在尚未成熟之際淪為罪犯。

19 世紀末、20 世紀初美國社會大幅改進，這段時間後

來被稱為「進步年代」（Progressive Era），霍爾的貢獻正是其中一部分。[26] 美國歷史上後來許多影響廣泛的社會運動和政治改革，也都是在這個時期衍生出來的。除了對於「上癮」的關切之外，大家也日益關心兒童福利，才有後來的限制雇用童工，以及興辦義務教育至高中學歷。[27] 在定義童年和青少年為何時，霍爾扮演了重要的推手，他運用保護者的語彙把兒童說成弱勢族群，這套說詞跟要求禁酒的政治改革者很類似。儘管這些道德改革者宣揚的看法和理念在「進步年代」中尚未廣泛流傳，但當代關於童年的討論中則幾乎是人人皆知。

如今一個世紀過去，霍爾及其夥伴針對兒童所提出的「弱勢」框架，還是普遍為各方接受，因此而衍生出的兒童保護則已遠遠超出霍爾原本的主張。國家保護兒童免於強迫勞動，提供教育機會，司法上對於青少年犯罪也加以區別，這些都是霍爾努力爭取而來的。但青少年同時也面對諸多政府設置的宵禁和管制，不但聚在一起要遭到限制，許多活動也都要取得家長同意才能參與。社會想像青少年是一團無法自行控制的荷爾蒙組織，過去這一個世紀以來按部就班地逐漸剝奪青少年的行為能力。[28] 這種狀況反而阻礙青少年成長，而這些限制不是讓青少年屈服成年人的權威，就是刺激他們挺身反抗。

雖然兒童保護制度是這項運動另一個成就豐碩的結果，但美國目前的寄養制度和心理健康基礎設施仍然流於破碎，時常導致兒童遭受雙重壓迫。大多數成年人都是立意良善，也願意幫助青少年，但正是同樣這個制度賦予家長權力，讓青少年可能被迫面對虐待的處境。同時，有許多青少年認為教育不再是機會，而是要求；在這種「為了孩子好」的高度組織化環境中，青少年反而沒有足夠的空間發展自我，以至成熟。對於很多青少年而言，學習不再是有趣的事情，反而讓他們感到厭惡，即使是他們在人與人的互動中碰上的一些機會教育。

隨著霍爾運動在 20 世紀的展開，從兒童到成年之間的過渡期也逐漸拉長，於是乎青少年在 21 世紀必須度過機會與權利雙雙受限的時光更加漫長。在接受「青春期」概念的同時，我們為青少年建造了一個壓力鍋。青少年非常渴望能夠獲得所有成年人的權利，即使他們不知道這要背負哪些責任。他們現在困在一個由成年人施以限制、保護和強迫的制度裡頭，符合所有成年人對於成功的定義。不過這狀況也剛好證明了青少年的力量，因為有許多人面對種種管制，發展出一套強而力的回應機制。如今的社群媒體對他們並不是充滿誘惑的特洛伊木馬，而是一個釋放壓力的出口，讓青少年得以管理周遭壓力和限制，重新掙回社交權利。

在他們逐步邁向成年之際，青少年必須學會處理諸多長大成人的重要面向，包括自我表現、管理社交關係，以及了解周遭世界。然而現在許多青少年極為煩忙的生活與學習安排，讓他們根本沒有空間來進行這些有意義的探索，而社群媒體正好提供一個平台和空間，讓他們得以彌補所失。

擺脫種種管制和監督

在青少年尋求新空間以爭回權利的同時，成年人也忙著創造新障礙來限制年輕人的力量。「上癮」的說法就是一個例子，這是再次剝奪青少年空間的文化藉口。成年人因為擔心和想要保護青少年而施以限制，但也因為如此作為，讓這些迷思永遠持續下去，不論如何都把限制青少年擺在首位。這樣的惡性循環不只是讓青少年不自由，同時也對整個社會的結構大有影響。

伊利諾州一位爸爸麥克（Mike）看到媒體報導我的研究後，發送電郵對我解釋說，他對自己的孩子嚴格管教，是因為世風日下，社會價值都墮落了：

> 我的孩子不能像我十來歲時常常出去跟朋友聚在一起，未必是因為外頭有什麼壞人，而是因為其他青少年也許

就是看 MTV 長大，欠缺父母的引導，有些家長也就把他們當做成年人來看待……我相信 MySpace 還會把未來搞得更複雜。要是當爸媽的能負起更多責任，讓孩子明白什麼才是價值、道德和標準（而不是一味依賴學校、電視和媒體），我們才能為我們的孩子掙回早已失去的青少年自由。

麥克的電郵凸顯出這裡頭有許多問題交織纏繞，他怪罪科技、制度和個人，卻不著眼於怎麼幫助自己的孩子，讓他們適應如此的生態系統。他指責別人的家庭不負起責任，好像是說讓孩子和社會隔絕才是最好的方法。

擔心跟社會脫節，是過去二十年來常見的憂慮，而學界和媒體則忙著指責任何事情，從食物獲取方式的改變到鄰里隔絕都包括在內。[29] 不管原因為何，對於他人的恐懼和不信任是既明顯又普遍的現象。我開著車跑遍全美，目睹耳聞許多家長對其他家長的不信任和懷疑，讓我十分吃驚。例如住在洛杉磯的 17 歲印度─巴基斯坦裔女孩安妮迪塔（Anindita）是絕對不准在朋友家過夜的，因為她爸爸擔心對方父兄可能喝醉占她便宜。我原本以為像她那樣的情況大概很特殊，後來很驚訝地發現，還是有許多家長不准小孩去同學或朋友家過夜。

當爸媽的人要是對旁人抱持疑慮，不相信周遭其他家庭時，往往就是不准小孩接觸他人。我在洛杉磯的另一個社區遇到 15 歲男孩麥可（Mic），他的埃及裔爸媽就叫他不要跟其他美國孩子混在一起，因為那些孩子必定都是學習美國家長惡習長大的。因此麥可不准在學校交朋友，不准講電話，也不准玩社群媒體，只能跟堂表親戚往來，結識一些也上清真寺的家庭成員。為了隔絕孩子不會被美式作風帶壞，他爸爸開車送他去學校，會叫他先待在車子裡頭，等到上課鈴響才放他出去。中午休息時，又馬上帶他出校吃午餐，放學後也很快接走。重重管制把麥可壓得透不過氣來，所以他在學校總是找空檔跟同學哈啦，也常常在下課時間偷偷上網，為自己找尋社交機會。

　　麥可的爸爸會送他去學校，是因為他認為這是孩子接受教育的唯一管道。不幸的是，麥可的爸爸並不了解，美國教育最看重的，就是學生在課堂內和課堂外的相互合作，而麥可的父親給他的種種限制正阻礙了他在這方面的發展。隨著學校開始要求學生利用資訊科技共同進行一些課外作業時，麥可就碰上了大麻煩，結果，伴隨而來的卻是他在家裡遭遇更多限制。麥可的父親並不了解，以美國的教育制度來說，學生之間的社交是理所當然的事情，學校並不認為學生之間往來會耽誤功課，反而更加重視社交經驗與課堂學習的整合，讓年輕人對於未來的相互合作與社會運作有所準備。

儘管歷來總有很多家長努力限制孩子，讓他們盡量不要去接觸不同的文化習俗，但也有很多青少年利用社群媒體擺脫種種管制。青少年探索四通八達的人際關係和不同的文化內涵，很容易就接觸到一些不同於父母灌輸的價值觀和想法。對好奇的青少年來說，這些新奇事物當然都很誘人，也讓那些想要保護孩子的爸媽怕得要命。當父母的對於過去一些媒體本來就不信任，所以很多家長更是把那些讓青少年逃脫控制的新科技視為妖魔鬼怪。「上癮」的說法就是把孩子當做是抵抗不了科技誘惑的弱勢族群，讓家長們更能名正言順地限制和孤立孩子。

　　大多數年輕人會去玩社群媒體，並不是因為他們無法抗拒科技的誘惑，而是在回應成年人以保護和安全為名所施加的種種管制和監督。社群媒體已經成為許多年輕人的出口，就某種意義上而言，等於是重新掙回行為能力和社交權利的機會。它打開一扇通往社會的窗，讓青少年得以歡聚一堂，有很多人甚至都不曉得自己久已喪失這項權利。可是成年人對於青少年的社交總是滿懷憂慮，很多大人並不樂見青少年擁有一些沒安排正事的時間，對於他們那些未受控管的人際關係更是擔心。

　　現在青少年參與社群媒體的核心活動，跟過去的青少年在一些公共場所，諸如學校舞會、迪斯可舞廳或足球賽看

台上的表現也都很類似。青少年成群結隊地聚在一塊兒，聊聊八卦，打情罵俏，人看我、我看人，互相說說笑笑，彼此追蹤動態。其實這些事情就是青少年生活的中心嘛，而因為他們現在都置身於媒介世界裡頭，當然也就樂於把握任何機會參與網路公共空間，上網加入同儕和青少年主導的社交場合。但不少大人對這情況就不高興囉，他們希望孩子少跟朋友鬼混，多花點時間從事大人認可的正當活動。

　　青少年參與社群媒體，也必然要跟朋友互動往來，當然會占用許多時間，很多成年人因此指責他們耽迷，浪費時間做些毫無價值的事情。媒體報導往往也把青少年參與社群媒體當成壞事來宣揚，儘管教育體系越來越多人認為青少年普遍都會上網。很多成年人都對青少年施壓，要求他們少跟朋友鬼混，這是成年人不了解青少年相互交流也是非常重要的學習管道。要是青少年逃離大人，轉向自己的同儕，當爸媽的總是對此感到焦慮，擔心孩子的未來不知道會受到什麼影響。要解決父母期待與青少年欲望的偌大落差，不應該是在言詞上把青少年活動視為病態，更不是驚慌失措地限制青少年社交，而是成年人要先去了解青少年想要做什麼，配合他們找到平衡點，再幫助他們思考目前正面臨的境遇。

NOTES

1. Hafner, "To Deal with Obsession, Some Defriend Facebook."

2. 皮尤研究中心 2013 年報告指出，有三分之二的美國成年人因為沒有時間、覺得網站無聊、對內容沒有吸引力，或者對於八卦閒聊感到厭倦，而暫時離開 Facebook，有人稱為「放臉書假」（Facebook vacation）。值得注意的是，接受調查的成年人中有 8%表示過去花太多時間上網，才需要休息一下。參見：Rainie, Smith, and Duggan, "Coming and Going on Facebook"。雖然目前還不清楚這狀況在青少年方面是否普遍，但我遇到的很多青少年都有類似的憂慮。同樣的，波特伍-史黛瑟（Laura Portwood-Stacer）研究媒體拒絕，也發現很多人刻意退出社群媒體，而且決定退出的人通常也會以「上癮」來形容，請參見："Media Refusal and Conspicuous Non-Consumption."

3. Stewart, "Obsessed with the Internet"; Fackler, "In Korea, a Boot Camp Cure for Web Obsession."

4. Livingstone, "On the Continuing Problems of Media Effects Research."

5. Csikszentmihalyi, *Flow*.

6. 關於賭博機器如何設計才能加強心流，請參見：Schull, *Addiction by Design*。關於電玩遊戲如何利用心流狀態，請參見：Cowley, Charles, Black, and Hickey, "Toward an Understanding of Flow in Video Games"。心流和上癮的討論請參見：Chou and Ting, "Role of Flow Experience in Cyber-Game Addiction"。

7. 我早期的田野調查曾問過青少年，沒連接網路的電腦會不會想用，有個女孩皺著眉頭問我說那能幹什麼。另一個青少年男孩說，他媽媽要是忘了繳網路費用，家裡的電腦只會放著招灰塵。大眾輿論說這問題是科技造成的，但很多青少年表現得非常清楚，他們對於實體設備並不特別感興趣，真正在意的是能夠進行社交的機會。

8. Pittis, *Dr. Radcliffe's Life and Letters*, 31.

9. Zieger, "Terms to Describe Addiction in the Nineteenth Century."

10. Quoted in *Oxford English Dictionary*, s.v. "addiction."

11. World Health Organization, Expert Committee on Drugs Liable to Produce Addiction, *Report on the Second Session, Geneva, 9–14 January 1950*. http://whqlibdoc.who.int/trs/WHO_TRS_21.pdf.

12. 請參見：Federwisch, "Internet Addiction?"。美國醫學會跟哥德堡一樣，對於新的強迫衝動是否歸類為障礙也頗多疑慮。2007 年美國醫學會無視於很多人的建議，拒絕將「電玩上癮」視為精神障礙。請參見：Psych Central News Editor, "Video Games No Addiction for Now"。

13. 例如布洛克（Jerald J. Block）為《美國精神病學刊》（The American Journal of Psychiatry）

撰寫的編輯說明，題為〈Issues for DSM-V: Internet Addiction〉，摘引多項研究，其中主要是南韓的研究成果。

14. American Library Association, "100 Most Frequently Challenged Books: 1990–1999."

15. Gross, "Dad Pays Daughter $200 to Quit Facebook."

16. Llorens, "Tommy Jordan, Dad Who Shot Daughter's Laptop, Says He'd Do It Again"；Jordan, "Facebook Parenting."

17. 關於幾個世代以來，孩子在戶外行動範圍變化的研究，請參見：Bird, Natural Thinking。關於不准小孩進入公共空間和自然環境的深入討論，請參見：Valentine, Public Space and the Culture of Childhood；Louv, Last Child in the Woods。

18. 根據美國司法統計局（Bureau of Justice Statistics）資料，針對青少年的犯罪案件從 1994 年到 2010 年間減少了 77％，請參見：http://www.bjs.gov/content/pub/press/vcay9410pr.cfm。

19. Valentine, Public Space and the Culture of Childhood; Skenazy, Free-Range Kids.

20. Ruefle and Reynolds, "Curfew and Delinquency in Major American Cities."

21. Lyall, "What's the Buzz?"

22. National Center for Safe Routes to School, "How Children Get to School."

23. Mahoney, Larson, and Eccles, Organized Activities as Contexts of Development.

24. Pinker, "Mind over Mass Media."

25. Hall, Adolescence.

26. Peritonitis and Atto, American Progressivism.

27. Hine, Rise and Fall of the American Teenager.

28. Crawford, Adult Themes.

29. 普特南（Robert Putnam）的大作《獨自打保齡球》（Bowling Alone；2000 年）在學界哄傳一時，討論的正是美國人與社會疏離的恐懼。對此克林柏格（Eric Klinenberg）回應以《單身時代》（Going Solo；2012 年），強調家庭結構的改變，越來越多人選擇自己一個人生活，並不是他們拒絕社會，而是社會運作空間增加造成的副產品。

CHAPTER 4

危險：
網路處處潛伏著暴力和性侵？

佛萊德（Fred）和阿倫（Aaron）是住在德州郊區的 15 歲白人小孩，兩人是好朋友，也都熱中電玩遊戲。我們第一次見面是在 2007 年，當時他們的媽媽也都到了。我詢問他們是否參與社群網站，他們說他們不上社群網站，但喜歡玩客製化分身的角色扮演遊戲，如 RuneScape 網站等。兩位媽媽也都點點頭，表示自己對於 RuneScape 很熟悉，又插嘴數落那些社群網站是多麼危險。看到佛萊德和阿倫勉強點頭回應，讓我懷疑他們對於 MySpace 和 Facebook 等網站的看法，這幾個網站對當時的青少年，可都是風靡一時。後來我很快找到機會只跟這兩個孩子深入對話，他們說的就完全不一樣囉。

阿倫說他在 MySpace 可是相當活躍，只媽媽不知情罷了。他有很多朋友在玩 Facebook，他原本也想要開個帳號，不過他媽媽因為工作需要也有個 Facebook 帳號，他就擔心會不小心讓媽媽看見他的個人資料。而佛萊德是還聽從媽媽的話，在那兩個社群網站中都沒開設帳號，但他也很掙扎，不知道是否應該繼續服從媽媽的管制。佛萊德告訴我說，他爸媽看到「新聞上那些東西」，就禁止他加入 Facebook 和 MySpace。他說他爸媽會擔心，「要是我去那兒，很可能會被侵犯。」這時阿倫插嘴說：「他在現實生活中也會碰見芳心寂寞的 40 歲大叔嘛！」對於這個諷刺，他們倆都笑了。

不管是佛萊德或阿倫都不認為加入 MySpace 會讓他們受到性侵，但還是擔心會讓媽媽不高興。他們兩人都覺得自己的媽媽實在有點莫名其妙，但也認為那個恐懼的確是關心。儘管他們說說笑笑很輕鬆，但說到媽媽的擔心時可是相當嚴肅，他們對於媽媽的憂慮頗感困擾。

　　阿倫雖然違反媽媽禁令，加入了 MySpace，他對於個人資料的保護還是十分在意，不但設置了瀏覽限制，裡頭也故意安排了假資訊，大頭貼也看不出是他。他會這麼做，有一部分就是希望媽媽不會起疑，完全不會讓她找到當然是最好。阿倫在說明自己的行為時，說到要保護媽媽，就像他告訴我他媽媽也要保護他一樣。他希望媽媽不要因為他而煩惱，像這種媽媽擔心孩子、孩子擔心媽媽的事情，我可看過不少。

　　阿倫和佛萊德對於 MySpace 的了解，就跟他們的父母一樣，都受到 2000 年代中期數次發生性侵案引發憂慮所影響。因此，儘管他們認為媽媽的焦慮不是很合理，但也都明白原因何在。新聞媒體從 2005 年就開始報導 MySpace 對青少年不太安全，常常有意圖不良的年長男性在裡頭尋找防衛能力較差的孩童。[1]雖然這不是網路性侵議題首次浮上檯面，但過去媒體談到這問題時，上網還不是青少年的主流活動，社群媒體也還不是新聞媒體的焦點。[2]因此許多父母都被警告，

絕對不要讓孩子接觸 MySpace，以免遭到性侵。

　　這個預警訊息被傳得又遠又廣，大家都聽得很清楚。接受我採訪的青少年，每一位都知道一些恐怖的報導，說有青少年在 MySpace 上認識年長男性而遭到性侵的事。女孩子們尤其相信這些故事，害怕因為上網而遭到陌生人強姦、跟蹤騷擾、綁架或攻擊。他們的恐懼都不是出於親身經驗，而是來自媒體報導和因為媒體渲染而誇大的家長憂慮。青少年常常以 NBC 電視台的節目《逮捕性侵犯》（*To Catch a Predator*）為證，以為每個鍵盤後頭都躲著一個壞男人，等著撲向他們。從新聞報導到學校集會，青少年都被網路性侵的警報重重包圍。雖然有些青少年認為這些消息沒什麼根據，但也有人就真的聽進去了。總之大家都知道這件事，所以我們也要嚴正看待社群媒體喚起的危機感。

　　打從社群媒體出現以後，談到青少年的參與，也必定會說到上網安不安全和性侵問題。對於青少年與媒介通訊的關係、成年人與青少年的看法，以及關於社群媒體規範的政策討論，本書談到諸多關鍵因素，就以上網帶來的人身安全問題——尤其是網路性侵——扮演著最重要的角色。上網安全與否也是個複雜的問題，部分是因為美國的社會文化總認為危險無所不在，家長更是不願意讓孩子去冒任何風險。[3] 從統計資料來看，人身傷害的可能性其實很低，但這也不能讓

那些憂心忡忡的家長感到放心。就算是一些驚悚的報導後來證實只是誇大，甚至是虛構，當爸媽的總是想像自己的孩子不知在何時何地都可能遭遇到悲慘命運。確實有些小孩遭遇到可怕的事情，也難怪他們會感到恐懼。儘管那些可怕的事大多發生在我們熟悉的場所，像是家庭、學校、禮拜堂等等，但網路帶來一些大家難以理解的空間，而越不了解，就越容易感到恐懼。

恐懼的根據

自從 1990 年代中期以來，對於網路帶來的種種機會，除了烏托邦式的樂觀以外，媒體記者也寫了許多香艷刺激的故事，把網路社群說成無辜青少年落入邪惡勢力的魔窟。[4] 有些成年人也因此冤枉青少年，說他們利用網路擺脫家長的監督，放縱那些最黑暗而瘋狂的衝動，尤其是指色情的性欲。[5] 那些把青少年上網視為危險的人，大概都有好幾層顧慮，但最主要就是大家長久以來對於青少年進入公共空間的恐懼。

地理學家華倫坦（Gill Valentine）在 1980 年代曾研究過我們對於公共空間的看法，指出因為「陌生人很危險」的觀念讓家長對於孩子的安全感到憂慮，都會禁止小孩進入

公共空間。[6] 大家都能去的公園和購物商場更是造成爸媽焦慮的中心，他們認為孩子在這些場所都可能遇到危險的陌生人。而且他們害怕的也不只是年長男性帶來危險，很多家長也都很擔心青少年的幫派問題。雖然這種對於犯罪的不安早在幾十年前就有了，1980 年代和 1990 年代的家長特別擔心這種同儕操控的問題，讓不知把持、無力抵抗的青少年被帶壞而加入幫派。

除了兒童安全的廣泛關注之外，青少年的性議題也一直是公開討論的焦點，諸如色情、少女懷孕和性侵等問題，經常挑起大家的焦慮。公園等公共場所一向遭到妖魔化，認為這些地方在天黑以後常常發生跟性有關的醜事。新聞媒體的強力放送，又誇大了我們對於戀童癖和性侵兒童的恐懼。保護兒童讓他們遠離公共場所，以及保護青少年不讓他們在外遊蕩，都成為我們在文化上一定要做的事。一旦成年人執著於保護孩子的安全，新聞報導又四處散播恐懼，那麼種種限制又都出現了。

當兒童安全引發道德恐慌逐漸升高，政客們也覺得自己應該採取行動，至少總得裝模做樣一下。他們經常炒作安全議題，實施或擴大限制未成年人自由的法律，在 1980 年代和 1990 年代即有宵禁法、反遊蕩法和逃學防治法等。為了杜絕青少年逗留公共場所，都市和鄉鎮也針對青少年聚集及

遊蕩的地點、時間、時限施以種種限制。許多人相信宵禁法有助於降低犯罪，1997 年一項針對各地市長的調查發現，有 88％的市長都認為青少年宵禁法減少了犯罪情事。[7] 但是並沒有。有些人開始研究這些法律的影響後，發現到宵禁和青少年犯罪也沒什麼關連性。社會學家梅爾斯（Michael Males）分析這些資料後指出，官方把宵禁法當做是治安良好的象徵，但其實並沒有發揮鎮懾犯罪的效果。[8] 1990 年代末期，資料顯示青少年宵禁法根本無效而遭到質疑時，紐奧爾良市長莫瑞爾（Marc Morial）還是說：「它讓青少年不能上街，這很需要啊。街上遊蕩的青少年實在是太多了。」[9] 儘管無助於減少犯罪，很多城市還是立法嚴禁青少年在夜晚外出，有些法律雖然被宣告違憲，大多數法條仍舊生效，限制著青少年的活動。

在 20 世紀下半期讓孩子們不能在公園等公共場所自由群聚的恐懼，如今也正染指社群媒體創造出來的網路公共空間。成年人擔心青少年可能在其中被迫做出不可告人的事情，或者碰到會傷害他們的大人。過去幾十年來，成年人一直努力限制青少年進入公共場所，就算允許入內也要聽命行事，不得亂走亂動。而青少年則是想方設法逃避大人的權威，努力爭取活動的自由。然而網路讓成年人的控制大為受限，因為家長更難限制青少年接觸到那些他們認為不合適的事物，包括價值觀不同，以及各方面都不了解的人。對於青少

年性行為的不安，又助長民眾對他們進入公共空間的焦慮。美國社會對於任何青少年性行為的議題原本就極感不適，更遑論談到提供他們一個管道，讓他們在其中探索情欲。更嚴重的是，尤其是想到陌生人可能混在其中對青少年施以性剝削，更是讓大人感到恐懼。

不讓青少年進入公共場所，的確可以讓家長和政客以為事情在控制之中，但如此一來卻是剝奪了他們的公共生活。儘管官方可能把嚇唬青少年當做有勇有為，是在保護弱勢青少年遠離危險，但這樣的方法也有不良後果。地理學家華倫坦即指出：「藉由危險區域的誤導訊息，教育宣導陌生人很危險的觀念，讓原本對成人來說『自然』或『正常』的公共空間，變成小孩可能因為『奇怪』人士而遭遇危險的地方。」[10] 結果成人社會因此隔離了青少年，限制住他們的機會，不讓他們學會如何有效參與公共生活。

文化、媒體，或者科技每有新發展，都會讓我們對於青少年的安全滋生焦慮。當恐懼升高到失控的程度，就會造成社會學家科恩（Stanley Cohen）所說的「道德恐慌」，成年人會擔心社會力量改變而帶來道德上的墮落。[11] 當大眾認為某個文化製品、做法或族群會威脅到社會秩序，就會造成道德恐慌。對於青少年的道德恐慌，通常集中在性議題、犯罪和競爭力低弱等方面。新媒體的出現和它散播的內容，也常

常會引發類似焦慮。18 世紀的時候，很多人擔心閱讀小說可能會上癮，害怕年輕女性因此找不到好丈夫。[12] 1930 年代開始出現的漫畫書，也被指責不僅沒有教育功能，還鼓勵青少年耽溺在幻想的世界，並且刺激暴力行為。1950 年代中期，電視播出貓王扭屁股的表演，也讓人擔心可能敗壞青少年。[13] 像這種青少年與大眾媒體的關係引發的毫無根據的道德恐慌，可說是俯拾皆是，這裡提到的只是其中一些而已。[14]

所以，當網路吸引越來越多的青少年，曾經針對各種公共場所和媒體的恐懼與焦慮，再度找上網路公共空間和社群媒體，就不會讓人感到意外了。[15] 尤其是針對女孩子上網的情況，更是嚴重焦慮的目標。[16] 當 MySpace 在青少年之間越來越受歡迎的同時，整個社會的道德恐慌也逐步展開，特別是針對女孩子。[17] 我遇見的許多青少年也都談到《逮捕性侵犯》這個節目，可見媒體炒作助長了焦慮趨勢。那節目是在 2004 年至 2007 年播出，由一些大人假扮成青少年到網路聊天室，尋找那些專想跟未成年人聊天的成年男性。有人上勾之後，節目製作團隊就要開始引誘他們跟這位「青少年」見面，結果他們會發現原來是跟節目主持人面對面。這個節目的做法其實頗有爭議，裡頭有很明顯的法律和道德問題，而且對青少年行為會帶來什麼刺激或傷害也引發討論。[18]

在傳播媒體誇大公眾關注的同時，國會也祭出「網路侵

害肅清法案」（Deleting Online Predators Act），準備限制
未成年人上網與陌生人互動交流。這項法案將禁止未成年人
在政府資金設置的電腦，包括學校和圖書館的電腦，參與留
言板、討論區，或在公共論壇上張貼任何內容。[19] 雖然資料
顯示針對兒童的性侵案跟《逮捕性侵犯》節目所描述的狀況
很不一樣，總檢察署仍然開始尋找技術性干預的手段，以防
止節目中所形容的性侵害。[20] 國會議員從不追問這些方法有
什麼缺失，其提案倒是讓大家知道整個社會對於青少年安全
議題的反應是如此喧鬧。

　　道德恐慌及其回應讓青少年的生活面對更多限制，阻
礙之多甚至連法律都自愧不如。法律學者萊斯格（Larry
Lessig）認為社會制度中有四個調節力量：市場、法律、社
會規範、技術或架構。[21] 恐懼也常常利用這些力量。企業利
用恐懼來吸引家長購買其產品，以幫助他們保護自己的孩子；
政策制定者為回應恐懼，立法禁止小孩進入公共場所，儘管
這種做法收效甚微；傳播媒體散播恐懼，塑造及強化戒慎恐
懼的社會規範；技術建構也會朝著緩和或複製家長恐懼的方
向走。在這種以恐懼為名的文化作為之下，青少年到現在還
能擁有這麼多自由，可真是讓人驚訝。

　　圍繞青少年而生的道德恐慌，正揭示青少年往往站在與
社會相互衝突的立場。權威人士常常把青少年當做是一種需

要被管理的困擾，或者是需要被保護的無辜孩童。青少年既是公眾的威脅，又是脆弱易受傷害的目標，社會對他們是既怕且憐。這兩種觀點之間的緊張主導了成年人和青少年的關係，也塑造出社會對青少年所作所為的看法。如此的分裂導致青少年與成年人之間的權力鬥爭，影響到青少年的活動與機會。家長的恐懼和青少年對此回應，使得他們在成年之前的生活更趨複雜。

吸收恐懼的日常生活

2007 年一個燦爛春陽的週六，我開車探索德州中部一個以白人中產階級為主的郊區，想看看那裡的青少年都在哪些地方群聚。這個新規畫的社區並未設置公園或其他明顯的聚會場所。學校停車場空無一人，也沒人聚集在當地的教會，在一條高速公路隔絕下，要徒步走到附近商店都不可能。我在這些精心設計的住宅區繞來繞去，幾乎要懷疑這個社區是否早已荒廢。我看到車道上停了很多汽車，也有許多草坪設置自動灑水裝置，但就是看不到幾個人。我開車繞了一個半小時，好不容易才看到有個爸爸在車道上跟兩個年紀很小的小朋友玩，還有一個男人在遛狗。我實在很納悶大家都去哪裡聚會和認識新朋友，心裡想一定要問一下這裡的青少年。

後來我抵達莎布麗娜（Sabrina）的家，她家在一條巷底的田園風社區，景色堪稱如詩如畫，我隨口說起真奇怪外頭怎麼都沒人。她詫異地看著我，問說出去是要去哪兒。我知道她才 14 歲，當然沒有駕照，所以我問她是否曾在住家附近騎腳踏車。她說騎車也去不了多遠，因為她的朋友住的地方至少都在十英里以外。因為社區有專車接送學生上學，所以她認識的朋友家沒有一個是走路或騎腳踏車可到。有一次放學後她曾走路回家，只是想試試看能否辦到，結果走了兩個多小時，後來她就沒再試過了。她還告訴我說，有一家購物商場雖然步行可到，但需要跨越一條主要幹道，那很可怕。

　　後來我們就談起在這個小鎮走路安不安全，她說她家最注重「安全」。她爸媽都是現役軍人，我很想了解她家對安全議題的看法。在我想像中，他們因為勤務去過許多地方，那些應該都比這個清新小鎮要危險得多吧。但我所了解到的是，戰場上的經驗並沒有讓他們覺得家鄉有多安全。我問莎布麗娜，為什麼她爸媽會這麼擔心，她說他們常常看報紙、看新聞，很害怕電視上播報的那些事情會發生在女兒身上。不管是莎布麗娜或她爸媽都認為安全至上，小心提防總強過事後懊悔。她也認為待在家裡比出門散步要安全得多，所以幹嘛要出去呢。

　　我們接著談下去以後，我發現莎布麗娜顯然覺得上網

比她家附近更危險。雖然她比大多數同儕更擔心上網的安全問題，但仍然會上網與他們互動。不過她只瀏覽一些網路社群的訊息，並不會在網路論壇上貼文，也不跟論壇上的任何人對話，因為：「任何人都可能是想要強姦我或幹壞事的40歲男性。我對這件事真的很小心，因為我幾乎一輩子都聽到這些事啊。在網路上不要跟不認識的人說話，因為他們會找上門來殺了你。」其實莎布麗娜從沒認識任何類似案件的受害者，她說她看過電視節目《法律與秩序》（Law and Order），裡頭就有人在網路上跟陌生人對話，就發生了可怕的事情。很長一段時間，她連上 MySpace 都覺得害怕，當時她的朋友都很風靡這個社群網站，但她覺得說不定有人埋伏在裡頭會找到她。不過她的朋友還是說服她加入，而且教她設置隱私限制來保護自己。她還是擔心有人追蹤，所以她在網路上很少發言。「（被追蹤）還是很有可能啊！」她說：「因為任何人只要按按滑鼠看你的網頁，就知道你在幹什麼。」莎布麗娜擔心自己要是留下蛛絲馬跡，讓人家知道她住在哪裡、在哪裡上學，壞人就可能跟蹤過來綁架她。當她述說自己的疑慮時，我可以在她眼中看到真正的恐懼。

慣常聽聞「陌生人很危險」影響了莎布麗娜和社群媒體的互動。儘管她非常小心，對於網路活動也非常節制，還是很害怕會出現什麼問題。在對我描述她在網路上會碰到什麼危險時，她引用一些聽來、看來的故事，都是新聞媒體廣

泛關注的事件。雖然在我談到上網安不安全，很多青少年都對我翻白眼，但這些問題對於莎布麗娜來說可是非常迫切而真實。[22]

我採訪過的青少年對社群媒體大多不像莎布麗娜這般戒慎恐懼，但她表現出來的害怕卻是許多成年人都有的憂慮。我跟同事針對全美家長做調查，發現有93%的爸媽都擔心自己兒女在網路上碰到壞人，儘管只有1%的家長表示其子女真的曾經碰過這種事。[23]讓我們驚訝的是，他們對兒子也跟女兒一樣擔心。另外，有一個自由作答的問題，問全美家長最擔心孩子上網碰到什麼狀況，在我們並未提及任何特定網路危險的情況下，那些爸媽的回答就是：「性侵犯」、「兒童性騷擾」、「戀童癖」、「性侵害」等等。例如，有位家長回答說：「我最擔心他會成為網路壞蛋的目標，可能會：一、誘拐孩子單獨跟他見面；二、騙孩子說出個人資訊，危及孩子或我們全家的安全。」經由這樣的調查和親身採訪，我在全美各地一次又一次地聽到家長們述說類似的恐懼。

雖然有很多青少年認為爸媽的擔心毫無根據，但也有相當多的人跟莎布麗娜和他們的父母一樣，對於網路性侵感到焦慮，擔心自己和兄弟姊妹的安全。我問莎布麗娜說，她認為網路性侵犯很多嗎？她就以電視節目《逮捕性侵犯》為例，說這種事情一定很多。儘管她從沒認識在網路被跟蹤或因此

遭到強暴的受害者，她仍舊堅決地提高警覺，不但為了自己，也為自己的朋友。

當爸媽的擔心性侵問題，是可以理解，沒有哪個父母願意想像自己子女遭遇這樣的傷害，更何況發生這種事還有數不清的後遺症，儘管就統計上來看發生機率很低。父母愛子或愛女心切，再加上媒體對於網路性侵事件的推波助瀾，也難怪有無數的爸媽不計後果地採取保護手段。[24] 但這種遭到扭曲的恐懼，也掩蓋掉一些青少年真正面對，而且成本高昂的風險。要解決這些問題，必須先退開一步，重新思考我們以為自己知道的網路性侵。

網路性侵的迷思

在父母的恐懼中，子女遭到綁架、騷擾和性侵等傷害都是名列前矛，這些都可以理解。從天主教神父性侵醜聞，到1993 年克拉斯（Polly Klaas）慘遭殺害，整個社會都想不透為什麼大人會去傷害這些孩子。[25] 每樁慘案也都讓爸媽的血壓升高，催迫當局制訂禁令來防止慘事重演。[26] 但是政客們採取的辦法根本是避重就輕。雖然國會議員們很樂於干涉孩子，不讓他們參與網路公共空間，卻不能立法限制他們進入宗教會所、學校，或是待在家裡，從統計數字來看，這三個

地方才是最危險。

對於兒童遭受性侵的問題，人們很難面對的事實是，性侵犯通常不是陌生人。大多數遭到性侵的孩子都是在自己家裡遇害，而且那個混蛋往往就是孩子信賴的熟人。[27] 性侵事件並不是網路出現之後才有，而網路盛行也沒有讓性侵事件變得更多。[28] 事實上，因為上網而發生的性侵事件並不多見。在美國，針對未成年人的性犯罪從 1992 年以來就逐漸減少，這也證明網路的出現並未助長此類犯罪。[29] 然而與此同時，以恐懼為基礎的廣告活動卻繼續宣揚，說網路邀請新一波的性侵犯登堂入室，闖入每一個家庭。

美國廣告協會（Ad Council）在 2004 年至 2007 年間曾公布一張公益海報，貼在許多地方。海報上的文字說：「性侵犯出現的地點，還要加上這個。」這些字底下是十二格圖像，其中十一個都是一般的公共場所，像是公園和大街上，而第十二個則是放著電腦螢幕的小孩房間。它的意思很清楚：性侵犯就躲在電腦後面，可能會透過它入侵你家。這個廣告的電視版就更讓人害怕了，它提出的是一個統計數字：五分之一的兒童曾在網路上受到性誘惑。

這個宣傳活動尤其是誤導，跟許多誇大猥褻的新聞報導一樣，都是利用恐懼讓大眾以為性侵事件迫在眉睫。首先、

放著電腦螢幕的臥室，表示是電腦讓小孩子身處危險之中。很多小孩的確是在自家臥室受到性侵，但不是因為電腦。[30] 第二、美國失蹤及受剝削兒童中心（National Center for Missing and Exploited Children）及其他安全組織採用的統計資料，往往只看表面數字就大作文章。這是濫用學術研究，利用大家對年長男性色誘青春期前兒童的恐懼來引發大眾焦慮。

上述五分之一的兒童曾在網路上受到性誘惑的統計數字，是來自兒童犯罪防治中心（Crimes Against Children Research Center）在 2000 年發布的研究報告，該中心一向致力於了解青少年受害者的情況，備受各方肯定。[31] 它調查青少年所有跟網路有關的性接觸，包括未成年人受到性誘惑的情況，而它所謂的「性誘惑」，是從調情到遭遇性騷擾都包括在內。調查中也詢問青少年這些誘惑發動者的年紀，其實只有 4％ 是 25 歲以上，76％ 是未成年人，其餘則是 18 歲至 24 歲的成年人。更有 75％ 的青少年表示對於這些誘惑並未感到不快或害怕。此外，雖然家長們都很擔心這些網路情事可能造成網路之外的傷害，但調查也發現，這些網路情誘事件有 69％ 並未衍生出任何網外接觸。換句話說，青少年受到性誘惑固然是個問題，但這個統計資料並不能代表之後會帶來危險的接觸。

隨著社群媒體的興起，很多倡導兒童安全的活動人士都

假定這種情色誘惑必定會激增。2006 年該中心又做了同樣的調查，結果發現在網路上遭遇性誘惑的未成年人達七分之一，比 2000 年減少了五個百分點。[32] 其他研究學者也發現，青少年在網路上遭遇不當性誘惑的地點，更可能是在已經退流行的網站。[33] 換句話說，惹上麻煩的青少年，並不是那些在最流行的網路空間跟朋友和同儕鬼混的人，而是跑去其他地方與陌生人互動的人。在 MySpace 最流行的那幾年，會跟網友進行危險接觸的青少年，大多都是在一些奇怪的聊天室，那裡本來就充滿了惹事生非的人。

雖然一般人所理解的性誘惑並不多見，但少數青少年受到侵犯、騷擾、脅迫或操縱等事件，確實需要探究和了解。這種事情大家都不能接受，必須採取一些辦法，防止兒童淪為受害者。不過要採取預防措施，就必須先搞清楚哪些青少年的處境最危險。仔細檢視那些非自願的性誘惑事例，可以發現，這些狀況都不是隨機發生。那些處境最危險的青少年，就是那些常常在網路上從事危險性接觸的人，而危險的網路行為，與心理社會問題、家庭和學校等問題，以及藥物濫用和酗酒狀況也有關連。換句話說，那些在日常生活中情況比較糟糕的青少年，通常也容易在網路上跟人不當地接觸碰面。事實上，社群媒體的發展並不是讓所有青少年陷於險境，而是讓那些危險行為變得更容易被大家看見，那些惹上麻煩的青少年則是以新方式來從事不當活動。[34]

各種性誘惑當然令人困擾，但大多數家長比較擔心的是孩子會不會真正遭遇到身體上的侵犯。長家通常以為情況是年長男性謊報年紀，誘騙無知少女，操縱心理以博取信任，並讓她們不信任其他人。關於性侵如何發生，也常常說是經由以下程序：操縱心理、欺騙、誘拐和強暴。但是兒童犯罪防治中心檢視警方紀錄和採訪青少年後卻發現，成年人透過網路性侵未成年人，通常不是採用這些方式。

　　網路發生的性侵案也不一定是陌生人所為。具體來看那些為數不多，因利用網路施行性犯罪而被逮捕者，兒童犯罪防治中心發現其中大概有五分之一（18％）的施暴者其實是受害人的家族成員，或者在網路之外也是其親友或鄰居。[35] 即使施暴者不是受害人原本認識的熟人，他們也很少欺騙受害人。那些被害者通常在網路聊天階段就知道施暴者的年紀。讓人意外的是，反而是很多青少年會謊報自己的年紀，故意以小報大。在有人被逮捕的刑事案件中，青少年受害者通常是高中生，而他們碰上的男性大多是 20 幾歲到 30 出頭的年紀。他們在網路上聊的都是一些跟性有關的話題，而青少年在跟施暴者見面之前就知道他們的互動都跟性有關。這些遭到侵犯的青少年都以為自己是在談戀愛，通常也已經跟施暴者在多個不同場合有過性接觸。兒童犯罪防治中心認為這樣的接觸就是法定強姦罪。

法定強姦罪是為了預防成年人利用自己的地位、經驗和權力，操縱青少年進行性行為。同時，誘拐強姦與法定強姦還有一個重要的差別，在後者的狀況中，青少年往往以為自己有權同意發生性接觸，儘管法律和他們的父母都不會認可。[36] 這個差別很重要，因為會影響到需要用什麼方式來干預。青少年會願意接受充滿權力傾軋的性行為，通常是因為他們渴望獲得關注，同時也等於是承認了他們在家庭和心理健康方面遭遇問題，或者曾經遭受虐待。儘管每個個案的實際狀況頗有出入，其中包含著法律和社會因素的運作，這些受害青少年的危險處境，實在跟主流媒體以為的很不同。要協助打擊這種性剝削，需要一些不同的模式，這不是《逮捕性侵犯》那種節目的單純臆想能辦到的。

　　為求有效防治，一定要先理解兒童遭遇性侵的環境因素。造成哄騙、欺瞞和誘拐強姦等問題的原因，跟青少年自願從事危險性接觸、讓自己處於弱勢的原因不一樣，因此這兩種狀況需要的預防措施亦自不同。輿論將所有青少年一視同仁，全部看成是弱勢者，也就讓大家不會注意到事實上那些遭到邊緣化的青少年才是最常受到性侵的犧牲者。而傳播媒體太過關注年長男性居心不良所犯下的性侵事件，類似如此對於網路性侵案件的迷思，也掩蓋掉某些青少年更容易受害的事實，讓大家忽略了這方面的危險。

不良的性接觸

　　《滾石》（*Rolling Stone*）雜誌在 2011 年刊載一篇關於少女「琪琪」（Kirsten "Kiki" Ostrenga）的報導，描述琪琪青少年時期在性行為、家庭與社會關注、社群媒體和心理健康方面等問題如何碰撞在一起。[37] 她跟著家人從伊利諾州搬到佛羅里達州以後，就一直不太能交到朋友，同學都嘲笑是外地來的，而她也不再努力融入，反而故意穿些奇裝異服，標示自己與眾不同。為了找尋志同道合的人，她開始上網，以「琪琪・肯尼拔」（Kiki Kannibal）的名號在網路販賣飾品，分享一些造型照片，張貼時尚文章，也獲得一些網友的追蹤。

　　琪琪 13 歲的時候，在 MySpace 網站認識一個叫丹尼（Danny Cespedes）的男孩子。在她認識丹尼時，正是琪琪最需要關注和認可的時候，當時丹尼說他 17 歲，不過也快要 18 了。有好一陣子，琪琪和丹尼都只是在網上聊天而已。後來琪琪 14 歲生日快到了，丹尼就問琪琪的媽媽，是否可以跟她女兒見面。他們在她生日當天，在附近一家購物商場碰面，當時琪琪的媽媽也陪同前往。琪琪的媽媽對於丹尼的印象很不錯，覺得這個男孩子很有禮貌，因此也贊成他們的關係。於是乎兩個人就開始約會，丹尼固定會去琪琪家玩幾小時。

有一天晚上,丹尼假裝喝醉了,所以琪琪的爸媽讓他在家裡過夜。結果等到大家都睡了以後,他強迫琪琪和他發生性關係。儘管她對這個接觸並不高興,卻還是繼續和丹尼保持關係。但是隨著時間過去,丹尼的行徑越來越奇怪,琪琪的爸媽也開始擔心了。到最後,琪琪想跟他分手,丹尼甚至以自殺來威脅。他們的關係於是變得不太好,幾次網上對話後,琪琪更發現丹尼之前也跟多位 13 歲到 15 歲的女孩約會,而且許多人也都跟琪琪一樣,被迫跟他發生性關係。後來她告訴她爸媽,他們馬上報警。警方蒐集到許多證據後,準備以七樁法定強姦的重罪嫌疑逮捕丹尼。丹尼後來被警方逼到走投無路,試圖跳越一道圍欄逃逸,結果不幸因撞擊而死亡。當《滾石》刊出這篇報導時,「強姦琪琪的初戀情人已經死了」。

這篇報導很清楚地指出丹尼本身有許多問題,但也強調琪琪是多麼迷戀這個後來會強暴她的男孩子。在法定強姦罪的案件裡頭,像這樣的狀況可不少見。從各方面來看,都是丹尼操縱和傷害了多位年輕少女,他利用她們的弱勢而施以侵犯。但丹尼本身也有受虐的背景。他出身自一個混亂的家庭,入獄、暴力和威脅等戲碼在他家都是家常便飯。他爸爸也因為性侵未成年人而遭到裁定驅離。琪琪的爸媽也很同情丹尼,卻沒意識到他正在重覆同樣的侵犯行為。

在這個故事裡頭,網路扮演了許多角色。琪琪認識丹

尼就是透過網路，但其他還有很多女孩也是透過網路找到彼此，發現自己並不孤單。丹尼侵害的女孩們，都是在網路上自願跟他連繫，而且都認為自己是在戀愛。就因為她們都對丹尼懷抱著感情，所以壓抑自己其實遭到性侵的感覺，後來才發現自己受害並非個案，而是一種模式。

丹尼性侵琪琪的情況，警方認為這就是法定強姦罪，因為光從年齡差距來看就能確定丹尼違法，而且也很容易證明。但對很多青少年而言，法定強姦罪的法條還是太過複雜且具爭議，雖然它的目是為了保護青少年，以免受到像丹尼這種人的侵犯，但光是年齡差異本身也未必就是侵害。

2009 年時我曾採訪一位住在納什維爾的 15 歲黑人女孩席妮亞（Sydnia）。當時的她跟許多同儕不一樣，她是利用 MySpace 來認識新朋友，主要就是女同志。有一天她在街上碰到一位她在 MySpace 的網友，她們兩人雖然曾經在網路上對話和調情，但從未見過面，而席妮亞也不曾準備跟她見面。總之有了這次巧遇，席妮亞拿到對方的手機號碼，雙方就開始有一些簡訊連絡。隨著時間過去，兩人也進展為戀人。當我採訪席妮亞時，她們已經開始約會超過一個月。雖然席妮亞跟我討論到她們的關係時故意不提對方的年紀，但她曾說過女友可以去酒店，但她不行，這表示對方至少是 21 歲。後來我也曉得，席妮亞也曾經介紹女友和她媽媽認識，而她

媽媽也認可這段關係，儘管是取笑的成分居多，取笑逗弄似乎就是這對母女的主要互動。但席妮亞也很清楚地知道，她這段關係還是相當忌諱的事。我曾問到她女友的年齡，她猶豫地指出我的問題已經越過界限。席妮亞知道年齡差距可不是件小事，就算她覺得不要緊，但至少對另一方就不這麼想。後來我們談到上網安不安全時，席妮亞說她曾聽過網路性侵的事情，但從不知道有誰真的曾經受害。其實我只是不敢跟席妮亞說，從另一個角度來看，她那個女友或許也可以被視為在網路找尋對象的捕食者。

　　我採訪的青少年大多跟琪琪和席妮亞不一樣，他們是經由朋友、家庭、宗教活動，或是其他實際見面的方式來認識比較年長的男、女朋友。雖然一些富裕社區的家長普遍譴責青少年與成年人的關係，但也不是人人都對青少年和成年人發生性關係採取敵視態度。我採訪過的許多低收入和移民社區中，青少年女孩和年長男性約會的情況是大家都能接受的。我遇過的一些家長甚至會鼓勵這樣的關係，說年長男性比青少年成熟且負責，才會好好照顧她。比較富裕的社區對這種看法則是挪揄嘲笑，但我忍不住感到好笑的是，當時那些富裕社區的青少年最流行的讀物是《暮光之城》系列，說的剛好是青少年女孩和 104 歲吸血鬼的愛情故事，年齡差距正是重點啊。

在一些社區裡頭，年齡相差太大就被視為可疑，但也不見得因此就會造成傷害；而年齡相近，也不一定就是健康的關係。沒有父母希望自己的孩子遭到剝削或虐待，但是那些有問題的關係裡頭，年齡不見得就是關鍵因素。有些青少年和年長者發展出來的關係的確不太好，但有些人和年齡相近者之間的關係，就算沒有侵犯或利用的問題，在其他方面也很不健康。遺憾的是，青少年的約會暴力事件可不少見，通常就發生在青少年和年齡相近的同儕之間。[38]

年齡差距或許有人視之為忌諱，但青少年愛上成年人也不是現代才有的事情。況且，正因為年齡差距是個禁忌，反而讓青少年對於年長者更感興趣。[39] 小說文學作品常常把年齡差距太大而招致不幸的戀人浪漫化，無數的吸血鬼故事更是編造出許多年長男性迷戀少女的情節。長久以來，青少年就會對一些年長的菁英分子抱有幻想，有些老師和許多青少年電影也一再加油添醋。青少年也一直熱愛冒險行事，想要博取年長者的注意和肯定。我們以前還會偷偷假造大學的學生證，混進他們的兄弟會聚會。獲得年長者的注意常常是青少年提升地位的助力。我並不是說年齡差異太大的關係都沒有問題，而是認為一味地執著於這一點，或許可以揭示一些問題，卻也掩蓋掉更多重要訊息。

爸媽最怕的噩夢

　　網路或許讓成年人和青少年更容易進行不恰當的對話，但是「跟陌生人談話」這本身並未因此就造成青少年的危險。雖然網路提供許多管道讓人互相連繫，但彼此之間還是存在著物理差距。青少年在網路上聊天，跟實際生活中碰上壞人的情況不會一樣，從網路到網外這個過程的變化，青少年自己不會不知道。孩子遭到陌生人誘拐的情況其實不多，最常誘拐孩子的人其實是沒有監護權的爸爸或媽媽。不過光是想像孩子可能被陌生人誘拐，就足以讓任何當父母的人腳底發涼，社區也會馬上把消息傳開，因為想找回孩子，失蹤的二十四小時之內正是關鍵。一旦有小孩失蹤，大家會喚起媒體的關注，希望能盡快找到孩子，以免有更糟糕的事情發生。於是在這個關鍵時刻，民眾常常會聽到小孩被誘拐的訊息，但真實狀況也常常不是一開始的報導所說的那樣。

　　2006年2月某一天晚上，13歲的亞莉珊德拉（Alexandra Nicole Dimarco）和15歲的亞莉西絲（Alexis Anne Beyer）在洛杉磯同一個公寓住宅區失蹤。所有跡象似乎都指向綁架，這兩個女孩子都沒帶走錢包，也沒帶走隨身需要的處方藥品和任何具有情感價值的東西。女孩的爸媽連繫媒體，對記者說自己的女兒一直在 MySpace 跟陌生人聊天。洛杉磯某報的標題因此寫道：「媽媽認為女兒是被 MySpace.com 的網

友誘拐」。[40] 媒體迅速散播這個訊息，兩個女孩的照片也很快就出現在當地的電視，傳遍大街小巷。

與此同時，警方展開搜尋，希望盡快找到人。因為女孩的家長提到 MySpace，所以警方也連繫了這家公司，該公司也跟警方配合，協助調查。雖然家長都說這件事跟 MySpace 有關，但這兩個女孩在失蹤之前的一週，其實已經沒再登入這個社群網站。亞莉西絲的媽媽對媒體表示，她曾經禁止女兒玩 MySpace，因為她好像跟上頭的網友見面，在她女兒失蹤之前，也有人打電話到家裡找她。

隨著訊息出現越來越多，一開始說是兩個朋友一同被綁架的情況就越來越不像。我跟 MySpace 公司的代表談過之後才曉得，那兩個女孩在失蹤後的兩小時，曾經從洛杉磯另一個地方透過同一部電腦登入到自己的帳號。警方利用這個資訊鎖定女孩的位置，派出救援小組。當時大家還是以為女孩是遭到綁架，但警方在 MySpace 上找到的線索並未如此顯示。這兩個女孩之間的訊息連絡十分頻繁，而且從互動內容判斷，她們其實是一對戀人，但父母都不同意這個關係，也禁止她們見面或在網上連絡。

當警方鎖定地點找到女孩時，她們都很安全，也發現她們是蓄意私奔的，其中一位還很不願意回家。的確曾有年長

男性想誘拐她們離家，但她們一起私奔卻是想要逃離自己的爸媽。

　　至於媒體這一方面，一開始是接收家長的訊息，想要提供協助，因此很快就接受女孩是遭到綁架的推論，但是事後對於原先的驚悚報導卻毫無更正。新聞報導只說警方已經找到那兩個女孩，對於實際發生的狀況卻沒有太多報導。我在洛杉磯採訪過許多家庭，很多人都聽說是 MySpace 讓那兩個女孩遭到綁架，沒人曉得她們其實是相約私奔逃家。

　　我不清楚女孩的家長告訴警方說她們被綁架時，是否已經知道她們其實是逃家，或者故意扯上 MySpace，讓記者更可能報導這件事。但這樣的組合的確有效果，不但同時讓警方和 MySpace 公司採取行動，也引發新聞媒體的熱烈反應。利用大眾對於新科技和綁架案件的恐懼，這樣的故事可以迅速激起行動，卻也助長了心理上的恐懼。對於青少年真正面對的危險，只留給大眾一個更加誇張不實的觀念，而無能改變其中的狀況，也等於是一開始就讓青少年置身險境。

　　社會常常指責科技讓青少年置身險境，但是數位科技也讓青少年留下一些蛛絲馬跡，對於確認他們的安全很有價值。亞莉珊德拉和亞莉西絲逃家案之所以行蹤很快就被鎖定且尋獲，正是因為科技提供數位足跡，MySpace 公司也願意

與警方合作所致。但社會大眾從沒看到故事的這一面。

譴責科技

2007 年 2 月，科羅拉多州女孩泰絲（Tess）在男友布萊恩（Bryan）協助下，殺害自己的媽媽。當時的電視新聞報導重點是：「玩 MySpace 的女孩殺害自己的媽媽」。這意思彷彿是說，泰絲之所以大逆不道，是因為她玩 MySpace，好像是那個網站害她殺害自己媽媽似的。

公眾指責通訊或娛樂媒體煽動青少年犯下殺人罪，這也不是第一次。1999 年美國科羅拉多州立特頓的科倫拜高中有兩個男孩子開槍射殺同學，電玩和搖滾樂團瑪麗琳·曼森（Marilyn Manson）被指為肇事原因之一。[41] 1987 年美國發生多起青少年自殺事件，後來紐澤西州兩個女孩自殺身亡以後，「金屬製品」（Metallica）樂團也飽受大眾指責，因為其中一個女孩留下的遺書提到該樂團的一首歌〈沒入黑暗〉（Fade to Black）；這首歌談到空虛和痛苦，有暗示自殺之嫌。[42] 雖然 MySpace 提供的技術平台和流行樂手製作的內容不能相提並論，但有些人會從青少年喜愛的媒體來解讀他們的暴力行為，這種方式並不少見。

因為我對泰絲的狀況很好奇，就上 MySpace 看看她的網頁是否對外公開，結果我看到一連串令人心碎的記述。她在貼文中公開自己媽媽酗酒的惡劣情況長達數月之久，鉅細靡遺地記錄媽媽對她在身體上的凌虐和心理上的折磨。她的貼文和訊息都是情緒外露，充滿了沮喪和憤怒、憂鬱而困惑。有一則貼文，她解釋說：

> 每個人都知道我和我媽的事情……每個人都知道我這輩子是多麼想把它搞好，但每個人也都知道永遠不可能。我想讓她得到幫助。我搬到加州、又搬回科羅拉多州。我搬去跟 CJ、哈桑、傑米和布萊恩住，然後又搬去伯特和布萊恩家。然後又跟布萊恩搬回家裡。可是這些都不夠。要討好那個女人有多難，我簡直可以寫成一本書了……我什麼都願意做，只要能夠讓她戒酒。說真的，我什麼都做了，可是都沒用。家裡這些爛事就這麼繼續下去，影響到我生活的每個部分。

　　泰絲頻繁地記錄自己的經歷和困惑心情。她在 MySpace 上描述自己在兩個極端之間撕扯，她自己也開始酗酒，又不知道該怎麼讓自己的生活恢復正常。有些朋友會留下一些意見，提供情感上的支持，問候她的狀況。但也顯然不是他們可以解決的事情。我仔細看了大家的留言，沒發現裡頭有任何一個成年人參與對話的跡象。

泰絲被捕之後，她的個人網頁變成像公共討論區一樣。一些像是熟人和朋友都留下了各種評論，有的表示痛恨、有的表示支持和關心。我從這些留言中發現到有個女孩，她是泰絲的好朋友，她在板上一直為泰絲辯護。這個朋友的網頁也是公開的，上頭的貼文也一樣充滿了令人揪心的困惑、痛苦和無所適從。對此我無法視而不見，因此我試著幫忙，希望能夠提供一些支持。後來我們交換了一些訊息，我告訴她一些科羅拉多州的資源管道，希望她可以獲得協助。她告訴我說泰絲的朋友都知道她媽媽打她，但沒有人知道該怎麼辦。沒有成年人願意聽她們說話。這女孩又告訴我，有些朋友向老師報告泰絲的貼文內容，但因為學校的電腦封鎖了MySpace網頁，所以他們也無法探究這件事。因為身邊的大人並不相信他們，她的朋友們也不知道該向誰求助。

　　後來越來越多的訊息公開之後，我才知道社工人員曾經接到老師通報，說有學生疑似遭到虐待，但後來並沒有採取任何行動。顯然當時也沒有足夠的證據可以讓這件案子優先獲得處理。社會服務部門既沒去看她的 MySpace 網頁，也沒有找她的朋友談過。

　　即使在事件爆發之後，泰絲生活中那些青少年也都覺得無能為力，甚至在自己的社區裡頭也無法獲得支持。我勸告泰絲那個朋友就近找個受過訓練的成年人尋求支持，因為

距離太遙遠就無法成為合適的諮詢人員。我給她一些熱線電話和可能提供幫助的心理諮詢師的名字。我也提供她一些訊息，讓她可能轉告其他朋友。她顯然是找不到成年人來幫助她，於是在網路上激烈反擊那些批評，就成為她唯一的回應方式。

像泰絲的朋友那樣遇到困難、陷於掙扎的青少年，常常轉向社群媒體。有些人會出現一些危險行為，但更多的青少年是希望讓大家看到他們碰到困難，他們會利用貼文和一些網上的作為，希望有人能看見他們、幫助他們。但是他們的呼救常常不會被看見，或者遭到漠視。有時候是因為這些貼文都是匿名的，所以事情很難被追蹤。但更多的狀況是根本沒人想要自找麻煩去關心，去問到底發生，什麼事情。

2012 年 9 月，加拿大 15 歲少女阿曼達（Amanda Todd）在 YouTube 上貼出一段九分鐘的視訊影片，標題是「我的故事：掙扎、霸凌、自殺和自殘」，她的影片是利用卡片描述自己在網路上受到不名人士的性騷擾和勒索，也在學校受到同學的折磨。[43] 她談到被誘騙發生性行為，在學校中被女同學毆打，還曾經企圖自殺。她覺得自己處境危險，她很焦慮，希望得到幫助。影片中的卡片寫道：「我很努力想要活下去，因為所有的一切都深深地觸動我。我這麼做不是故意想得到注意，而是為了勉勵自己，表示我可以堅強起來。」最後兩

張卡片是：「沒人幫我……我需要有人幫我:(」以及「我的名字叫阿曼達‧托德……」一個月後，阿曼達在不列顛哥倫比亞省的家中自殺身亡。後來很多人才看到她的影片。

　　大家在網路上的互動，並不是只有不健康、不正常的互動而已，也有很多人在網路上公開表現自己的痛苦。雖然陷入困境的青少年不是每一個人都上網公開呼救，但很多人會這麼做。當他們上網求救時，應該要有人可以看出這些跡象，並且採取適當的行動。如今技術成熟，也可以在網路上進行數位追蹤、鎖定，很有機會對這些青少年的生活進行善意的干預。但是這個社會必須先有所改變，成年人願意睜開雙眼，除了注意自己的孩子以外，也能注意別的青少年。

關注數位大街

　　青少年在網路上面對的危險，每個人都不一樣。那些在網路上處境最危險的青少年，通常在生活的各方面也都碰到困難。儘管很多家長對於自己孩子的生活都很關注，但並不是所有的青少年都有關愛和可以信賴的爸媽。在我的研究過程中，我看到有些青少年反而要照顧自己嗑藥的父母，有些無家可歸的青少年簡直快活不下去，也有些爸媽太過關注自己的工作而忽略了孩子。那些出現危險行為的青少年，常常

就是在反映家裡的情況，或者是希望獲得家長的關心。

2008 年，研究人員威爾斯（Melissa Wells）和米契爾（Kimberly Mitchell）調查青少年的網上危險行為，發現這些代表全美上網青少年的樣本中，15％曾經遭遇身體或性方面的虐待，或者一年之內父母曾發生嚴重衝突。[44] 這些被標示為「高危險」的青少年，屬於年紀較大、非裔美國人，以及（或者）不跟親生父母住在一起的比例也超乎尋常地高。這些人在網路上會比其他青少年更容易出現問題行為。那些表示曾在網路上受到侵凌或性騷擾的青少年，表現出來的危險因素，跟現實生活中處於弱勢的青少年很類似，那些因素包括：他們可能曾經遭遇身體或性方面的虐待、父母衝突、濫用藥物、與監護人疏遠、抑鬱沮喪、性侵和其他負面問題。經由網路發展親密關係，經常也跟平常生活的問題有關連，包括貧窮與衝突的家庭環境、監護人與子女關係不佳、憂鬱、之前遭受性虐待或有少年犯罪情事。這些網外的不健康關係，都可能增加青少年在網上遭到性侵的危險。

這也可能形成惡性循環。在網路上進行危險行為本身就是個問題，包括跟陌生人聊一些跟性有關的話題，同時也是反映出更多問題的訊號。那些在生活中陷於掙扎的青少年，更可能會利用一些少為人知的服務，希望從網路上獲得他人的關注。那些在網外有負面遭遇的青少年受到非自願性誘惑

的機會，是其他青少年的二・五倍。[45] 青少年一旦遭遇問題，他們的作為可能會讓麻煩變得更大。我們要是在網路上看到一些青少年的問題行為，他們通常也利用科技讓大家看到他們生活中每個層面遇上的困難。

雖然大多數青少年都還算好，但不好的就真的很糟糕。而且，就像我們在〈隱私〉那一章所言，很多青少年是用密碼的方式談起生活中發生的事情，局外人根本看不懂，但有的人則是相當公開。在這些情況下，數位環境就成為他們對外展示痛苦的平台。當我們看到這些青少年的問題爆發時，大家很容易歸咎於技術原因，因為大多數人根本看不到那些處境真正危險的青少年。在網路外，那些在家裡遭受虐待或面臨心理健康危機的青少年，往往是獨自一人在孤立無援中掙扎，或置身於求救無門的環境。在網路上他們可以被看到，而他們在眾目睽睽之下所分享的訊息，更是讓那些以為童年經驗總是應當珍惜的人感到害怕。網路本身並不危險，我們反而能在其中看見身處險境的孩子，只要我們願意睜開雙眼。

很多家長在保護自己孩子的同時，卻對其他孩子面對的困難視而不見，甚至還想方設法讓自己的孩子不會接觸到那些苦苦掙扎的人。比較有錢的爸媽會想辦法讓孩子不會接觸到貧窮的環境，搬到郊區或有警衛的社區，只是其中兩種辦法而已。如果是心理健康方面的問題，很多人都會假裝看不

見。我碰到的一些家長，他們對於網路感到害怕的原因之一，是網路讓他們和孩子更難以和那些價值觀不一樣或青少年素行不良的社區隔絕開來。願意幫助這些苦苦掙扎的孩子的大人越來越少了，而青少年發現自己孤立無援時，很少人知道該怎麼辦、要去哪裡求救，事況一旦變糟也不曉得該如何處理。

家長和社會經常利用恐懼心理，讓青少年遠離大人認為危險的事情。但這種做法可能適得其反，因為破壞信任而失去挽救的機會。關於不要吸毒，我小時候接收到的訊息是第一夫人南茜‧雷根（Nancy Reagan）的「向毒品說不」，旁邊配上雞蛋在煎鍋砸破的圖片，說是：「吸毒的腦子就像這樣。」跟許多同齡的人一樣，我受到的教育就是要害怕那些藥物。高中時有些同學開始抽大麻，藉以表示反抗。等到他們知道大麻對於大腦的影響不會比酒精屬害時，很多人開始強烈駁斥對毒品宣戰的宣傳，認為是大人故意欺騙他們。由於反毒宣傳太過籠統而含糊，我看到有些同學開始嘗試古柯鹼和甲基安非他命，以為這些藥物也跟大麻差不多，因為反毒宣傳時都被擺在一起。後來有許多同學被毒癮糾纏多年。現在回想起來，那種只訴諸恐懼和戒斷的反毒宣傳實在很讓人灰心，因為那種方式並不容許有意義的對話，更別說藉此形成一個理解藥物濫用和上癮的框架。當成年人以恐懼和隔絕來管理危機，往往就是要賠上信賴感，讓青少年不信任他

們提供的資訊。

很多青少年轉向網路公共空間探索更大的世界，但那裡頭勢必也涵蓋那些爸媽不讓他們親近的地方。有些爹娘把孩子留在溫室之中，以防止外頭可能的傷害，然而當這些爸媽把自己和孩子隔絕於外，對其他青少年卻會帶來嚴重的後果，尤其是那些欠缺支援的孩子。社區安全需要大家共同維護，一起努力才能做到。一旦自掃門前雪，社區安全也隨之敗壞。城市理論學家雅各（Jane Jacobs）在著作《偉大城市的誕生與衰亡》（*The Death and Life of Great American Cities*）中即指出，如果每個人都願意貢獻己力，關注街上的狀況，整個社會都會因此得益。越多雙眼睛盯著大街，社區就越安全。

雅各並不是主張以強權管制社會行為，對社會施以誰都不想要的監視，而是呼籲大家一起照看弱勢群體，並且在必要的時候涉入干預。大家對於在街上騎腳踏車的孩子也許不會太注意，然而在一個健康的社會中，要是有孩子騎腳踏車跌倒，熱心的人就會伸出援手，因為他們會注意周遭發生了什麼事。青少年需要自由地探索和表達自我，如果大家齊心合力、相互照看，生活在一個擁有社會安全網的環境之中，對大家都有好處。雅各的主張並不是濫用權力，而是認為大家共同照看大街，是個人主義社會中提供結構支援的必要

方式。

　　青少年經由社群媒體群聚在一起，協助定義了網路公共空間，也創造出數位大街來。成年人為了解決上網安全的問題，大多數人的反應是把青少年和成年人隔離開來，限制青少年的網路參與，追蹤他們在網上的一舉一動。對於網路性侵的宣揚，呼喚恐懼來合理化隔離。但不管是成年人或機構監控，都無法幫助那些在生活中苦苦掙扎的孩子。對於新媒體，我們不應該把自己和青少年隔離開來，而是要把握這個獨特的機會，利用網路的揭露特性，去關注青少年生活所面臨的嚴峻和複雜狀況。要讓世界變得更安全，需要大家一起來關注社區發生的事情，而不能只是自掃門前雪。我們要讓擔心的大人和青少年都睜開雙眼，盯緊數位大街，找到那些在生活中苦苦掙扎的孩子。我們要關注的是衍生危險行為的癥結，從根本上解決那些問題，而不是散播一些只會造成誤導的迷思。恐懼並不能解決問題，設身處地的同理心才有用。

NOTES

1. Williams, "MySpace, Facebook Attract Online Predators"; Poulsen, "MySpace Predator Caught by Code. "

2. Elmer-DeWitt, "Online Erotica."

3. 在《恐懼的文化》（The Culture of Fear）中，社會學家格拉斯納（Barry Glassner）詳細描述美國社會利用恐懼來規範各種日常事務。他指出我們對於風險評估其實很差勁，很多恐懼都有前因後果，但媒體報導讓大家以為都是風險問題。哈吉泰和我也研究過家長對於上網安全普遍感到憂慮和恐懼的情況，請參見："Connected and Concerned"。

4. Rovner, "Molesting Children by Computer"; Wetzstein, "Anti-Porn Group Targets On-Line Activities"; Lennox, "E.mail."

5. Kelleher, "With Teens and Internet Sex, Curiosity Can Become Compulsion."

6. Valentine, Public Space and the Culture of Childhood.

7. Jahn, "National Youth Rights Association—Analysis of U.S. Curfew Laws"; Favro, "City Mayors."

8. Males and Macallair, "Analysis of Curfew Enforcement and Juvenile Crimes in California."

9. Quoted in Valentine, Public Space and the Culture of Childhood, 91.

10. Ibid., 27.

11. Cohen, Folk Devils and Moral Panics; Goode and Ben-Yehuda, Moral Panics; Springhall, Youth, Popular Culture and Moral Panics.

12. Jack, Woman Reader.

13. Hadju, Ten-CentPlague.

14. Youth, Popular Culture and Moral Panics.

15. Finkelhor, "Internet, Youth Safety and the Problem of 'Juvenoia.' "

16. Cassell and Cramer, "High Tech or High Risk."

17. Marwick, "To Catch a Predator?"

18. Adler, "To Catch a Predator."

19. 詹金斯（Henry Jenkins）和我在 2006 年 5 月 27 日於「麻省理工學院技術講座」（MIT Talk Tech）刊文批評「網路侵害肅清法案」，請參見：http://www.danah.org/papers/MySpaceDOPA.html。

20. 2007 年美國總檢察署指派「網路安全技術小組」，由帕佛雷（John Palfrey）、薩科（Dena Sacco）和我一起主持，要求針對網路性侵防治找出技術性解決方法，包括年齡認證技術

等等。我們分析了現行研究和一些技術性措施，結論是年齡認證並無助於防止兒童在網路上遭受性剝削，因為媒體所描述的性侵犯根本是誤導。我們最後一篇報告〈兒童安全強化與網路技術〉（Enhancing Child Safety and Online Technologies），請參見：http://cyber.law.harvard.edu/pubrelease/isttf/

21. Lessig, *Code*.

22. Stern, "Expression on Web Home Pages."

23. boyd and Hargittai, "Connected and Concerned."

24. Nelson, *Parenting Out of Control*；Stearns, *Anxious Parents*；Furedi, *Paranoid Parenting*.

25. Hammel-Zabin, *Conversations with a Pedophile*.

26. Bernstein and Triger, "Over-Parenting."

27. Snyder and Sickmund, *Juvenile Offenders and Victims: 2006 National Report*; Mitchell, Finkelhor, and Wolak, "Internet and Family and Acquaintance Sexual Abuse"; Finkelhor and Ormrod, "Kidnaping of Juveniles."

28. Finkelhor and Ormrod, "Kidnaping of Juveniles."

29. National Center for Missing and Exploited Children, "CyberTipline: Annual Report Totals"; Calpin, "Child Maltreatment"; Finkelhor and Jones, "Updated Trends in Child Maltreatment, 2006."

30. 根據史奈德（Howard N. Snyder）著作《幼兒性侵報案紀錄報告》（Sexual Assault of Young Children as Reported to Law Enforcement；2000 年），兒童性侵受害者 84%年紀在 12 歲以下；12 歲至 17 歲受害者遭到性侵的場所，有 71%是在自家或性侵犯家中發生。關於性侵害的其他趨勢資料，請參見：Jones, Mitchell, and Finkelhor, "Trends in Youth Internet Victimization"；Shakeshaft, "Educator Sexual Misconduct"。

31. Finkelhor, Mitchell, and Wolak, "Online Victimization."

32. Wolak, Mitchell, and Finkelhor, "Online Victimization of Youth."

33. Ybarra, Espelage, and Mitchell, "Co-Occurrence of Internet Harassmentand Unwanted Sexual Solicitation Victimization and Perpetration"; Wolak, Finkelhor, and Mitchell, "Is Talking Online to Unknown People Always Risky?"

34. Wolak, Finkelhor, Mitchell, and Ybarra, "Online 'Predators' and Their Victims"; Finkelhor, *Childhood Victimization*; Mitchell, Wolak, and Finkelhor, "Are Blogs Putting Youth at Risk?"; Ybarra and Mitchell, "Prevalence and Frequency of Internet Harassment Instigation."

35. Mitchell, Finkelhor, and Wolak, "Internet and Family and Acquaintance Sexual Abuse."

36. Hasinoff, "Information, Consent, and Control."

37. Erdely, "Kiki Kannibal."

38. Bergman, "Dating Violence Among High School Students"; Canterbury, Grossman, and Lloyd, "Drinking Behaviors and Lifetime Incidence of Date Rape"; Davis, Peck, and

Storment, "Acquaintance Rape and the High School Student"; DeKeseredy and Schwartz, "Locating a History of Some Canadian Women Abuse"; Vicary, Klingaman, and Harkness, "Risk Factors Associated with Date Rape."

39. Berardo, Appel, and Berardo, "Age Dissimilar Marriages."

40. "Mothers Think Teens Were Lured Away by MySpace.com Suitors."

41. Jenkins, "Congressional Testimony on Media Violence."

42. Gaines, *Teenage Wasteland*.

43. http://www.youtube.com/watch?v=vOHXGNx-E7E

44. Wells and Mitchell, "How Do High-Risk Youth Use the Internet?"

45. Wolak, Finkelhor, and Mitchell, "Is Talking Online to Unknown People Always Risky?"; Wells and Mitchell, "How Do High-Risk Youth Use the Internet?"

CHAPTER 5

霸凌：
社群媒體會強化惡意和殘忍？

我在北卡羅來納州的星巴克看到 17 歲白人女孩阿碧蓋兒（Abigail），就被她的風度翩翩所折服。她是很厲害的游泳健將，正在申請幾所很棒的大學，例如喬治城和布朗大學。她很想進去布朗大學，可是布朗大學的游泳隊不太強，而那些積極招募她的學校在學術表現方面又比不上布朗。她在說明自己的決策過程時，刻意表現出典型上層中產階級白人青少年的優雅和信心，希望我對她會有好印象。不過我們的談話繼續下去，轉向更多個人主題時，我開始發現她有點欠缺自信和疑惑，尤其是談到交友和人際衝突時。

　　當我跟阿碧蓋兒談話時，我的同事瑪威克則在對面的房間採訪她 14 歲的妹妹，不過兩邊互相聽不到談話內容。我大概看了那邊的採訪狀況，不禁對這對姊妹的行為舉止的差異有點想法。妹妹艾絮莉（Ashley）跟阿碧蓋兒很不一樣，似乎一點也不在乎成人的肯定。她懶散地雙手抱胸，一副叛逆的樣子。我開始懷疑這對姊妹平時是如何相處。[1]

　　後來我問阿碧蓋兒，她跟她爸媽在 Facebook 上關係如何時，她說到她妹妹。像是要格外說明什麼似的，阿碧蓋兒說她媽媽對她的方式跟對艾絮莉不同。我請她詳細說明一下。她變臉地嘆口氣，像是想到家裡長久以來的問題。阿碧蓋兒說她才是家裡的小乖乖，媽媽則不太信任艾絮莉。這麼說出來以後，阿碧蓋兒又急忙為媽媽的差別待遇做辯解，強

調是艾絮莉很愛惹麻煩。

阿碧蓋兒解釋說，艾絮莉四年級的時候，曾經利用即時通訊軟體跟朋友講學校某個女孩子的壞話。

後來那個女孩子發現了，演變成霸凌事件，我媽很生氣，就禁止她再玩即時通訊軟體。等到她年紀夠大，可以玩 Facebook，因為她朋友都在上頭，我媽也去開了帳號好監視她。

阿碧蓋兒細數妹妹在學校招惹的麻煩，又說她故意在 Facebook 上張貼一些令人尷尬的訊息，讓阿碧蓋兒在朋友面前很丟臉。說這些事情時，阿碧蓋兒顯得很不自在，所以我也沒有逼問太多。後來我把錄音機關掉，我們一起等瑪威克和艾絮莉完成採訪時，我又隨口問起艾絮莉的事。這時候感覺比較平靜的阿碧蓋兒才說，她覺得她妹妹很霸道。她說她不相信妹妹，同時也覺得她很可憐。阿碧蓋兒認為艾絮莉似乎不明白她凶巴巴地傷害了別人。阿碧蓋兒說，她曾經試著要幫助艾絮莉，讓她看見自己的態度和行為造成了什麼後果，但並不成功，後來她也不再開導妹妹。她媽媽和學校的人都一直在限制和處罰艾絮莉，讓艾絮莉很挫敗，也更不願意合作。

當我跟阿碧蓋兒談話時，艾絮莉對瑪威克說她那個社區中很少公然霸凌，她在學校看到的惡意和殘忍，通常是採取她所謂的「間接霸凌」形式，例如透過謠言、八卦，或是一些「戲劇衝突」。艾絮莉跟瑪威克說了許多學校和班級裡頭發生的事情，例如男孩子嘲笑啦啦隊長的飲食習慣，說誰可能懷孕啦、誰又把上誰、誰喝醉酒幹了什麼蠢事，這些似乎都像是家常便飯。艾絮莉還談到學生在學校拉黨結派的情況，誰得勢、誰失勢，誰得到大家注意、誰讓大家瞧不起，一些同學在競爭、嫉妒和不信任的狀況下忽敵忽友。

　　我跟瑪威克一起檢討採訪筆記時，她發現到艾絮莉會講別人的八卦或用一些侵迫方式來強化自己的社交，但否認挑起任何衝突。艾絮莉對那些八卦津津樂道，就跟她說她喜歡看電視劇主角發生什麼事，其實是一樣的。她喜歡探查身邊的人發生什麼事情，甚至置身於這些事件之中。她還告訴瑪威克，她覺得媽媽和姊姊對她惹上的糾紛都反應過度，並為自己的反應提出辯解，看看別人怎麼對她，她會那樣對待別人也只是剛剛好而已。一旦雙方出現衝突時，艾絮莉都認為是對方先挑釁，她只是被迫反應。雖然她不介意反擊，但她也不明白別人在生什麼氣。

　　艾絮莉的行為，和她跟阿碧蓋兒對這些行為的認知差異，揭示了青少年和成年人對於衝突的認知與看待上的某些

緊張關係。言語上的霸凌和衝突常常會出現，其中涉及的行為可說是花樣繁多，那些霸凌和衝突並不容易辨識，而且學校裡的衝突也往往跟網路媒介化的惡意和殘忍混在一起。

像艾絮莉和阿碧蓋兒住的這種社區，都很注意社群媒體盛行之後帶來的「網路霸凌」。儘管數據顯示剛好相反，很多家長和記者還是以為社群媒體激烈助長了霸凌。[2]因為媒體的炒作，認為青少年自殺似乎是因為同儕欺壓所致，民眾也極為熱中掃除霸凌；不過，媒體對於那些案件的描述常常不正確。[3]截至2012年為止，立法機構已經採行一百三十一項反霸凌法案，全美四十八州和聯邦政府也都曾依法處理霸凌案件，其中包括針對網路互動的法條。[4]

那些細微之處經常掩沒在驚慌之下，新聞報導通常不會解釋，比方說，同樣是人際衝突，阿碧蓋兒和艾絮莉對那些事情的說法怎麼會相差那麼多，也不會讓你知道她們所說的狀況其實很常見。記者拿到和公開的資料，都說大多數青少年曾遭到霸凌，但卻很少真的去分析其中的涵義。也很少人會考慮到，青少年對於這些事情的理解，又是如何受到廣泛文化習俗和態度的影響。要解決這些問題，必須先理解其中的輕重緩急，才能據此擬定干預策略。

數位時代的霸凌定義

對於青少年的惡意和殘忍，過去四十年間學者已展開多方面的研究，但至今對「霸凌」還是沒有一致的定義。研究人員對於定義和處理霸凌問題仍然莫衷一是，看法分歧，不過其中以瑞典心理學家歐維斯（Dan Olweus）最為學界接受。歐維斯在 1970 年代將霸凌從其他青少年侵犯行為區別出來，認為霸凌最主要有三個組成元素：侵略性、重覆性和權力不平衡。[5] 當青少年侵犯行為涉及這三個要素時，即可稱為「霸凌」。接受歐維斯定義的學者認為霸凌是身體和社會權力占優勢者對另一弱勢者，重覆地施以心理、生理或社交侵犯。這個定義符合我們經常看到的刻板狀況，即體能上的大孩子會欺負小孩子，或者是人際上比較受歡迎的青少年會一再地講壞話欺負那些受到排斥的孩子。

要是接受歐維斯的定義，那麼個人的騷擾行為，或者只發生一次的鬥毆就不能說是霸凌。互相侵犯的行為也不能算是，例如原本的好朋友因為起爭執，互相說對方的壞話，這也不能算。並不是說這些行為不會傷人，當然會傷人，但就歐維斯的定義而言，重覆性和權力差異都是重點。因此這些同儕侵犯都是傷害別人的行為，但不能說是霸凌。

大眾並未接受學界的霸凌定義，大人們說到霸凌時，更

常常把它當做是個總稱。我在進行田野調查時，遇到一些當爸媽的不管是看到什麼嘲笑、逗弄、欺負的行為都說是霸凌，即使跟他們的孩子毫無關係。另一個極端是，新聞媒體對一些青少年的嚴重犯罪行為也都稱為霸凌，而不使用像是「跟蹤」、「騷擾」或「虐待」等用詞。諷刺的是，青少年常常使用「霸凌」來指稱歐維斯描述的那些事情，但成年人及新聞媒體對這個詞的用法則顯得太過寬鬆。

我們在前一章談到的加拿大 15 歲少女阿曼達在 YouTube 網站貼影片，公開她的狀況後自殺身亡，許多媒體大幅報導，說是霸凌導致她的死亡。雖然霸凌對於阿曼達的慘劇一定扮演了相當角色，但她貼出的影片也說到有個陌生人跟蹤、性騷擾，還勒索她，後來又有公然羞辱、騷擾和身體折磨的慘事。她說她曾以自殘手段來逃避這些痛苦，幾次轉學，最後還是遭到孤立、疏離，而陷於身心失落。阿曼達所言有一部分，特別是她跟同學相處的狀況可以說是霸凌，但是光說她遭到霸凌，反而掩蓋了那些顯然涉及犯罪的嚴重騷擾，那些才是造成她痛苦的癥結所在。要是輕微的嘲弄、欺負和可怕的侵犯行為都被當做是「霸凌」，那麼大眾就難以充分理解霸凌到底是什麼意思。

網路技術的發達，又讓大家對於霸凌的理解更趨複雜。有些人以為「網路霸凌」是一種新現象；其他人則認為科技

只是提供一個霸凌的新場所，在網路發達之前，也有人在電話上遭到霸凌。社群媒體能夠加強霸凌的透明度，但我們對於這項功能至今仍然看法分歧，這才是比較危險的地方。網路科技無疑可以增加見證規模，但對於霸凌輪廓的激烈改變及其深刻影響仍不是很清楚。

　　網路公共空間的霸凌擁有持久性和能見度等特質，讓我對於霸凌的構成和理解增加了一些新層面。青少年之間那種殘酷的互動都會在網路上留下痕跡，讓大家看到發生了什麼事。雖然能見度的提升也會讓霸凌事件的精神傷害顯著加大，這個結果讓某些人得以擴大攻擊強度。於是有人會認為科技讓霸凌的傷害和破壞變得更嚴重，儘管青少年一直表示他們對學校裡頭的霸凌感受到更大的壓力。[6] 要是騷擾狀況達到阿曼達那種程度，科技的介入顯然是會讓人受到更久的傷害。但是大多數遭到霸凌的人所面對的殘酷並沒到那種程度，所以要是把霸凌都看做是阿曼達的案子那樣，也會扭曲實況。

　　網路公共空間的能見度和持久性等特質，都會讓更多人親眼目睹霸凌行為。但同樣的，這些特質也會為我們創造出干預的機會。要是小孩回家帶著黑眼圈，你會知道他大概是跟人打架了；但要是孩子回家顯得悶悶不樂，那原因可就多得說不清了。除非孩子或學校告訴我們，不然當爸媽的也很

難搞清楚到底發生了什麼事。而青少年很可能根本不會跟父母或師長分享他們的人際互動，就算是非常興奮或非常痛苦的事也都不說。但是透過社群媒體，這些日常互動都會留下痕跡。

網站 Tumblr 裡頭有許多 GIF 動態圖檔，反映著青少年的興趣和品味。Instagram 網站上則是青少年分享吃喝等等生活的照片，以加強友誼。Facebook 上滿是人際互動，從最平凡的事到令人吃驚的訊息都有。這些資訊都能為父母和關心的旁觀者創造機會，讓他們跟青少年針對日常生活展開對話。同時很重要的是，關心的旁觀者不能在社群媒體上斷章取義，而不從整個情境來解讀這些訊息。

當家長認為監督才是確保孩子安全最好的方法，他們會追蹤孩子在網路上的一舉一動，或者直接在背後偷看他們都在網路上分享一些什麼事情。而我們在〈隱私〉那一章也討論過，青少年對於父母監視的回應，往往就是把話說得更加隱晦難解。爸媽在網路上監視，常常可以看到各式各樣的惡意和殘忍，但他們也可能分辨不出到底是真的惡意攻擊，或者只是在開玩笑。很多成年人不知道要利用網路能見度和持久性的特質來理解自己的孩子，反倒是看到一些事情就急急忙忙地下結論。當他們在網路看到惡意攻擊，發現有人欺負他們的小孩，卻往往不會注意到自己的孩子也可能這麼做，

傷害其他孩子。結果網路能見度的特質不但沒有開始孩子與爸媽的對話機會，反而讓爸媽和其他成年人對於霸凌的理解更加複雜。

誰的錯？

女孩泰勒（Taylor）14 歲時才轉學到波士頓的新學校，當時她覺得自己真像是外地來的，她的髮型、服裝都是之前西岸學校的典型風格，但新同學們則認為她帶點藝術氣息，是個龐克流行風的白人女孩。但她覺得自己笨拙又害羞，不太敢跟同學交朋友。不過克里斯（Chris）例外，她跟他倒是很快就認識了。他在同儕眼中也是帶點藝術風的外來客。經由克里斯，泰勒又認識了柯里（Cory），他是克里斯的鄰居兼老友。這三個人開始混在一起，很快就同進同出，形影不離。三年後，泰勒和柯里的友誼又向前邁進一步，他們開始約會了。這時候克里斯很吃醋，柯里以為克里斯是嫉妒他跟泰勒約會，但他沒想到的是，克里斯其實是同志，他對柯里比對泰勒還感興趣。這時候事情就麻煩了。

起初，他們的關係變得很尷尬。克里斯開始跟爸媽吵架，也會攻擊柯里和泰勒。他在學校和網路上說泰勒的壞話，叫大家不要跟她講話。泰勒雖然傷心，但也只是跟克里斯保

持距離，並未回應。然而她的沉默讓克里斯更火大，他採取報復行為，破壞她的置物櫃，撕破她的課本，還在置物櫃上頭噴漆，罵她是「賤人」。

跟許多學校一樣，泰勒的學校對霸凌採取「零容忍」政策。克里斯破壞學校公物，當然馬上為自己惹來麻煩，學校毫不姑息地立即施以懲罰。從學校的角度來看，克里斯是在霸凌泰勒，儘管泰勒並不這麼認為。她知道克里斯對自己的性取向很苦惱，也知道他生氣是因為他認為她偷走了柯里。她還知道克里斯不敢向他信教虔誠的爸媽坦承自己是同性戀，所以才會有這些自毀的侵犯行為。雖然他不斷地釋放惡意，讓她苦不堪言，但她也很擔心克里斯。她想幫助他，但也想尊重他不出櫃的決定。她希望他別再鬧了，但也希望學校和他爸媽不要再懲罰他，因為她知道這樣做並無好處。最重要的是，泰勒擔心要是大家都對克里斯反感，他可能會做出一些更糟糕的事情，例如傷害自己。所以泰勒還是決定不要揭露克里斯是同志的事實，但學校繼續懲罰他，也敦促家長嚴加管訓。克里斯繼續攻擊泰勒，每當校方介入，情況就更加惡化。直到學年結束，泰勒才鬆了口氣。

霸凌對施與受雙方，都會造成嚴重後果。[7]霸凌並不是以折磨他人為樂，那是反社會分子。會霸凌別人的人，通常是因為自己也有一些嚴重問題的困擾。很多青少年會攻擊他

人，就跟克里斯一樣，是因為他們在身分認同或心理健康方面有嚴重的問題；也有些人是因為在家裡受到虐待才有這樣的反應。所以施與受雙方其實都在承受惡意和殘忍，這也讓大家更難以同情那些施暴者。

許多學校以處罰的方式來處理霸凌，而且越來越多的法律也做此要求，但是這麼做對霸凌狀況卻沒什麼幫助。[8] 就跟泰勒那個案例一樣，學校和家長的介入反而讓情況更加惡化，因為那些大人根本不了解實情。要是年輕人認為大人往往反應過度，或者不去理解那些人際互動之間的複雜，那麼他們也不會特別努力表達自己碰到什麼困難。以泰勒的狀況而言，她還可以找她媽媽幫忙，向她解釋來龍去脈。雖然學校決策對她毫無助益，她仍然能從家裡獲得的支援來處理這件事。但很多青少年並沒有這樣的幸運。

說到「霸凌」的時候，通常都假定其中有人施暴、有人受害，成年人面對這種狀況，往往專注於譴責施暴者、保護受害人，因此就看不出大多數衝突的複雜性質。一旦以懲罰為重點，大概就更沒有動機去了解懲罰是否會造成暴力惡性循環。「零容忍」政策不但常常不公平，而且也沒什麼效果，還會帶來不健康的人際互動，造成更大傷害。換句話說，這些政策反而造成原來想要抑制的霸凌。

要是成年人把人際衝突都當做是霸凌，只想從中找出誰犯錯、誰必須懲罰，這也等於是喪失寶貴機會，幫助青少年處理複雜的人際互動和他們面對的社會挑戰。霸凌是必須解決的重要問題，但是要了解成年人定義為霸凌的眾多惡意和殘忍，我們必須先仔細檢視青少年使用的語言，以及他們周遭的文化規範。

青少年的戲劇衝突

　　雖然很多成年人看到青少年之間任何形式的惡意和殘忍都說是「霸凌」，但青少年自己對於這個詞的用法倒是比較保守。很多人會很快地回答說，霸凌在他們的同儕關係中並不是重要問題，而且要他們舉出霸凌的具體實例時，他們所描述的是某些人因為跟大家都不一樣而持續受到折磨和騷擾。這並不是說他們故意忽視其他形式的惡意與殘忍作為，只是會用不同的話來表述。我在亞特蘭大採訪了兩位 15 歲的白人女孩，克蘿伊（Chloe）和維琪（Vicki），詢問她們在同儕中看到的狀況。我問在她們學校是否有霸凌問題，克蘿伊回答說那個問題不大，因為她們學校是教會學校。我又問到女孩都會講的八卦和謠言，克蘿伊和維琪開始討論起各種不同類型的八卦，都是她們在網路上看到或在學校聽到。但她們認為這些八卦和謠言也不能說是霸凌，有一部分是因

為那些遭到八卦攻擊的當事人往往很快就會為自己反擊。換句話說，克蘿伊和維琪認為這些人際衝突中並沒有看到雙方在權力上有什麼不平等，因此不會用「霸凌」來形容。

我跟同事瑪威克採訪時都一再聽到青少年說，霸凌的情況並不像成年人以為的那麼嚴重。這些青少年都很有信心地跟我們說，霸凌是「中學生才會」，「長大以後就不會啦」。他們把霸凌定位為「不成熟」，北卡羅來納州 17 歲黑人青少年迦勒伯（Caleb）對瑪威克說：「等到進入高中，霸凌大概就沒啦。」青少年說他們學校沒有霸凌之後，一些事情依大人的標準很容易會被視為霸凌，不過青少年會用不同的名稱來表述，例如：八卦和謠言、惡作劇和胡鬧，以及最重要的「戲劇衝突」。

在了解青少年對於衝突的看法時，瑪威克和我也對他們流行用「戲劇」這個詞來形容衝突，越來越覺好奇。青少年經常使用這個詞來形容各種形式的人際衝突，從無傷大雅的開玩笑，到因為嫉妒導致攻擊的嚴重衝突都包括在內。這裡頭有許多狀況成年人都會視為霸凌，但青少年只覺得很有戲。根據我們對青少年的採訪和了解，瑪威克和我把這種「戲劇」定義為：「發生在一群活躍的相關群眾之前，帶有表演、宣示意味的人際衝突，常常是發生在社群媒體上。」[9]

說它像是一場戲，並不只是名稱上取代「霸凌」而已。我們說「霸凌」時，很自然地假設其中有人施暴、有人受害，但把這些衝突看成是一場戲，就讓涉身其中的青少年得以撇除情緒上的負擔。這場「戲」不會自動將任何人定位為攻擊目標或施虐者。參與這場戲的人不必考慮自己在其中是強是弱，只要當做是參與一個更為寬闊，而且通常具有規範性質的社交過程。即使有些人是這場戲的中心，他們也有機會做出回應，讓他們感受到自己的力量，即使覺得受傷或痛苦。波士頓 17 歲拉丁裔女孩卡門（Carmen）對我們說：「說是一場戲更合適，因為雙方都會反擊。我想只要你會反擊，就不能說是霸凌，因為你可以保護自己。」這也符合歐維斯的看法，他認為權力差距是霸凌的基本元素，所以這種不以權力為核心的衝突需要另創名詞來指稱。這也解釋了為什麼艾絮莉把自己碰到的那些衝突當做是場戲，而不是霸凌。

　　我們遇到的青少年，大多數都能清晰地描述他們經歷或目睹的戲劇衝突的例子。很多人也認為社群媒體是這類戲劇衝突逐漸增加的關鍵因素。有些人會覺得搞起一場戲既好玩又解悶。比方說，當我問起西雅圖 17 歲白人女孩薩曼莎（Samantha）關於講八卦的情況，她說她無聊的時候最喜歡在網路上自己「開一場戲」，觀看大家對於八卦的反應，算是無聊功課的解脫吧。另外一些人則把戲劇衝突當做是友誼測試，從中可以觀察自己受不受歡迎、地位如何。戲劇衝

突也是博取關注、排解「性」趣，以及疏導憤怒和挫折的手段。雖然我們聽到男孩和女孩都會用「戲劇衝突」這個說法，但這個詞還是帶有性別特徵，有些青少年所說的戲劇衝突完全是女孩子才會做的事。愛荷華州 18 歲的白人男孩沃夫（Wolf）跟我分享的故事如下：

> 我妹妹和她那些朋友啊，她們互相生氣的時候，就會貼一些最惱人的圖片，讓對方火大。她們就這樣嗆來嗆去，罵來罵去……一整天下來，大家都準備撲上去撕咬。

這種利用社群媒體擴大衝突的情況，沃夫認為女孩才會這麼做。我們採訪的男孩子很少用戲劇衝突來形容那些事情，而是說惡作劇或惡搞。

我跟瑪威克在北卡羅來納州採訪到崔佛（Trevor）和馬修（Matthew），這兩位 17 歲白人高三男生是好朋友。他們喜歡發動一些讓人難堪的惡作劇，認為這種事情很好玩，即使可能有人在這個過程中受到傷害。要是可以的話，他們會在網路上惡作劇，因為這樣大家才都看得到。有一回馬修離開自己的電腦，卻還掛在 Facebook 上忘了登出。崔佛發現這個機會，就在馬修不知道的狀況下，利用他的帳號發布一則動態更新。崔佛是要馬修出糗，讓大家看他的笑話。

那天稍晚馬修還沒發現崔佛在他的Facebook上動手腳，直到放學後去停車場打工時，有個同事關心地問起學校不准他上課的事情。馬修一開始是一頭霧水，但很快就知道他的同事在 Facebook 上讀到了什麼。他登入之後才發現，他的最新動態更新說他被學校停課，因為他勃起頂翻了女同學的課本。那則更新還有一段他的抱怨，說這不是他的錯，他無法控制自己啊，老師應該同情他才對。[10] 超多同學都進來留言，有些人以為真有其事，其他則是當笑話看。崔佛的惡作劇讓馬修很難堪，但也沒有因此就翻臉。雖然同學一直在取笑他那則貼文，不過他也偷偷在想點子，要跟崔佛討回這筆帳。

崔佛和馬修對於互相惡搞也許覺得有趣，但這些惡作劇或胡鬧未必都是不帶惡意。洛杉磯的 15 歲印地安與瓜地馬拉裔混血女孩安娜—賈西亞（Ana-Garcia）就曾經說過她弟弟在幾個不同的社群媒體上假扮她的事情。雖然她弟弟常說這只是好玩，故意招惹她生氣，但她認為弟弟其實帶著惡意，因為爸媽對她比較好。而且她的朋友也常常沒發現有些貼文其實是弟弟假扮她，這又讓她更加沮喪。曾經有過好幾次，她弟弟假扮她的貼文造成她跟朋友的誤會。雖然安娜—賈西亞對於弟弟破壞她友誼感到很火大，但她在我面前還是裝著不在意，說那是弟弟還小不懂事。

這些胡鬧是否殘忍，不在於行為本身，而是要看原本的意圖是什麼，對方的感覺和經驗又是如何。在一些強調忍耐的社區，有些青少年會覺得必須接受朋友的殘忍對待，既使覺得痛苦。但青少年可能不願意承認這是霸凌，因為他們不想把自己當做受害者，但這也不代表他們不認為自己受到攻擊。他們在眾人面前也許還是付諸一笑，因為覺得這樣的反應才是大家的期待。對於這些戲劇衝突，他們會故意忽略任何負面的情緒反應，因為不想被同儕看到他們軟弱的一面。

　　除了會發生的一些人際衝突以外，青少年也很在意別人對他們的看法。科技會讓戲劇衝突的撞擊力道加大，同時也可能成為發洩惡意的新機制。2010 年時，有一種為專業人士設計的問答服務 Formspring，突然在美國高中生之間大行其道。後來這個網站很快就引發各方爭議，因為在那些問答之中帶有霸凌意味。Formspring 的服務可以跟 Facebook 帳號做連結，任何人都可以在 Formspring 上匿名發問，有人回答時，問題和回答都會自動貼在他的 Facebook 動態牆。有些問題當然是沒什麼（例如：「你最喜歡什麼顏色？」），但有些卻是帶著惡意（「你它媽的為什麼這麼賤呢？」）。這個情況讓家長、教育工作者和記者們都很生氣，很多人認為應該禁止 Formspring 服務，因為這是助長大家匿名發洩惡意。

當新聞媒體一直在討論這個網站的匿名貼文會帶來什麼狀況時，我對於大家對Formspring的解讀是越看越糊塗。大多數使用這個網站的人也不了解的是，要是你不去回答那些問題，它根本就不會出現在你的個人網頁上。那麼青少年幹嘛要回答那些帶有冒犯意味的問題呢？我實在很不能理解，於是我連繫了那家公司，請他們協助我了解整個狀況。針對一些最糟糕的個案加以調查之後，Formspring公司的代表發現到一個模式。有許多貼出問題的「無名氏」，其網路協定IP位址跟回答問題的用戶是一樣的，而且這些問題通常是一貼出之後，馬上就有人回答。儘管也有可能是同一間屋子裡的兄弟姊妹貼問題及回答，但這個可能性大概很小吧。最有可能的就是某些青少年自己匿名貼出這些帶有惡意的問題，然後又自己回答。換句話說，這些青少年可能是在進行數位化的自殘行動，藉以吸引關注、支持和肯定。

　　令我驚訝的是，這種數位自殘狀況竟然比我了解的還要多。心理學家英格蘭德（Elizabeth Englander）調查發現，9%的青少年會利用網路霸凌自己。[11] 而這麼做的人裡頭，大約有三分之一還覺得很滿意，認為自己就是想要那樣的結果。這種做法雖然不普遍，更談不上大多數，但也使得尋求關注和參與霸凌之間的分別更加複雜。

　　在個人、人際和社交動態裡頭，惡意與殘忍行為、惡作

劇和胡鬧、講八卦和霸凌，還有數位自殘等等都混在一起。青少年一直很努力在探索自我，了解彼此之間的關係，摸索融入寬廣世界的意義。他們面對適應的壓力，在聆聽周遭訊息的同時，努力去了解什麼是可以接受、符合規範的。不管會變得更好或更壞，他們現在所做的，大多是要搞清楚自己站在什麼位置。

尋求社會地位

在《怪胎、科技宅和小酷孩》（Freaks, Geeks, and Cool Kids）一書中，社會學家米納（Murray Milner Jr.）分析美國青少年的社會地位系統，記錄了許多行為，從拉黨結派到炫耀性消費，也就是利用購買服飾和其他物品來向他人炫耀。在解答「他們為什麼要這麼做？」時，米納解釋說，儘管青少年比兒童擁有更多自主權，但在生活許多方面仍然欠缺行為能力。當他們四處都會接觸到一些區分大人和小孩的訊息，包括一些年齡限制，例如喝酒、看電影、進夜店、開車、投票，或者只是夜晚在外遊蕩等等，都會提醒他們在經濟和政治權力方面受到許多限制。米納解釋說：「但是有一個領域，他們的權力最大，就是他們可以控制對於彼此的評價。他們擁有的這個權力，就等於是象徵地位的權力，可以根據自己的標準來創造地位系統的權力。」[12]

由於美國社會結構和對於兒童的諸多限制，青少年也學會評價社交訊息是發展社交關係的一部分。青少年開始說長道短講八卦，做為自己社會地位的標示，社交戲劇衝突於焉開展。在學校裡頭，八卦消息和謠言像是一種社交媒介，讓社交階層和各種小圈圈得以發展和維繫。[13] 青少年利用八卦消息來區別他我，藉由鄙視他人來襯托自己受歡迎。

　　我在密西根州採訪的桑默（Summer）是 15 歲的白人女孩，她說她最好的朋友最後變成最大的敵人。凱蒂（Catie）和桑默從小學時代就很親近，但是到了中學時友誼出現裂痕。凱蒂開始對外宣揚一些桑默跟她說過的私密話，而且是加油添醋放送八卦，導致兩人漸行漸遠。桑默非常傷心，對此她不知所措。她想要當做什麼都沒發生，可是辦不到。那些八卦可說是真有其事，但都是個人隱私，過去因為桑默信任凱蒂不會跟別人說，才會告訴她。後來情況越演越烈，又有新謠言四處散播，在學校流傳。桑默也搞不清楚這些謠言是怎麼流傳開來的，她懷疑身邊那群朋友的各種通訊方式大概都有嫌疑，包括口頭、電話或即時通訊軟體。她想反擊，但只會把事情越弄越糟。桑默發現自己在同儕中孤立無援，沒有人願意挺她。到最後她完全被打敗了，在家長的支持下終於轉校。桑默這個決定非常正確，因為她在新學校裡頭更快樂，也更自在。

桑默和凱蒂曾經是非常親密的朋友，她們會分享所有的事情。桑默說她很信任凱蒂，然而在她們年紀漸長之後，凱蒂開始跟學校裡頭一些很受歡迎的小孩結交為友。如今回頭來看，15 歲的桑默認為凱蒂拒絕的是 11 歲的她，因為她在學校不夠受到歡迎。雖然她覺得很難過，桑默認為凱蒂是藉由攻擊她，讓她人氣變得更好。

　　不幸的是，像這種為了追求人氣和地位，好朋友反目成仇的情況可說是相當常見。這其中有些人是居心不良，或者出於嫉妒，或者是察覺某些錯誤而做出的回應。有些人會展開心理戰，折磨或是騷擾那些他們曾經喜歡的朋友。也有人則是築起沉默的牆隔絕彼此，拒絕再跟對方連繫，希望他會因為自討沒趣就自己離開。這些友誼的分裂有時是安靜而幽微，但更多的是激烈火爆，常常伴有八卦謠言和戲劇衝突助長其勢。

　　青少年在爭取人氣和地位時，社群媒體服務也扮演了重要角色，因為它們讓訊息的散播更容易，也讓青少年更能跟上不斷變化的學校動態。這些科技產品也讓大家更容易維繫社交關係，為社交訊息的傳播提供基礎設施。像是利用 Facebook 這樣的工具，青少年可以輕易掌握同學的生日、朋友之間的分分合合，以及符合社交禮節的冒險活動，展開對話和提供支援。然而，容易分享和讀取未必都是益處。社

群媒體方便訊息大放送，有些人可能為了維護地位、爭取關注，甚至只是消閒解悶，就輕而易舉地散播傷害他人的八卦謠言。這些是好是壞的動態，往往交互纏繞，糾結不清。

住在愛荷華州的波多黎各 18 歲女孩卡奇（Cachi）告訴我，Facebook 的「訊息動態」真是太方便了，因為這讓她可以「追蹤到誰在跟誰講話」。她透過 Facebook 可以掌握到諸多朋友跟誰在交往的蛛絲馬跡。卡奇認為知道這些人際互動很重要，如此才不會在別人面前說錯話或做錯事，讓自己難堪討沒趣。她想要知道朋友們的感情狀況，以免在他們面前講出失禮的話來。她說要是傻傻的什麼都不曉得，那就慘啦。卡奇喜歡 Facebook 這種功能，讓她能夠迅速掌握同儕的狀況。那些八卦新聞讓她能在適當的時機介入，維持自己的社交地位，或者分享他人的人氣。她很清楚社群媒體可能會讓小事放大，變成衝突，但仍然希望藉此掌握狀況，了解正在發生什麼事情。正是這些用來散播衝突的工具，讓她得以追蹤理解。

儘管八卦訊息的影響可能帶來很多問題，很多人也可能瞧不起那些散播八卦的人，但八卦訊息也不見得都會傷害到誰。事實上，人類學家鄧巴（Robin Dunbar）就曾指出，閒言閒語說些八卦也可以幫助大家建立連結關係。[14] 就跟卡奇一樣，很多人說閒話，是為了在社交群體中保有一席之地，

維持社交關係。展現自己的某一方面讓別人知道，是交結朋友的儀式，人跟人之間就是透過這種互惠來建立信任。我們會小心注意自己的生活，也會關注別人的生活，透過這樣對社交情勢的把握和更新，才能維繫彼此的關係。

雖然八卦閒話有它的用處，但是青少年交換的八卦很多既非無害，也不是出於善意。他們恣意散播的訊息很可能不是真的，或者是懷著惡意在散播個人隱私，比方說犧牲他人來討好一段友誼，或者只是想要摧毀誰的名聲而中傷對手。那些可以幫助我們建立人際連結的機制，也可能造成社交斷層。能夠獲得某人的資訊並做為武器，是社交中的一種權力形式。不管是好的八卦還是惡意中傷，都能幫助我們博取社交地位。地位越高的人，他的私密資訊就越有價值。當我們利用閒話八卦來強化權力結構，通常就會採取霸凌形式。我們要是知道某個人的私密資訊，那麼自己不必回報分享，就能利用那些資訊來獲得好處。所以大家都喜歡探人隱私，互相交換八卦閒話，這是最常見的八卦行為，也是資訊分享很不光明的一面。

八卦傳聞在社群媒體上彷彿有自己的生命。我們如果想要快速分享內容給其他人，利用社群媒體，就能輕易地將訊息散播出去。在 Facebook 散播八卦，不但能夠散播得又快又遠，而且持續時間也是過去在學校中散播謠言比不上的。

但這並不是說 Facebook 在創造八卦，而是想要散播八卦的人會來利用網路公共空間的功能。

　　我們都會分享一些自己覺得有趣的內容，而這又讓那些內容獲得更多關注。儘管大家都會分享一些有用或有趣的資訊，但很多人分享的卻是最讓人感到難堪、羞辱、怪誕、震驚，或者懷抱惡意或跟性有關的內容。因為分享資訊就是一種媒介形式，大家共享某些文化製品，即發揮連結作用，所以青少年會去找一些他覺得身邊的人會喜歡看的內容來分享。糟糕的是，一些最多人傳閱的網上影片，也就是所謂的「病毒式視訊」（viral videos），一開始卻是青少年上傳用以羞辱同儕。

　　「星際大戰小子」（Star Wars Kid）影片就是個經典例子，這支很多人觀看、分享的影片，讓一個十幾歲的男孩子非常難堪。2002 年的時候，有一位身材魁梧的 14 歲男孩自己拍了支影片，他在影片中揮舞著高爾夫撿球器，假裝是電影《星際大戰》中的光劍。一年之後，他有個同學看到這支影片，就把它轉成數位短片，上傳到網路。後來又有人再加以編輯，幫它配樂、配音，加上圖形等等特效。結果特效版的「星際大戰小子」很快爆紅，在網路上四處轉貼，也獲得許多媒體的關注。[15] 後來又衍生出更多的模仿和嘲笑版本，連喜劇演員「怪人奧爾」揚科維奇（Weird Al Yankovic）和

克提芬・荷伯（Stephen Colbert）都拍了自己的版本。雖然這支影片獲得廣泛關注，也創造出許多戲仿版本，但對於影片中那個青少年簡直就是災難一場。他的家人後來還因為他一直受到騷擾導致精神傷害，對一些同學提起訴訟。

從「星際大戰小子」影片的例子中，可以看出主角受到大眾公開羞辱，其實是影片在網路上得到廣泛關注和轉貼造成的附屬效果。當青少年成為謠言八卦的目標，或者他們的資訊受到不當散播時，也會遭遇一些意想不到或違背自己意願的關注，但程度上不會這麼嚴重。社群媒體讓社交分享和八卦閒嗑牙變得更加複雜，因為網路提供了讓資訊散播快速而深遠的平台，而大家又特別喜歡散播一些令人難堪的內容，因為總有些人覺得很有趣。散播型的媒體可以用來召喚有用的關注，也可以用來羞辱別人。[16]

我們可以選擇要在網路上散播什麼樣的內容，但是我們所利用的科技，會讓受到最多關注的內容，能見度也跟著提高。許多社群媒體的設計鼓勵大家多多關注動態牆或更新的資訊。於是乎，Twitter、Instagram、Tumblr 等等社群媒體服務上的照片、更新和留言源源不絕地送到青少年的螢幕上。要跟上所有這些動態，可是非常困難的，甚至讓你疲於奔命。對於這個問題，Facebook 是利用運算法找出最有趣的內容，讓它們出現在動態更新的最前頭。運算法會過濾掉大

部分內容，只讓用戶看到其中一小部分的網友動態更新。那些被挑選出來的，都是已經獲得很多關注，許多人上去留言、按讚的動態更新。Facebook 的運算法使得八卦機制臻於完美，就是為了讓網友關注達到極大化。

如今的社群媒體就置身在召求關注的經濟體系中，科技是用來捕捉及維持用戶的興趣。許多企業都想靠廣告來賺錢，成功與否的衡量就看瀏覽量和其他類型的用戶生產內容。那些顯示出「最受矚目」和「符合潮流」的內容，透過科技協助可以使得原本已經有的吸引力益形擴大。行銷人員都在想辦法操控科技來吸引他人的注意，但想要這麼做的人也不只是企業界而已。青少年也利用這些科技分享一些可能吸引同儕的內容，來爭取關注，不管那些內容是帶有啟發意味，或者可能造成傷害。在如此的生態系統中，獲取關注對於金錢和個人利益都很重要。

透過戲劇衝突來博取關注，並不是社群媒體才有，雖然有些青少年會利用科技這麼做，而這樣的事情也不是青少年與生俱來的本能。青少年學會利用戲劇衝突，就像他們學會其他博取他人關注的策略一樣。他們發展這些敏感能力的方法之一，就是透過名人文化，以及他們在當代娛樂事業中所看到的公眾人物戲劇互動的展示。

日常生活的名人文化

　　關注就像是一種貨幣，具有強大的社會和文化價值。青少年藉由觀察周遭發生的事情，了解到關注的價值、八卦的殺傷力和戲劇衝突的力量。從電視真人秀、八卦雜誌和名人新聞等媒體，可以學會如何操作關注，如何為戲劇衝突搧風點火來製造娛樂。青少年看到的廣告文化，揭示了由市場驅動的關注定價。青少年在學校裡頭觀察同儕向同學和老師爭取關注和尊重，開展戲劇衝突來擴大權力和提升地位。同時，他們在家裡也常常聽到爸媽閒話工作、鄰居和家人的事情。當社會嘲笑關注、八卦和戲劇衝突時，青少年也接收到明確的文化信號，表示會出現這些行為都很正常。青少年也許嘲笑某些同儕為了博取關注不擇手段，但他們也同樣知道關注很有價值，而且大家都這麼認為。他們對於學校裡頭的戲劇衝突可能感到怨嘆，卻又同時對電視上的實境戲劇津津樂道。青少年看看自己周圍就能看到八卦、戲劇衝突和博取關注的遊戲，莫怪乎他們會有樣學樣。

　　名人文化的規範，包括關注及戲劇衝突的政治張力，都會滲透到日常生活裡頭。[17] 青少年看到一些無名小卒變成知名人士，見證到許多實境明星上演戲劇衝突，網路上有許多人在尋求關注，一些傳統上的名人也會做這些事情。他們也會試著去吸引自己喜歡的明星注意，或者去嘲笑那些入迷的

粉絲，但他們大概也都曉得名人都需要關注，關注也會影響名人的地位。他們看到名人採取相同的手段，自己身為粉絲也一樣那麼做，這些都會影響到他們對於關注和地位應該如何操縱的理解。

社群媒體也讓我們可以操作一些名人手段。[18] 青少年可以、也確實會利用社群媒體為自己爭取關注，或讓其他人獲得大量關注。透過社群媒體獲得關注，可能是件愉快的事，也可能是場災難。它有時候是用來慶祝某些人的成就，有時候又是用來質疑和挑戰某些人。最重要的是，看到其他青少年和名人運用科技手段來博取關注，會讓青少年覺得這麼做也很正常。

至於受到的關注好或不好，其間的界限相當模糊，就好比戲劇衝突到底是娛樂還是傷人的活動，也很難界定。科技提升了戲劇衝突的能見度，同樣也能提升受關注的程度，有些青少年就因此成為名人。從青少年名人文化的角度，是觀察這些動態的一種方式。青少年名人文化是尋求關注及能見度的附屬品，可以是健康的，但也可能變成有害。

長久以來，媒體業者就一直在利用青少年對於名人的熱情，創造出男孩樂團或少女明星，從 1950 年代「米老鼠名人堂」（Mouseketeers）到 1990 年代的「新好男孩」

（Backstreet Boys）都是，這種做法等於是把名人文化推銷給大眾，而現在的社群媒體則是讓這個狀況有了許多改變。最值得注意的是，它提供青少年一條成名的途徑，加拿大青少年偶像小賈斯汀就是靠著 YouTube 揚名立萬，但這又讓人以為社群媒體是成名捷徑的錯覺。社群媒體也讓青少年偶像可以直接跟粉絲交流，例如迪士尼捧出來的少女明星麥莉・賽勒斯（Miley Cyrus）和黛咪・羅瓦托（Demi Lovato）都這麼做。能在社群媒體上直接與明星交流，似乎抹除了粉絲與名人之間的距離。[19]

早在網路出現之前很久很久，大家就會以地位較高的公眾人物的八卦消息當消遣，包括貴族、名人和政客。八卦專欄和八卦雜誌都有很多讀者，因為大家都想打探有錢人和名人的隱私。如今網路上的粉絲頁和 Twitter 的名人專頁，也都是如此。有些人喜歡看那些成功的人起起落落，跟他們同悲同喜，有人則是想要發洩自己的嫉妒心理。青少年長久以來看著那些名人，充滿了敬畏，想像自己的生活也能跟他們一樣自由自在，不必煩惱那些功課和家務事，也從沒想過出名會帶來什麼壓力。不過名人的生活通常相當沉悶。

人一旦出了名，常常就會被討論、被嘲笑，大家都把他們當成一個目標，卻很少想到他們也一樣是人。對於名人的一舉一動，粉絲和批評者都認為有權力說三道四、妄加評判，

而很少考慮到這些飽受關注的人到底付出了什麼代價。那些名人獲得財富、博得名聲，付出的代價是時刻都在眾人的監視之下，毫無隱私可言。儘管公眾人物的崩壞也都廣受宣揚，像小甜甜布蘭妮（Britney Spears）那次在幾位攝影師面前剃光頭髮，很多人也都看見了，但大多數人還是不能理解或體會名聲帶來的壓力。公眾對於名人隱私的痴迷，對他們的生活帶來沉重壓力，戴安娜王妃之死與狗仔隊的關係，殘酷地提醒著我們。[20] 對於這些擁有財富和地位的公眾人物，他們因為八卦消息所承受的各種壓力，少有人同情。從遠遠的地方遙望，那些知名人士似乎個個刀槍不入。

社群媒體也改變了青少年明星身邊的活動場面，但壓力並未因此而減少。球迷都喜歡看高張力的戲劇衝突，例如麥莉・賽勒斯和黛咪・羅瓦托在 Twitter 上吵架，或者小賈斯汀似乎在 Instagram 崩潰。粉絲們也隨之對立，力挺自己的偶像，宣誓效忠，但他們好像不知道自己的關注和迷戀增加了壓力，一開始就讓這些衝突炒得火熱。

青少年一旦走進聚光燈下，也會跟名人一樣成為大家的目標。這就是傳播學者森夫特（Terri Senft）說的「微名人」（microcelebrity）過程。[21] 在小眾裡頭出名的青少年，也會因為許多關注而獲得好處及付出代價，但他們不會有專業人員幫他們處理雜事，也沒有經紀人或財務資源幫助他們抵抗

受關注的壓力。這可能是一個令人興奮的狀況，青少年得以品嘗正面回饋，同時又受到殘酷現實和壓力的深刻影響。

　　2011 年，加州 13 歲的蕾貝卡（Rebecca Black）想發行一支音樂影片，她媽媽出錢找了某個唱片大廠和製作公司，為女兒和她朋友錄製一首很像經過自動調音的歌，叫〈星期五〉（Friday）。這支合錄的影片放上 YouTube 後，很快就引起注意，但大多是批評歌寫得很爛，而且蕾貝卡也唱得不好。某位喜劇演員在 Twitter 直言，說這首歌是「有史以來最糟糕的影片」。[22] 隨著影片訊息擴散，蕾貝卡也不斷成為陌生人、同學及媒體惡意及殘忍批評的目標，在網路上和在學校裡都遭到攻擊。[23] 但她在全球迅速爆紅，也表示獲得了極大關注。音樂電視劇《歡樂合唱團》（Glee）發現這件事之後，邀她上節目表演，流行音樂歌手凱蒂・佩芮（Katy Perry）的單曲影片〈上個禮拜五晚上（T.G.I.F.）〉（Last Friday Night (T.G.I.F.)）也對蕾貝卡釋出善意，讓她在片中軋一角。蕾貝卡當然喜歡受到認可與肯定，但她對於隨而來的惡言中傷可沒有準備好。蕾貝卡面對的狀況就是名人的代價。

　　青少年在網路上獲得壓倒性的關注和知名度，正面回饋和負面攻擊往往攜手共進。有時候是正面關注超過負面回饋，蕾貝卡的例子即是。但是在別的例子中，例如「星際大

戰小子」影片受到的關注和分享，都讓當事人感到痛苦。青少年面對和參與名人文化，不管是自己想得到關注，或者是跟名人互動，都經常會遭遇惡意和殘忍的對待。這些年輕名人和微名人所領受的負面攻擊，在程度上可謂前所未有，但是他們獲得的正面關注也同樣空前。青少年因為出名，就要連帶領受惡意和殘忍，雖然不是合理現象，但這也更能看出社會挑戰個人身分與地位，打壓個人的成功與知名度。不論是好還是壞，名人文化已經讓戲劇衝突成為日常公共生活中的既成事實。

解決惡意與殘忍的文化

青少年參與網路公共空間，要對付的社交生態系統，不只是同儕互相連繫哈啦而已，大家還會想方設法爭奪社會地位。在這些狀況下就會出現人際衝突，青少年為了聲譽、地位和知名度互相戰鬥。這時候，關注會變成一種商品，而青少年參與的戲劇衝突或惡作劇，或有意或無心，都會讓其他人感到痛苦。並不是所有的戲劇衝突或八卦傳聞都有問題，但青少年所經驗的這些事情，有些的確讓他們非常痛苦。

雖然我們無法保護青少年免於一切惡意與殘忍的對待，或者在他們摸索社交關係時不會受到傷害，但我們可以一起

努力提升青少年的能量，強化適應能力，並且一起守望那些受到傷害的孩子。[24]青少年要是有足夠實力來應付緊張狀況，就比較不會讓情勢變得更糟，或者因為因此而情緒動搖。要是他們知道自己的行為會對別人造成什麼影響，包括那些看似不會有所損傷的人，他們會更加注意自己的言行舉止。現在就有許多輔導計畫幫助青少年培養韌性和同理心，不過一旦衝突發生，他們還是常常忽略一些事情。[25]

雖然新形式的戲劇衝突在社群媒體中找到一席之地，但青少年行為並沒有顯著的改變。社群媒體對霸凌狀況也沒有起根本上的變化，卻讓這種狀況更加顯而易見，讓更多人可以看到。我們必須利用這個能見度，但不是要增加懲罰，而是幫助那些迫切尋求關注的青少年。指責科技，或者以為少用科技製品就能盡量避免衝突，只是天真的幻想。認清青少年的位置，了解他們為何會有那些惡意和殘忍的行為，才能找到有效的干預方法。

NOTES

1. 這一章的想法和大多數資料都要感謝瑪威克的協助，我們曾經合作兩年，一起採訪許多青少年，在網路青少年文化方面收穫良多。本章對於一些衝突碰撞場面的想法，就是我們深入合作的產物。請參見：Marwick and boyd, "The Drama!"。

2. 哈佛大學柏克曼中心（Berkman Center）為金德暨布雷沃世界計畫（Kinder and Braver World Project）所做的研究報告指出，雖然霸凌發生率隨著定義的不同而有很大的差距，但大致上來說，20％到35％的青少年是在網外遭到霸凌，比在網上遭霸凌者多出許多。請參見：Levy et al., "Bullying in a Networked Era"。針對網上及網外霸凌的比較也顯現一致的結果，霸凌比較常在學校裡頭發生，其情感影響也較嚴重。請參見：Ybarra, Mitchell, and Espelage, "Comparisons of Bully and Unwanted Sexual Experiences"。

3. 廣受媒體關注的霸凌導致青少年自殺案件，普琳絲（Phoebe Prince）案即是其中之一，這個麻省 15 歲女孩據說是因為在學校受欺凌而自殺身亡。地方檢察官起訴了六名青少年涉嫌多種侵犯行為，包括法定強姦罪。巴澤龍（Emily Bazelon）展開調查後發現，普琳絲控訴那群青少年時，正經歷嚴重的心理問題，而那群青少年也覺得自己受到毀謗，媒體對這些情況卻含糊其詞。她傑出的系列報導和分析，請參見："What Really Happened to Phoebe Prince?"。她對於本案及另外幾件青少年霸凌自殺案，也有專書深入分析：*Sticks and Stones*。

4. Sacco et al., "Overview of State Anti-Bullying Legislation and Other Related Laws."

5. 歐維斯根據他的研究，創設歐維斯霸凌預防計畫（Olweus Bullying Prevention Program），有很多教育工作者即採用這套計畫。在他的學術著作中，歐維斯用很多方式來形容霸凌，上述三個元素在其著作中都會提到。

6. Ybarra, Mitchell, and Espelage, "Comparisons of Bully and Unwanted Sexual Experiences."

7. 霸凌的受害者可能遇到許多學校、情感和社交問題，包括因為年級較低、曠課逃學、社交焦慮、欠缺自尊、有自殺的想法或行為、心理健康問題、遭到敵視或者犯罪。而霸凌的一方也可能是一些負面狀況的結果，包括戀愛關係出問題、自殺念頭、心理健康問題，還有藥物濫用或酗酒。很多霸凌他人的人，在別的情境中也是遭受霸凌的一方。更多的霸凌研究，請參見：Levy et al., "Bullying in a Networked Era"。關於這些狀況的實證分析，請參見：Espelage and Swearer, *Bullying in North American Schools*。關於科技與霸凌交叉影響的學術探討，請參見：Hinduja and Patchin, *School Climate 2.0*。

8. Skiba et al., "Are Zero Tolerance Policies Effective in the Schools?"。

9. Marwick and boyd, "The Drama!"

10. Pascoe, *Dude, You're a Fag*.

11. Englander, "Digital Self-Harm."

12. Milner, *Freaks, Geeks, and Cool Kids*, 25.

13. Eckert, *Jocks and Burnouts*.

14. Dunbar, *Grooming, Gossip, and the Evolution of Language*.

15. 「星際大戰小子」的來龍去脈，請參見「維基百科」：http://en.wikipedia.org/wiki/Star_Wars_Kid。

16. 在《散播型媒體》（*Spreadable Media*）一書中，詹金斯（Henry Jenkins）、福特（Sam Ford）和葛林（Josh Green）描述了網路散播的豐富價值，它可以幫助我們在網路文化中創造意義和價值。但他們也指出，這些功能在強化文化價值和規範時，也可能造成某些人的損害。

17. 「celebrity」這個概念有很多意思，一般來說是指「名人」（例如女神卡卡就是）。它也可以是一種文化現象，例如「celebrity culture」（名人文化）。對於研究學者來說，也可以看做是「人」變為「商品」的過程。深入了解「celebrity」的理論與概念，請參見：Turner, *Understanding Celebrity*；David, *Celebrity Culture Reader*。

18. Marwick and boyd, "To See and Be Seen: Celebrity Practice on Twitter."

19. Baym, "Fans or Friends?"

20. Berlin, *Toxic Fame*.

21. Senft, *Camgirls*.

22. Wasserman, "How Rebecca Black Became a YouTube Sensation."

23. 蕾貝卡曾在 2011 年 8 月 10 日上電視節目《夜線黃金時間：名人的祕密》（*Primetime Nightline: Celebrity Secrets*）的特輯「未成年又出名」暢談出名經驗。書面報導請參見：Canning, "Rebecca Black"。

24. Goldstein and Brooks, *Handbook of Resilience in Children*; Polanin, Espelage, and Pigott, "Meta-Analysis of School-Based Bullying Prevention Programs' Effects."

25. 在那些優秀的輔導計畫中，很多都是依靠社交情緒學習（SEL）幫助青少年學會處理暴力、霸凌和其他形式衝突的必要技能。社交情緒學習相關計畫主要是幫助人們培養韌性和同理心，以維持健康的人際關係。

CHAPTER 6

不平等：
社群媒體能否解決社會分化？

凱凱（Keke）坐在洛杉磯某學校的教室裡，兩手叉在胸前擺出防禦姿態，懷疑地看著我。在不到一小時的時間內，她面無表情地回答我關於她日常生活和上網活動的問題，當我問到社區的種族狀況時，這個 16 歲黑人女孩開始有反應了。她談到幫派文化如何影響到生活時，她的憤怒顯而易見：「我們連辦派對都要找血聯或瘸幫的人來罩，這些人一來，又會有人開槍。我連我朋友家都不能去，因為那邊不能過去。你知道我在說什麼吧？那邊是墨西哥人的地盤。」洛杉磯的幫派文化讓她連去哪裡、跟誰在一起、穿什麼衣服都必須要考慮一下：

> 因為幫派，有好些地方都不能去，不能去商場，不能跟一整群的黑人在一起……很多地方都不能去，真討厭。還得顧慮穿什麼顏色的鞋子、什麼顏色的褲子，頭髮是什麼顏色……討厭死了！這樣根本不對。

> 因為顏色就代表幫派，你想要穿紅色或藍色衣服，並不是因為品味或時尚。

　　凱凱了解社區的幫派文化，家族成員所屬的幫派也尊重她，但她仍然鄙視幫派權力，也痛恨暴力。而且她有充分的理由可以生氣。在我們碰面的幾個禮拜以前，凱凱的哥哥才因為闖入拉丁裔幫派的地盤而慘遭槍殺。我們見面的時候，

凱凱還是感到哀慟難平。

　　儘管美國最高法院裁定公立高中實施種族隔離為違憲，至今快六十年了，我拜訪過的大部分高中還是因為種種社會、文化、經濟和政治因素，形成種族或階級氛圍。學區的界限也造成學校彼此之間的隔離，其實那也只是既成事實的地域隔離的附屬結果。學生根據考試成績分發班級或特定學科，這些結果也都有社會經濟地位的關連性。會成為朋友的群體往往帶有種族和經濟同質性，表現在外的就是聚集特殊成員的餐廳和網路社群。

　　凱凱的學校讓我看見最明顯的種族隔離，這裡影響社會生活的最主要因素即是幫派。她經驗到的種族和地盤等等情況，在當地社區都是司空見慣。幫派影響了社區周遭，也滲透進她的學校。當我第一次到凱凱的學校時，看到這所學校呈現的多樣化，原本還覺得很高興。這裡的學生大部分來自移民家庭，沒有哪個種族或國籍的學生占主導地位。這裡跟我參觀過的其他學校不一樣，教室裡頭的學生看起來就像是班尼頓服飾的廣告，或是聯合國開會，好多個不同種族背景的學生肩並肩地坐在一起。但是等到午休或下課時間，學生們還是根據種族或族裔三五成群地聚在一起。凱凱解釋說：

　　這學校隔離得太厲害了，真的太厲害了。我們有都是白

人的迪士尼樂園都是印度人的走道，還有中東裔的……
拉美裔的，全聚在那邊。黑人則是在餐廳和中庭。然後
是游離分子，像是一些打不進團體的拉美裔、印度人和
白人，則分散在各處。

我在凱凱學校遇到的每一位青少年，都用類似的標籤來
形容他們聚集的公共空間。「迪斯尼樂園」是白人學生聚集
的中庭，「六旗樂園」是黑人地盤。我問那些名字是怎麼來
的，凱凱的同學，15歲拉丁裔的羅洛（Lolo）解釋說：「我
看，這好幾代了吧。（笑）你要是九年級的學生，你一定不
曉得，除非有人告訴你。不過我知道啊，因為我哥哥會告訴
我。」這些標籤甚至到了學校附近的一些公共場所也都通用。
沒有人知道它們的來歷，但大家都知道要這麼說。每個群體
都要搞清楚學校的種族組織，就像他們在家也要搞清楚附近
的種族勢力。他們知道，要是藐視這些潛規則，跨越了界線，
可能會帶來非常嚴重的社交和肢體上的後果。

雖然像凱凱這樣因為幫派暴力而失去一位家庭成員的例
子並不多，但在這個槍枝泛濫的社區裡頭，死亡也沒有多稀
奇。幫派分子在學校裡頭可能都知道彼此，不過在學校走廊
上還能保持客氣，但到了大街上可就沒什麼好客氣的。不同
種族的青少年在教室裡頭會和氣地交談，但並不表示他們在
社群媒體上是朋友。很多青少年會在 Facebook 上跟認識的

人連絡，但這不表示他們會跨越不可明說的文化界限。種族態勢緊張的社區，不管是網上抑或網外，都維持著系統上的隔離。

我記得很清楚，我跟那些青少年談到社區種族和階級的運作，他們會接受一些規範，但他們也都了解那些規範其實很成問題。洛杉磯附近學校的 15 歲西班牙裔男孩崔維薩（Traviesa）解釋說：「狀況發生的時候，我們大概都會跟自己的族群在一起⋯⋯這是現在高中的不成文法嘛。」崔維薩也不想這樣，但是要跟周遭的期待相對抗實在太累，代價也太大。失去自己哥哥的凱凱，對這些成本可是很清楚，讓她非常憤怒：「我們一樣都是人啊，不應該因為膚色而有所分別。可是這裡就是如此。」雖然凱凱很想反擊害死她哥哥的種族對立，卻只有深深的無力感。

我在 2000 年代後期看到青少年在周遭種族偏見和盲從之間掙扎的時候，美國媒體也認為在歐巴馬總統當選後，美國的「後種族」時代已經開始了。況且美國第一位黑人總統的當選，社群媒體在選戰中扮演了重要角色，所以媒體裡頭有些人就認為科技讓大家團結在一起，可以抹除美國的社會分化，讓民主制度在世界各地蓬勃發展。[1] 這個烏托邦式的說法，剛好跟我親眼目睹青少年生活中已然存在且持續不斷的社會分化相映成趣。[2]

科技的偏見

　　社會常常聲稱科技是終結社會分化的工具。1858 年，大西洋電報公司鋪設第一條橫跨大西洋的電纜，許多人以為這種通訊新設備可以幫助大家解決一些不文明的行為。作家布里格斯（Charles Briggs）和美維里克（Augustus Maverick）談到電報時說：「靠這條重要的電纜把地球上所有國家連結起來，過去的偏見和敵意就不會繼續存在，這種設備讓地球上所有國家都能夠相互交流。」[3] 新的通訊媒體常常會啟發我們的希望，以為它們可以、也應該做為文化鴻溝的橋樑。這種希望也會投射到新科技，以為光靠科技就能夠解決文化隔閡。

　　正如我在本書中一再提到的，光是新科技本身既不會自己製造文化問題，也不會神奇地解決問題。事實上，它通常是讓現有的社會分化更為強化。有時候是設計者原本就有偏見而刻意為之，但更多狀況則是在不經意間造成，創造者沒有意識到自己的偏見影響了設計決策，或者是在更大的生態系統結構中，設計者在限制之下做出帶有偏見的成果。

　　1980 年科技研究學者溫納（Langdon Winner）發表了一篇廣受爭議的文章，題目是：〈人工製品也有政治嗎？〉（Do Artifacts Have Politics?）。在這篇文章裡頭，他以城

市規畫者摩西（Robert Moses）為例，談到偏見對於設計的影響。在 20 世紀中期，摩西在紐約市及周邊地區的道路、橋樑建設及公共住宅計畫極有影響力。由他規畫的長島公園大道，橋樑和高架道路都設計得很低，大巴士和卡車不能從底下通過。所以，比方說到避暑盛地瓊斯海灘的巴士就不能走公園大道。溫納認為，這樣的設計決策就是排除了那些依靠大眾運輸的人，例如窮人、黑人、其他少數族裔和弱勢民眾，讓他們去不了長島一些重要地點。他認為這是摩西把他自己的偏見，放進城市重大基礎設施的設計裡頭。

這個說法很受爭議。科技學者喬治斯（Bernward Joerges）回應指出摩西決策與歧視無關，而是因為當時法規限制了橋樑高度和巴士、卡車及其他營業車輛行駛在公園大道上。喬治斯認為溫納曲解資訊來袒護自己的論點。不過有人讀了喬治斯提供的資訊後，反而覺得溫納意涵豐富的讀解更有說服力。或許摩西的設計並不是故意要根據種族和社會經濟因素隔離長島，但他把高架道路設計得這麼低，確實造成了隔離效果。換句話說，這是法規與設計的結合造就偏見的結果，不管城市規畫者到底有沒有這個意圖。

企業往往是在有限條件下進行新科技製品的設計、執行和測試，必須等到產品進入市面之後，大家才會知道科技某些方面或設計的偏見，對於使用者造成不適當的影響。比方

說，有許多圖像捕捉技術是依靠光線，要捕捉深膚色者就不像淺膚色者那麼容易。結果就攝影及錄影而言，淺膚色的人影像效果就比較好，而深膚色的人效果就難以掌握。[4] 數位化科技也有相同的問題，微軟的互動遊戲平台 Kinect 是根據人臉辨識來進行，但是那套系統在初期讓許多用戶很不高興，因為它辨識不出膚色較黑的用戶。[5] 在選擇以影像捕捉做人臉辨識的時候，Kinect 的工程師就已經在執行上建立一套技術歧視，也因此造成社會歧視。其他科技產品在測試過程中也可能產生歧視的副產品。蘋果公司的語音辨識軟體 Siri 就聽不懂某些口音，包括蘇格蘭、美國南部和印度腔。[6] Siri 的辨識功力是經過反覆測試練出來的，因為設計者主要是在公司內部進行測試，這套系統自然就比較熟悉蘋果公司裡頭普遍的美式英語口音。

網路跟以前的科技應該有所不同吧？科技專家和早期網民都認為網路會是偉大的平等者，因為這裡頭不必依靠視覺條件，所以不管是種族或階級都會泯於無形。[7] 但事實證明，科技烏托邦論根本就是個錯誤。不經過媒介的日常生活中的某些偏見，一樣影響了網路上的經驗。在《網路空間中的種族》（*Race in Cyberspace*）一書的導讀中，學者科寇（Beth Kolko）、中村（Lisa Nakamura）和羅德曼（Gilbert Rodman）解釋說：「網路空間一樣會有種族問題，因為所有上網的人早在網路之外就都受到種族因素影響，到了網路

上也必定延用原來學會的知識、經驗和價值觀。」[8]

文化偏見都會滲透到社群媒體裡頭，一些挑撥仇恨、敵意的網站上，都有帶著明顯偏見、歧視的文字，而網站公共空間上的人也會複製現存的社會分化。有些青少年會意識到自己的經驗是受到文化差異的影響，但更多人是毫無感覺地固守在既有結構類型之中。

美國青少年如何使用社群媒體，反映出社會現存的問題，同時也強化那些根深柢固的信念。對於冀望科技會是文化萬靈丹的人來說，這大概讓他們很失望，但是這個願望無法達成所代表的意義遠不限於此。社會上的菁英分子，包括記者、教育人員及政客都認為社群媒體是資訊和機會的源頭，我們對於社會、文化落差的天真看待，也被織進社群媒體，未來可能造成更多破壞。要應付層出不窮的不公平現象，我們必須考慮到現今建造社群平台不均等的一面。

社群媒體透過通訊與資訊平台，將全世界連接在一起，或許就像是一個可以帶來寬容的工具，因為科技讓我們看見並參與自身以外的世界。我們尤其認為青少年是這個新世界主義的最大受益者。[9] 但是看看青少年怎麼吸收接納社群媒體，顯然網路不會有效或普遍地泯除不平等。舉凡偏見、種族歧視和不寬容等等現象觸目皆是，這些都太熟悉了。現實

世界中的社會斷裂，有許多在網路上被複製，甚至變得更嚴重。那些原本就存在的斷裂影響了青少年在社群媒體上的經驗，還有他們面對的資訊。這是因為科技固然讓我們得以透過新方式相互連結，同時也讓既存的連結更為強化。它讓我們從新管道獲得資訊，但就算在最好的情況下，大家的經驗也不均等。

樂觀者常常指出，上網可以增加獲取資訊的管道，而且可以擴展連結，所以會有好處；悲觀主義者則往往認為其中可能造成不平等益形惡化。[10] 兩個說法都對，但同樣重要的是，要了解不平等和偏見如何影響青少年的網路生活。現有的社會分化，包括美國的種族分裂，都不會因為大家可以取用科技就消失。能夠促進溝通的工具，並不能掃除猜疑、仇恨和偏見。種族歧視在網路環境中尤其會以新形式存在。網路不但不是什麼萬靈丹，甚至更讓我們看見困擾當代社會的社會斷裂。

網路或許沒有扭轉長期社會弊病的力量，但它確實可以用新的方式，或許也是有效的方式來呈現這些毛病。青少年上網的時候，必定是帶著自己的經驗，也會讓大家看到他們的價值觀和態度、希望和偏見。他們置身於社會斷裂猶然顯著的媒介世界，通過他們的經驗，我們可以看見並切實地處理那些更為有害的假設和偏見。

網路時代的種族歧視

1993 年,《紐約客》(*New Yorker*)雜誌刊出一則如今臭名遠揚的漫畫,畫的是電腦螢幕前有隻大狗在跟小狗說話。[11] 底下圖說寫著:「在網路上,沒人知道你是條狗。」多年來有無數作家在評論社會問題時,曾引述這則漫畫來說明網路上隱私維護和身分操作的是是非非。這則漫畫的一種解讀是說,具體的社會因素,諸如種族、性別、階級和族裔不見得會轉移到媒介世界。正如我們之前在〈身分〉那一章曾經討論過的,很多人都希望上網可以解除現實世界的文化束縛。

青少年進入網路,同時也帶來自己的朋友、身分和人脈關係。他們也帶來待人處事的態度,他們的價值觀,以及對於人我之間位置的期望。事實上要做到完全匿名並不容易,遑論像《紐約客》漫畫暗示的跟現實世界一刀兩斷。[12] 在網路上不但有人知道你是誰,也有越來越多的軟體工程師正設計和建立運算法,觀察用戶的作為和興趣,以便在一個更大的系統內掌握個人特質。那些程式設計師執行的系統可以發現用戶特質的相似與相異,掌握那些共有和獨特的網路行為。不管是透過人或運算法,那些被揭露的特質都會影響到我們對於社群媒體及周遭世界的理解。而大家對這個資訊的回應,則是各有不同。

2009 年的「黑人娛樂電視大獎」（Black Entertainment Television）頒獎典禮，很多在家收看轉播的觀眾在 Twitter 上評論典禮上的名人。因為評論極為熱烈，幾個黑人社群都被列入 Twitter 看板上的「熱門話題」；這份清單是由系統提供，隨時呈現最多用戶關注的話題。除了黑人娛樂電視大獎本身，包括碧昂絲（Beyoncé）、尼歐（Ne-Yo）、傑米・福克斯（Jamie Foxx）等黑人藝人和名流都成了關注焦點。這些名人登上「熱門話題」以後，又吸引更多沒看頒獎的用戶進來留言評論。看到那麼多黑人的名字出現在板子上，一位白人女孩貼文說：「這麼多黑人！」另一個長相年輕的白人女性也說：「熱門話題怎麼都是黑人？尼歐？碧昂絲？泰拉（Tyra）？傑米・福克斯？『黑人歷史月』活動又來了嗎？（大笑）」有個白人男孩貼說：「哇！熱門話題的老黑也太多了吧，推特真是夠了。」像這些帶有偏見和歧視的話也不只是青少年在說而已。有一個白人女性貼文說：「各位看到新的熱門話題了嗎？我想這附近不是很妙喔，鎖緊車門啊，孩子們。」還有很多類似的評論引發公憤，有人把它們集中收錄在一個叫做「omgblackpeople」（意即：老天啊黑人。）的部落格，Twitter 上也出現許多貼文談到種族歧視。[13]

不幸的是，黑人大獎夜所發生的事並非單獨事件。2012 年時，有兩個運動員在 Twitter 貼出種族歧視的推文，被倫敦奧運會驅逐禁賽。[14] 出現種族歧視問題的也不

只是 Twitter，只是相對於其他網站，Twitter 的黑人用戶的確是比較多。[15] 現在已關閉的網站 notaracistbut.com，從 Facebook 上蒐集到幾百條貼文，都是以「我不是種族歧視，可是……」開頭，接續的內容卻都是種族歧視和偏見。例如有個青少年女孩發布動態更新：「不是要說種族歧視的話，但我開始覺得老黑的智力大概連一盎司都沒有。」雖然有一些網站跟 notaracistbut.com 一樣致力於糾舉種族歧視言論，但網路上的種族偏見還是四處可見。

從 YouTube 到 Twitter，到網路遊戲「魔獸世界」，有數不清的網路社群充斥著種族歧視和仇恨的言論。[16] 那些表示讚同和評論的人，又讓這些仇恨訊息更加擴散。熱門電影《飢餓遊戲》（*The Hunger Games*）上映後，有一大堆粉絲在 Twitter 上評論「小芸」（Rue）的角色，這個小女孩在原著中被描述為「深棕色皮膚和眼睛」。於是有些推文就說：「就說我是種族偏見吧。不過當我發現小芸原來是個黑人時，我對她的死就不是很難過。」還有：「幹嘛小芸要是個黑人呢，不覺得這樣會毀了這部片嗎？」這些推文引發眾怒，有些反對種族歧視的用戶熱烈轉貼，反而讓更多人看見這些仇視言論。[17] 轉貼引發關注，固然是讓那些發表仇視言論者感到丟臉，但另一方面卻又煽動新仇恨，使得體系中的對立和分裂更加擴大。

在 2011 年 3 月，加州大學洛杉磯分校的學生華勒絲（Alexandra Wallace）因為覺得學校裡的亞裔人士和亞裔學生很沒禮貌，在 YouTube 上貼出一則帶有種族歧視的自拍影片，戲仿學校裡的亞裔學生，批評亞裔學生總是旁若無人地在圖書館講手機，舉止粗魯無禮。為了強調她的論點，這位白人金髮女孩甚至在影片中模仿亞裔口音：「Ching chong ling long ting tong」。

這支「圖書館裡頭的亞洲人」影片很快就引發各界關注和憤怒，招來怒罵回應，還有很人又再戲仿，拍出更多嘲諷的影片，例如歌手黃谷悅（Jimmy Wong）隨即寫了一首叫做〈Ching Chong!〉的情歌，自彈自唱拍成影片上傳回應。其他還有幾百支影片和數以百萬計的留言評論貼出來，痛罵華勒絲和其他帶有種族偏見的人。一個專門討論大學生活的部落格公開華勒絲穿著比基尼的照片，標題寫道：「亞莉珊德拉‧華勒絲：洛城加大種族主義學生比基尼照片揭密」。[18] 與此同時，華勒絲和家人也遭到性命威脅，使得她不但休學，還要向警方尋求保護。她的一位教授老師在學校報紙上指出：「華勒絲所為固然有錯，也不容袒護，但引發的反應也實在是太離譜了。她犯了大錯，她也知道自己錯了，但他們的反應卻更為偏狹難忍。」[19]

社群媒體把日常生活中的許多面向都放大了，包括種

族歧視和偏執。有些人會使用社群媒體來表達一些欠缺考慮或懷帶惡意的意見，但其他人也會利用同樣的科技來公開修理，甚至是威脅那些他們認為違背社會規範的人。[20] 藉由提升個人及行為的能見度，社群媒體不但可以讓人注意到一些有問題的行為，也能藉此肉搜事主，公開騷擾。然而這些做法反而加深社會分化，讓美國社會極為困擾。

日常生活的隔離

美國的種族歧視相當普遍，階級政治和種族問題相互糾纏，還要加上其他一些社會分化。青少年敏銳地意識到種族和階級因素影響著他們的生活，即使他們平常不見得會深入檢討這些議題。況且，就算他們活在一個時時刻刻都有種族因素運作其中的世界，他們也未必就會知道應該怎麼處理其中的複雜糾葛，或者真能認清某些更為微妙的影響。有些小孩就不知道種族歷史會影響到他們的觀察。愛荷華州 16 歲白人青少年希瑟（Heather）告訴我說：

> 我不是對種族帶有偏見，但黑人小孩常常就是那樣，頂撞老師、在學校附近打架，都是他們引戰挑釁的。沒錯，白人孩子也打，但黑人小孩更肆無忌憚，所以看起來常常就是，噢，那些黑人小孩都在惹事生非。

語言學家艾克特（Penelope Eckert）檢討 1980 年代美國高中的情況，認為學校表面上是由一些活動相關的社會類別組成，但實際上主導其中的卻是種族和階級。[21] 我在檢視北卡羅來納州某學校的運動社團名冊時，也注意到這個現象。我當時問了一些學生，為什麼有些運動社團裡頭都由某個種族的學生包辦，他們原本是說全由個人選擇加入，自然形成的。後來有個白人男孩才囁嚅地說，他也很喜歡打籃球，但在他們學校裡頭，籃球是黑人的運動，所以他覺得不好加入。由於規範和既有人脈關係的影響，我參觀過的許多學校的運動社團，都有類似的種族潛規則或文化分歧的現象。而許多青少年是不會去挑戰現狀的。

　　即使是在那些以心胸開放而自豪的學校，我發現青少年也會在不知不覺中複製這種種族分化。比方說，富裕家庭出身的小孩，就以結交不同種族的朋友，做為自己心胸開闊的「明證」，這正是一個刻版印象。[22] 在那些經濟狀況較好的學校或比較先進社區裡頭的學校，我常常聽到他們的學生講些超越種族偏見的話，例如那些青少年都會告訴我說，在他們學校大家交朋友並不在意種族。但是等到我在 Facebook 或 MySpace 查看他們的網頁，總會找到一些線索，發現他們學校其實也是相當隔絕。比方說，我在許多學校發現學生的交友狀況也是受到種族因素所隔絕。我問那些青少年對此有何解釋，他們會告訴我，我看到的區隔都是因為課堂關係或

個人對於某些運動的興趣所致，而不理解種族隔離在學校生活的那些面向裡頭其實扮演著重要角色。

　　我有一次到科羅拉多州出差，參加一個聚會，遇到一些跟著爸媽前來的有錢人家的小孩。因為我跟那些大人談得發膩，所以就隨便找些青少年聊一聊。跟我聊開的是 17 歲的白人女孩凱絲（Kath），她就讀的美國東岸某私立學校以學生優秀、校風多元著稱。後來我們的閒聊轉向學校種族狀況的話題，她是個充滿熱情，想法頗為進步的青少年，對於種族議題非常認真看待。我很好奇這個議題對她所屬的社群會有什麼影響，就問她能否一起觀看她的 Facebook 網頁。我把自己的電腦借給她用，她很高興地登錄帳號。她跟全年級的同學幾乎都是朋友，還有一些是學長姊或學弟妹，因為她的學校規模不大，所以會有這種情況我也不是很驚訝。我請她讓我看看她的照片，我可以順便看看大家給她的留言。雖然她的學校招收各種不同種族、族裔背景的學生，但在她網頁上留言的朋友幾乎都是白人。我指出這一點，又請她帶我觀看一些不同種族和族裔背景的同學網頁。結果發現到，那些留言者幾乎都跟網頁主人相同種族背景。凱絲覺得很驚訝，也感到有點難堪。她原本以為她的學校一點都不在意種族因素。然而在 Facebook，大家花時間互動交往的，卻都是類似種族背景的人。

我分析了很多青少年在社群網站的交友模式，發現種族因素都很重要。在大型的多元高中裡頭，青少年不會跟學校的每一個人做朋友，從交友模式就能看出種族偏好。規模較小的多元學校裡頭，從誰會在動態更新留言或互相在照片上標示名字，就能清楚看出種族樣態。反而是種族分布比較均一的學校，網路上呈現出來的種族因素較為淡薄。比方說，我在內布拉斯加州以白人學生為主的學校，遇到一位中東回教裔的女學生，她在網路上和網路外的朋友，毫不令人意外地，大部分也都是白人。當然，這並不表示她的生活裡頭種族差異無關緊要。她很多同學都在 Facebook 網頁上關於中東回教恐怖分子的貼文留言，都會讓她意識到自己跟他們有多麼不同。

　　俗話說物以類聚，個人的社交人脈也會趨於同質，人總是會跟比較相類似的人做朋友。[23] 這種與想法接近的人做朋友的情況，社會學家稱為「同質性」。研究指出，同質性因素包括性別、年齡、宗教、教育程度、職業和社會階級。但以美國來說，同質性表現最為強烈的，就是肉眼可見的種族和族裔的區別。同質性背後的原因及其社會分化的結果，說起來很複雜，那是源自歷史上的不平等、偏執和壓迫，以及美國生活上的結構性限制。[24]

當代年輕人文化中這種自我隔離當然令人感嘆，但青少年會選擇跟自己相似的人交往，未必就是因為個人的種族偏見所致。在許多情況下，青少年選擇加強同質性，是為了對付他們置身其中的種族主義社會。在《黑人小孩在餐館裡頭為什麼都是聚在一起？》（*Why Are All the Black Kids Sitting Together in the Cafeteria?*）書中，心理學家塔敦（Beverly Tatum）指出，自我隔離是種族偏見造成分化的合理反應。那些受到文化壓迫和不平等的青少年，藉由種族和族裔的連結可以獲得歸屬感，強化認同，讓他們在涇渭分明的種族分化中得以安身。同質性也未必只是仇恨或偏見的產物，它也可能是個安全機制。洛杉磯 17 歲的星恩（Seong）呼應這種說法，她對我說：「我們看到彼此類似，當然就會有更多的連結。」身為韓僑的星恩覺得熟悉感很重要，因為她在美國這些陌生的規範下感到孤立隔絕。她現在也不會拒絕那些不是韓國人的同儕，但有一陣子她的確只想跟那些知道自己來歷的人在一起。然而青少年願意接受自我隔離，並視為當然，有其問題根源，而且似乎也會助長種族的不平等。[25]

以種族因素為基礎的動態，已經成為許多青少年生活的一部分，不管他們是住在都市或郊區，是富人或窮人。等到他們到了網路上頭，這些動態不會消失，反而會被複製出來。儘管科技原則上讓大家可以跟任何人互動往來，但實際上青

少年只會跟自己認識的人連絡，跟一些和自己最相類似的人互動。

MySpace 對 Facebook

2007 年春天，我去波士頓郊外的古老小鎮參觀一所剛成立的公立學校，坐在他們的圖書館裡頭，採訪校方為我安排的幾個學生，以了解這所學校的狀況。以我對這學校的所知，我原本以為這些受訪的青少年應該是相當多元，結果發現前來跟我對談的幾乎都是白人，這些學生的表現泰然，對於學業都很認真，但他們都不太願意談論學校中的不平等和種族狀況。

在跟幾個學生談過後輪到凱特（Kat），她是 14 歲的白人女孩，家境優渥。她來到圖書館以後，我們開始談到她同學們使用社群媒體的情況。她說她的朋友最近都從 MySpace 跳到 Facebook，我問說為什麼。這時候凱特顯得有點不自在，一開始只是推說：「MySpace 舊了嘛，好無聊。」不過她停下來，低頭看看桌子之後，又繼續說：「我不是有種族偏見啊，不過我猜你會這麼以為。我真的沒有種族偏見，但我覺得 MySpace 現在像是個貧民窟。」她這麼直言不諱，倒是讓我嚇一跳，所以我趁機要求她提供更多訊息。我問她說

學校裡頭是不是還有人在玩 MySpace，她遲疑了一下，回答說有，但很快就接著說：「那些還在用 MySpace 的人，再說一次，我不是種族歧視喔，那些還在玩的人就像是貧民窟來的，喜歡一些嘻哈、饒舌音樂的人。」追問得更仔細以後，凱特撥弄著雙手，盯著雙手說：其實還在玩 MySpace 的都是黑人，她的白人同學們都跳到 Facebook 去了。[26]

在 2006 至 2007 學年間，MySpace 在美國高中學生的人氣達於頂峰，而 Facebook 正開始嶄露頭角。有些從沒玩過 MySpace 的青少年，也開始到 Facebook 開帳號，也有些人從 MySpace 跳到 Facebook。但也有一些人不玩 Facebook，堅決表示更喜歡 MySpace。這兩個互相競爭的服務系統，如果不是參與者呈現不同的風貌，看起來也沒有多麼特別。在那個學年中，青少年在 MySpace 和 Facebook 之間做選擇，種族和階級即為明顯因素。促成他們做出選擇的原動力，主要就是朋友們在哪裡互動往來，他們就去那裡。[27]因為如此，他們在學校裡頭的種族和階級分化也就一併帶到網路上。17 歲的紐約女孩安娜塔西亞（Anastasia）在我的部落格上留言說：

> 我們學校分成「優等生」（我想這不必多說）、「好孩子但不是那麼優等」、「耍酷使壞的」（他們假裝自己很硬、很狠，不過你要是住在威徹斯特郊區也不能要

求太多）、「拉美裔／西班牙裔」（他們可以打入任何團體，卻總是聚在一塊兒），還有「Emo派」（這些人的生活總是滿滿滿的悲哀）。我們以前在MySpace都有自己的小圈圈，後來Facebook開始開放給高中生，你猜誰走了、誰留下來……前兩個最先過去，然後「耍酷派」拆對半，一半去Facebook，另一半留在MySpace……我跟同學一起轉到Facebook，那裡就變成「優等生」聚在一起的地方，聊些大學先修課程什麼的。

我繼續追問後，發現她好像不大願意談這些事情。她並未改變自己的看法，但也說她姊姊覺得這樣好像帶有種族偏見。儘管人脈網路的潛在區隔決定青少年選擇什麼網站，但他們大多數不會用種族或階級來描述自己對於網站的偏好。有些人或許也發現到其中奧妙，但大多數都認為這種區隔只是個人偏好而已。

我採訪的青少年，很多人都根據自己的品味來批判網站及用戶。喜愛MySpace的人說這裡可以把個人網頁裝飾得「閃閃發亮」，但Facebook的用戶卻認為那很「俗氣」、「低級」、「亂七八糟」。Facebook的粉絲津津樂道極簡風格的網站美學，而MySpace信徒則大嚷「無聊」、「殘廢」、「貧乏」、「假菁英」。奧斯丁的15歲白人女孩卡特琳娜

（Catalina）對我說 Facebook 比較好，因為「看起來比較乾淨」。而卡特琳娜說的乾淨，洛杉磯 17 歲印度—巴基斯坦裔女孩安尼蒂達（Anindita）看來則是「簡單」。她承認簡單有簡單的價值，但她更喜歡「亮晶晶的 MySpace」，因為那裡更能表現自我。

青少年對於 Facebook 和 MySpace 的品味鑑定，其實是在無意間接受並強化來自種族和階級歷史的文化因素。品味從來就不只是個人偏好而已，而是文化動態和社會結構的產物。哲學家布迪厄（Pierre Bourdieu）在其著作《區隔》（*Distinction*）中指出，人的教育和階級位置都會影響他的品味認知，而藉由美學及品味的鑑別區隔，都會在日常生活中強化階級差異。青少年形容 Facebook 和 MySpace 的詞語也都嵌進價值判斷，隱藏著階級和種族看法，不管他們是否意識到這一點。

大多數青少年都以為自己會跟不同群體的人做朋友，卻不曉得在他們行使品味判斷時，也牽涉到種族和階級。他們對於他人品味的判斷，很少考慮到那些品味是如何在社會中建構出來的。加州 17 歲白人少年克雷格（Craig）談到 MySpace 和 Facebook 用戶的不同，就混合了社會和文化上的區別：

高中裡頭那些比較高等級的都轉到 Facebook，那邊比較有文化，比較不會那麼俗氣。低下階層通常還是死守著 MySpace，自己覺得很滿意。任何有 Facebook 的高中生都會告訴你，MySpace 的用戶大概沒受什麼教育，都很討厭。就好像 Peet's Cafe 比星巴克有文化；爵士樂比泡泡糖流行樂有文化；Mac 比 PC 有文化；Facebook 就是比 MySpace 酷。

在題為〈Myface；Spacebook〉的部落格貼文中，克雷格列舉自己所以為的文化品味的高檔和低級，使用一些貶損的字眼和階級語言把人區分等級。他刻意選用「caste」（印度種姓制度的社會階層）一字，帶有人種和民族的多種文化意涵，跟美國所標榜的社會流動理想背道而馳。他以品味為藉口，把同儕釘死在不得翻身的類別上。

不是所有的青少年都像克雷格一樣，把品味和階級互相掛鉤，但大多數的人還是知道 MySpace 和 Facebook 之間的文化差異，並且套用一些刻板印象來標誌用戶。等到 Facebook 開始流行的時候，那些比較早進來的青少年又開始怨嘆後到的「MySpace 人」。這時候克雷格又貼文說：

如今的 Facebook 已經變成它原先想要摧毀的那個樣子了。就像過去熱愛正義的安納金・天行者（Anikin

Skywalker）後來變成達斯·維德（Darth Vader），自己扮演上帝。現在的 Facebook 已經失去自己的身分，忘記自己的使命。以前玩 Facebook 是那麼酷，現在跟其他的都一樣了。有些女孩在 Facebook 上玩什麼問卷：「你願意跟我約會嗎？要、不要。」一點尊嚴都沒有，也不優雅。現在要在 Facebook 上找個留言對話框，都要滾滑鼠滾個五分鐘才行，就像 MySpace 動態版上那些讓人氣惱的東西。原本「有教養」的群眾，就是被這些小玩意給疏遠啦。

從克雷格的角度來看，因為 Facebook 走紅變成主流，也就變得低俗了。曾經在 2006 至 2007 學年呈現的文化差異，如今已經褪去，克雷格認為現在那兩個網站都「沒文化」了。他那篇貼文的最後，「熱切」地懇求 Google 可以建立一些「有文化」的東西。

在這兩個網站都很受歡迎的時候，青少年把 MySpace 和 Facebook 看做是完全不同的文化空間，進而認為參與其中的人也會跟著不一樣，如此的科技運用是在強化文化差異。這樣的區分他我，絕對不會是中立客觀，而是標誌著日常生活中的文化因素。在構成「我們」相對「他們」之際，青少年通過社群媒體的使用及對應態度，加深了社會分化。即使是擁護寬容、尊重個別特質的青少年，照樣依據那些特質來評

斷同儕的價值觀、選擇與品味。

　　青少年在 2006 至 2007 學年間，從同學們選擇 MySpace 或 Facebook 看到的種族分化，其實在諸多科技製品的選用上也一再發生。在某些情況下，白人青少年和有色人種青少年會選用不用的科技製品。比方說，黑人和拉丁裔的都市青少年很早就接受 Sidekick 手機，但亞裔、白人和其他郊區青少年就不覺得有什麼好的。當然有些特定工具可以吸引許多不同族群，但仔細觀察其中分布又會發現，裡頭可是涇渭分明，井河不犯，大家都是依種族和階級各有歸屬。像 Facebook 和 Twitter 在 2013 年的情況就是如此，青少年整體選用的語彙、視覺表現，以及 APP，都跟他們的種族有關連。[28]

　　我們都會影響到身邊的科技運用，所以科技擴散往往也反映出既存社交網路的結構特徵。青少年轉向社群媒體跟朋友連繫，也同時複製出自己的社交人脈，反映出日常生活中那個隔離分化的現實，以及在同儕網路中更廣泛的社會、經濟不平等。青少年上網跟朋友鬼混，而就美國社會中種族區隔分明的情況，他們在網路上的朋友也很可能是相同種族、階級和文化背景。

人際網路很重要

社群媒體複製及呈現的現實，是美國社會中既存的分化現象，這一點並不會讓大家太驚訝，但它確實讓某些不斷幻想的人很難接受，他們以為網路會帶來族群融合，抹除不平等，為全民合作跨越種族和階級帶來新機會。美國國務卿希拉蕊（Hillary Rodham Clinton）就是這樣的理想主義者，她於 2010 年在華府新聞博物館（Newseum）演講表示：「網際網路可以成為偉大的平等工具，讓大家獲得知識和潛在市場，網路可以創出前所未有的機會……資訊網路已經成為巨大的平等器具，應該用它來幫助大家擺脫貧困。」[29] 這種說法是因為網路讓更多人可以更容易地獲得資訊，就假設網路可以解決資訊及社會不平等的歷史現象。

然而只因為我們都能上網，並不代表大家也都能平等地獲得資訊。資訊素養並不只是簡單的取用手段而已，還必須要有探索的經驗、解讀的技能，以及在適當情境中運用新資訊的知識。在當今這個資訊獲取容易的世界裡頭，擁有強而有力的人脈網路，可以找到提供援助的人，比光是能找到資訊要重要得多。[30]

在這個由社群媒體主宰的科技時代，資訊會在人際網路中流動，我們和同儕相互提供和取用資訊，因此你認識的

人也會影響到你知道的事。社會分化在網路上加劇，資料不平等的現象也會在網路上複製。由於資訊獲取方便而造成泛濫之際，要從大量資訊中篩選出有用的東西就需要時間和技巧。擁有能夠篩選資訊並提供脈絡的人際網路，在這個資訊時代中自然較具優勢，而那些朋友和家人在資訊處理比較沒經驗的人顯然是比不上。[31]

為了滿足資訊需求，我們都會向身邊的人求助。社會學家早就指出，人脈網路會影響我們的就業前景、健康和幸福。[32] 社交及經濟支援的機會，大多取決於自己的人脈。青少年會轉向自己的人脈關係，了解就讀大學的機會，他們也會觀察自己身邊的人，來培養規範和對於基準的把握。涉及資訊和機會時，青少年「認識誰」就變得很重要。只因為青少年可以運用科技製品，和任何地方的任何人相互連繫，並不代表他們都能平等地獲得知識和機會。[33]

社會學家卡斯特（Manuel Castells）在他著名的「資訊時代」三部曲中指出，工業時代即將結束，資訊時代正在開展。三部曲中的第一冊《網路社會的崛起》（*The Rise of the Network Society*）指出在以資訊為基礎的經濟體系中，網路力量是組織的基礎設施。在卡斯特認為正在開展的網路社會中，科技扮演著中心角色，他描述科技在經濟變革時發揮作用，讓一些城市得以更好地適應變化，或者很糟糕地錯失良

機。儘管有些人批評卡斯特觀點為科技決定論，但他的分析其實可以有更好的解讀，就是科技可以帶來經濟和文化的變革，但並不是每個人都能從變革中獲得平等的好處。[34] 總之，不管是社交網路或科技網路，它帶來的好處並不是每一個人雨露均霑，因為網路既非平均分布，也不會讓每個人都變成菁英。

社群媒體並未徹底翻轉青少年原有的社交網路，所以科技也不會徹底改變不平等。要靠電腦網路的變革潛能來重建社交網路，減少結構上的不平等，大多還是要靠使用者善加利用科技，以擴大他們對外接觸。然而青少年卻不是這樣運用社群媒體的。

今天的青少年不但在網路上複製社會現況，也一再地被告誡不要在網路上擴大接觸，因此喪失了接觸多元世界觀的機會。在〈危險〉那一章我們談過「陌生人很危險」的說法，不只會影響到青少年與成人的互動，很多青少年甚至也一再地被告誡，不要在網路上結識別的青少年，因為那些也可能是成年人假扮，心懷不軌。當然也不是所有的青少年都接受這種道德恐嚇，但青少年上網找人，幾乎也都專注在相同的興趣、品味和文化背景。對這些青少年來說，找那些自己熟悉的人，才會感到安全、信任和安心。他們對於科技的運用，並不是要跨越差異的界限，反而是強化了既存社交網路的同

質性。因此，就算有機會可以接觸到很多不一樣的人，也未必保證就會讓社交重組。

青少年能夠接觸到不同背景的人機會有限，他們也受到壓力，不要跟陌生人接觸，這兩種狀況對於弱勢青少年尤其不利。雖然每個人都可以從多元化的人脈網路中獲得好處，但優勢青少年更可能跟其他優勢分子取得連繫，更容易獲得各種資源、機會和各式各樣的資訊。當資訊機會都拴在社群網路上，社交關係如何建構，對社會平等的各個方面都很重要。社會區隔一旦受到強化，在社群網路上複製出不平等，對於物質、社會和文化也都會有影響。

當資訊被建構成只流向特定族群，不平等的現象就會出現。在 2006 至 2007 學年，青少年在 Facebook 和 MySpace 一邊一國時，許多大學的招生人員也開始利用社群媒體來協助作業。他們在網路上建立個人網頁，製作一些可供轉貼的影片，並邀請高中生和他們及學生代表談話。儘管 MySpace 上頭也有成百上千萬的青少年，大多數大學招生作業還是針對 Facebook 的用戶下工夫。我問那些招生人員為何只在意 Facebook，他們都說是因為資源有限，只好有所取捨。當我更進一步指出黑人和拉丁裔青少年更可能會在 MySpace 上，所以他們招收的學生主要會是白人和亞裔學生時，他們都很吃驚，他們從沒考慮過其選擇的文化後果。

在本書寫作期間，也有許多企業開始利用 LinkedIn 來招募大學實習生及應屆畢業生，這是一個以專業人士為主的社群網站。候選人要是有網友也在該公司上班，通常也會讓招聘人員優先考慮。有些企業甚至直接要求申請者列出他們的網友中有誰是在自家公司工作，於是不認識該公司員工的人就相對不利。這種做法會強化同質性，因為我們的社交人脈很少是多元的。對於人數本來就比較少的少數族群，以及來自弱勢社區、缺乏社交資源的人，都設下更多障礙。

我們並不是生活在「後種族」社會，而且社群媒體也不像有些人所期盼地成為文化特效藥。今天的青少年置身其中的，是切實而普遍的分化社會，這些狀況都在網路上被複製，也對青少年如何理解公共生活有深刻的影響。我們都在互相幫助對方定義規範和限制接觸範疇。而且每個人的機會都取決於他們認識誰。光是能夠上網獲得資訊，並不會自動解決既有的結構性不平等和社會分化。網路本身不能讓世界更平等，也不可能自動把青少年送進寬容世界。相反地，它會暴露出既有的社會分化，甚至加深社會分化。

NOTES

1. 美國媒體認為，社群媒體從 2011 年 1 月之後，可以採取更為浩大的形式進行全球的民主化。當中東地區的公民運動風起雲湧，挑戰獨裁政權，部分媒體即指出「阿拉伯之春」的革命行動是社群媒體造就，媒體開始盛讚社群媒體是中東地區民權革命的源頭。這個說法遭到許多人的批評，但也顯示了現在普遍流行的看法，認為運用科技也可以進行文化工作，以消除不平等和不公不義。

2. 在《數位化種族》（*Digitizing Race*）一書中，中村（Lisa Nakamura）指出許多科技話語，尤其涉及數位落差者，都會預想用戶種族與之有關或無關。

3. Briggs and Maverick quoted in Carey, "Technology and Ideology," 160–161.

4. Dyer, "Lighting for Whiteness."

5. Sinclair, "Kinect Has Problems Recognizing Dark-Skinned Users?"

6. Zax, "Siri, Why Can't You Understand Me?"

7. Kendall, "Meaning and Identity in 'Cyberspace' "; Kolko, Nakamura, and Rodman, "Race in Cyberspace."

8. Kolko, Nakamura, and Rodman, "Race in Cyberspace," 4–5.

9. 祖克曼（Ethan Zuckerman）在《重新連線》（*Rewire*）中嚴謹探討「想像的世界主義」，以及把社群媒體當做與生俱來民主化力量的謬論。雖然他著眼於全球規模，但他點出的問題在美國也一樣存在；而且他指出成年人在處理差異所面對的困難，對青少年也適用。

10. Warschauer, *Technology and Social Inclusion*; Drori, *Global E-litism*.

11. Steiner, "On the Internet, Nobody Knows You're a Dog."

12. Christopherson, "The Positive and Negative Implications of Anonymity in Internet Social Interactions."

13. 部落格 omgblackpeople 於 2013 年已經關閉，但內容都收錄在：http://omgblackpeople.wordpress.com/。關於黑人娛樂電視大獎引發種族歧視推文大爆發的報導，請參見：http://www.blackweb20.com/2009/06/29/bet-awards-dominate-twitter-causes-racist-backlash/#.UVB-flv5ms8。

14. Smith, "Twitter Update 2011."

15. Saraceno, "Swiss Soccer Player Banned from Olympics for Racist Tweet."

16. Daniels, *Cyber Racism*; Nakamura, "Don't Hate the Player, Hate the Game."

17. Stewart, "Racist Hunger Games Fans Are Very Disappointed."

18. Staff, "Alexandra Wallace."

19. Mandell, "Alexandra Wallace, UCLA Student."

20. Phillips and Miltner, "Internet's Vigilante Shame Army"; Norton, "Anonymous 101."

21. Eckert, *Jocks and Burnouts.*

22. 有些人會說自己也有不同種族的朋友來淡化種族色彩，這種說法相當流行，可說是大家觀察跨種族友誼連結的一種框架。柯比（Tanner Colby）在 2012 年著作《我也有黑人好友》（*Some of My Best Friends Are Black*）裡頭，透過四個個案研究來描述美國種族融合的困難。喜劇演員巴拉湯德·索斯頓（Baratunde Thurston）則用更幽默的方式來處理這個問題，他在著作《怎麼當個黑人》（*How to Be Black*）用一章教大家「怎麼當個黑人朋友」，提出許多好笑的建議，讓黑人讀者可以如法泡製，當個「善良」的黑人朋友。

23. McPherson, Smith-Lovin, and Cook, "Birds of a Feather."

24. Lin, "Inequality in Social Capital."

25. Bonilla-Silva, *Racism Without Racists.*

26. 2006 年至 2007 年 Facebook 和 MySpace 的消長分析，請參見：boyd, "White Flight in Networked Publics?"。華金斯（Craig Watkins）在他討論青少年與社群媒體的書中，也記錄了這些網站的種族緊張關係，請參見：*The Young and the Digital*。

27. 林肯（Sian Lincoln）在其著作《青少年文化與私密空間》（*Youth Culture and Private Space*）中指出，只要是朋友群聚的平台，青少年就會去使用，不管他們是否有自己的偏好。

28. 就黑人和非洲裔人士的網路參與而言，他們在 Twitter 上是明顯比較多。有些學者開始研究所謂的「黑人推特」（Black Twitter），探索黑人用戶顯著較多的現象，以及各個種族用戶在 Twitter 上不同的參與方式和規範。請參見：Brock, "From the Blackhand Side"；Florini, "Tweets, Tweeps, and Signifyin'"。

29. Clinton, "Internet Freedom."

30. Haddon, "Social Exclusion and Information and Communication Technologies"; Federal Communications Commission, *National Broadband Plan.*

31. Hargittai, "Digital Reproduction of Inequality."

32. Fischer, *To Dwell Among Friends*; Granovetter, "Strength of Weak Ties"；Lin, *Social Capital*; Wellman, *Networks in the Global Village.*

33. 布瑞爾（Jenna Burrell）在其著作《無形的用戶》（*Invisible Users*）中研究迦納青少年，更明顯地呈現結構不平等的問題。雖然這些青少年都能運用資訊科技，但是他們運作其中的社群網路及其社群規範，都會讓他們與成功且能帶來幫助的用戶連繫變得更複雜。

34. Webster, *Theories of the Information Society*; Webster, "Information and Urban Change"; Garnham, *Information Society Theory as Ideology.*

CHAPTER 7

素養：
現在的青少年都是天生網民？

現在的青少年在成長過程中一直有網路相伴，很多成年人都以為他們會自動理解新科技。就此而言，青少年都是「數位原住民」，而成年人應該是對科技不太熟悉，也比較不能培養出相關技能，是所謂的「數位移民」。2010 年有兩位麻州官員呼應這個想法，表示：「現在就學的孩子都是數位原住民，他們利用科技來進行學習毫無困難。而我們成年人是數位移民，只記得以前上課還是用底片投影。在現今數位科技蓬勃發展之際，教育體系也要趕上學生的速度。」[1] 現在很多青少年的確是玩社群媒體玩得凶，也積極參與網路公共空間，但這並不表示他們就會擁有知識和技能，善加利用他們的網路經驗。說他們是「數位原住民」其實沒什麼意義，反而讓我們更難理解青少年在網路世界中碰到哪些困難。

我在田野調查中時常發現，青少年也一樣要很努力，才會了解這些科技製品如何運作、資訊如何散播。好奇心可能是青少年為自己培養出對於社群媒體有用知識的關鍵，但他們對此的知識和經驗其實大有差異。我採訪過的青少年中，有人會用程式語言來建立複雜的網站，不過有些青少年卻連網路瀏覽器和網路本身有什麼差別都不曉得。我也遇到過有些青少年可以精細地辨別不同種類的網頁內容，而且能夠創造出這些內容，利用流行媒體散播到其他社群；但也有些人連垃圾郵件都看不出來。

青少年可能在網路上創造出自己的媒體工具或散播內容，但這並不表示他們原本就擁有這些知識，或者能夠詳加分辨自己接收到的訊息。光是透過網路或社群媒體接觸到許多資訊和圖像，並不表示我們就一定可以細緻地解讀這些訊息背後的意義。科技不斷地改造社群，但光是因為青少年誕生在這些科技遍行的時代，並不會讓他們自動成為重要的內容提供者。

料想青少年都會自動擁有這些素養，是很危險的假設；以為數位移民世代就毫無貢獻，也是太過天真。[2] 就算是那些很害怕科技的人，也都可以提供重要而寶貴的想法。不管是青少年或成年人，也都是個別的人，不能以世代論之就一視同仁，更何況培養技能和年齡老少也沒有什麼特殊關係。不管是在學校或非正式場合，青少年都需要培養技能和增進知識的機會，才能有效率且有意義地運用當代科技。要在網路時代不淪為數位文盲，都必須很努力才行，不分年紀大小。

數位原住民的出現

「數位原住民」的說法有其政治根源，大概是出自美國的技術理想主義。美國知名詩人，也是支持科技改造的文化健將巴洛一向熱切呼籲各方重視網路社會興起的重要性，

他就以這個詞來區分他我。以搖滾樂團「至死感恩」（The Grateful Dead）的作詞人出名的巴洛，習於用挑釁的詞語來表達政治觀點。正如我們在導言中說過，他曾經在 1996 年達佛的世界經濟論壇發表〈網路獨立宣言〉，正面挑戰「工業世界的各國政府」。在區別「來自網路」的人和舊世界群眾時，他以「原住民」和「移民」相互對照：

> 你們是害怕自己的小孩，只因為他們是那個世界的原住民，而各位永遠都是個移民。因為你們害怕，就讓官僚機構擔起父母官的責任，你們這是太懦弱才不敢面對自己的責任。在我們這個世界，所有人性的情感和表現，從最卑微到最高貴，都是嚴絲密縫的全球數位對話的一部分。我們把空氣抽光，讓鳥兒不能拍翅飛翔，就沒辦法讓他們不會窒息。[3]

對於數位時代的原住民和移民說法，巴洛很可能不是第一個提出的，但是他的詩意語言凸顯出源自科技代溝而隱然出現的恐懼。[4] 他是故意這麼說以挑起反應，也果然達到目的。但很多人就把它當成字面上的意思，在公眾討論中成為流行的說法，把所謂的「原住民」當做是具備卓越非凡的科技力量和技能。很多人以為巴洛宣言的意思是說，對於小孩天生應該具備的知識，大人也應該感到恐懼。

羅斯科夫（Doug Rushkoff）以類似的方式思考，在
1996 年的著作《播放未來》（*Playing the Future*）中指出，
我們都應該承認小孩子的心靈手巧，並意有所指的表示原
住民和老移民在語言的發展上絕對不會一樣，原民住很自然
地學會主流語言，而他們的爸媽都會帶著原本的口音。他
就是用這種移民和原住民的概念，來稱讚數位原住民的成長
茁壯。

　　巴洛和羅斯科夫都說青少年是數位原住民，是把他們定
位成挑戰現狀的強大角色。但很多同樣指稱「數位原住民」
的言論，是認為有些人就像學習語言一樣很容易就學會科技
語言，但有些人只是被動地接受科技知識。這些說法借用巴
洛和羅斯科夫的概念，但原本的意思卻也被扭曲了。

　　教育顧問普南斯基（Marc Prensky）在 2001 年寫了篇
文章〈數位原住民、數位移民〉（Digital Natives, Digital
Immigrants），宣稱：「今天學生思考和處理資訊的方式，
跟前輩有著根本上的不同。」[5] 他說他們應該被稱為「數位
原住民」是因為「電腦、電玩和網路對我們現在的學生來說，
就好像是『母語』」。如同巴洛和羅斯科夫，普南斯基也把
老一輩定位為移民，並指出：「跟他們相比，我們這些不是
在數位時代出生的人，是後來才喜歡或吸收很多科技的人，
都是、而且永遠都是數位移民。」普南斯基說「數位原住民」

這個詞是他自創的，跟巴洛或羅斯科夫無關，很多人也把他當做是創始人，因為他推廣了這個概念。[6]普南斯基的說法也跟巴洛和羅斯科夫一樣，都認為青少年掌握科技應該是駕輕就熟。

這個詞開始在公眾討論中流行起來之後，學者對於它的基本含義也開始展開批判。從民族學的角度來看，「原住民」和「移民」的說法尤其誤導。我在某個私人場合中，看到人類學家貝爾（Genevieve Bell）詢問當場的每一個人，這些詞到底代表什麼意思。她提醒在場的人說，縱觀歷史，都是強大的移民族群背叛了原住民，破壞他們的精神空間，對他們行使權力。雖然不是所有的移民都這樣，卻讓我們想到一個嚴重的問題：使用「數位原住民」來進行討論，到底會理解成什麼意思。說這話的意思是要肯定青少年很厲害，或者是想要破壞他們對科技的參與呢？我們是打算承認這些原生知識很寶貴，或者以為它們應該受到限制和管制呢？

數位原住民的概念，不論是積極建構或消極引述，都會產生意想不到的嚴重後果。這不僅是誤導，同時也掩蓋了年輕世代中科技能力與媒體素養不均的情況，讓我們誤以為青少年都有相同的能力來迎接數位時代，渾然不覺要扮演「原住民」需要哪些優越的條件。更糟的是，教育工作者和大眾不但不擴大幫助青少年提升數位能力，反而導致數位世界複

製出不平等，因為那些條件更好的青少年擁有更多的機會，可以在學校課堂之外培養這些技能。應該要注意的是理解媒介世界所需要的技能和知識，而不是斤斤計較於荒疏粗糙的世代區別。不管是青少年或成年人都有很多要學。

　　我們生活在科技媒介的世界，能夠嫻熟地運用科技對於日常活動越來越重要，藉此可以獲得收入優渥的工作、管理醫療保健，以及跟政府打交道。我們不應該假設青少年都天生擁有科技能力，家長、教育人員和政策制定者都要通力合作，幫助那些背景不一、經驗不同的青少年。在幫助青少年參與網路公共空間和其他資訊豐富的環境，教育工作者扮演著重要角色。要充分利用網路環境，通常重點不在於熟悉最新的機器設備或服務，而是擁有一些重要的知識，包括控制個人資訊流的能力，以及如何尋找資訊、解讀資訊。

　　大多數的正規教育並不重視數位能力，部分是因為我們以為青少年天生都了解科技，部分也因為現行的教育評量並不要求這件事要優先辦到。雖然青少年在參與那些系統時一直都在學習，但成年人包括家長、教育人員和圖書館員也都能幫助他們，把自身經驗轉化為知識。[7]

青少年需要新素養

青少年面對的科技，從 Google 到維基百科，都需要嚴謹地處理他們看到的資訊。我們要是以為青少年自然就會吸收數位資訊，其實只是在逃避責任，不肯幫助他們培養必要的技能。有很多時候，我們只是注意讓青少年不要去接觸那些不正確或有問題的資訊，這雖然也是對的做法，但光是這樣可是幫了倒忙。

青少年一定要有媒體素養，不能淪為文盲。[8] 當他們參與媒體時，不管是當消費者或生產者，對於特定媒體產物的建立和散播都必須有質問的能力。在那些媒體產品中存在什麼偏見？創作者希望觀眾怎麼解讀，解讀的後果又是如何？

「媒體素養」的概念早在電腦網路出現之前就有了，在英國可以追溯到 1930 年代，當時的教育人士認為公眾對於宣傳品必須擁有批判能力[9]，那時候海報已成為主要的宣傳工具。美國的媒體素養教育則是到了 1960 年代，媒體廣告大行其道之後才開始。[10] 教育工作者認為，接收訊息的大眾也必須要有批判評價周邊訊息的能力。隨著許多媒體新類型迅速增加，很多人擔心閱聽大眾被特定論述所操縱。雖然操縱式的訊息通常也要經過事實的檢驗，但是大家對於親眼所見的訊息還是要學會質疑其中是否暗藏偏見和預設。

儘管媒體素養計畫一直以來都有人在討論，幾十年來也零散地施行，大多數人仍然欠缺訓練，無力批判他們接觸到的資訊。早在電腦網路出現之前很久，學校依靠一些值得信賴的出版商、資訊管理機構和其他可靠的資訊來源，所以學校和社區都不重視媒體素養以提升批判能力。但是在網路世界裡頭，資訊流的中間控制變得更少，而流動量變得更大，因此能否批判地質疑媒體論述也就越來越重要。光是片面地審查不正確或有問題的內容，並不能提升青少年所需要的能力，讓他們有朝一日能夠獨立評估資訊。在目前資訊泛濫而欠缺揀擇的狀況下，他們需要知道怎麼處理資訊過多的問題。況且現今青少年的媒體素養不均，我們也不能讓他們自生自滅，放任他們自己去學習。[11]

　　但他們必須學會什麼呢？媒體素養的倡導者推廣了幾十年的批判能力當然是必要的。比方說，他們必須能夠了解廣告中的偏見，不管網路或傳統媒體上的廣告。但是在一個已被數位化滲透的社會，媒體素養只是第一步，科技能力也越來越重要。對於他們每天都會使用的電腦系統，很多青少年都欠缺基本的理解。有些人對這方面是足夠好奇，所以能夠培養相關知識，但這都要花時間、花力氣，而且要有機會，有相關的人脈和訓練，才能夠成為積極的參與者和貢獻者。

　　雖然培養技術能力並不普遍，但要這樣做才能達到有意

義的參與。在 MySpace 普及的初期，有些青少年就學會利用 HTML、CSS 或 JavaScript 等程式語言來改變個人網頁的外觀和感覺。這其實是 MySpace 程式碼的一個錯誤意外造成的結果。但看到很多青少年利用程式碼來探索自我表現之後，該公司刻意不修補漏洞，想看看大家會怎麼為自己量身打造網頁。因為可以編排版面和背景，青少年樂於學習程式碼來修改自己的網頁。有些人甚至學會相當複雜的技術，因為他們想要建立更大且更有創意的網頁。其他一些人則只是複製和剪貼他們在網上找到的程式碼。這個技術故障，加上青少年為自己 MySpace 網頁量身打造的熱情，為他們創造出培養某些技術能力的機會。[12]MySpace 最後因為安全問題禁止用戶自行修改程式碼，但另外開出一個介面讓他們得以修改自己的網頁。這個做法雖然讓修改作業變得更簡單，也比較不會有技術上的問題，卻也關閉了 MySpace 意外開啟的學習機會。

為了吸引到更多使用者，許多科技製品都會設計得非常簡單。但情況也不是總是如此。我小時候為了上網搞社交，可是花了無數個小時關讀操作手冊、調整網路硬體設備和學習程式語言。

當日常使用的科技製品已經設計得越方便越好，我們就不需要像早期的網路用戶必須學會一些技術能力。現在要參

與網路不一定要有技術能力的素養，但那些科技素養淺薄的人在數位化世界中也無法成為強大的公民。隨著新科技讓我們獲取更多資訊，媒體素養和對科技必要的理解帶來一些問題，雙方交叉激盪下又帶來一些新挑戰。我們要提升青少年的媒體素養，不能只是叫他們「原住民」而已。

演算法的政治

麻州 13 歲白人女孩科琳（Corinne）在一次團體聚會中自豪地宣稱自己不用維基百科。被問到為什麼時，她解釋說：「我聽說那裡的資訊不正確，平常我要是想要找一些正確的資訊，我通常會利用 Google。」科琳的老師也鼓勵她用 Google 搜尋資訊。他們告訴她，維基百科裡頭有很多不正確的訊息，因為任何人都可以上去修改編輯。科琳跟很多同儕一樣，以為 Google 頁面最前頭那些搜尋結果都是正確的。如果不是的話，為什麼它們會出現在前頭呢？而且老師為什麼也這麼建議呢？她之所以信任 Google，是因為大人告訴她這個網站可靠。她認為 Google 就像老師指定的教科書一樣可靠。而維基百科呢，則因為老師說它不可靠，所以不應該信任。

維基百科和 Google 是完全不一樣的網站。維基百科利

用科技來簡便編輯，是集合眾人之力而成的百科全書網站。這個網站有一群活躍的志工社群在創作內容，透過一些集體決定的社會及技術協定，提供技術框架讓適當的用戶自行編輯。用戶對於內容常有質疑和辯論，幾個仲裁者和一些熱情的志工都很努力在解決一些爭議，把自己的理念灌注在他們認為合宜且值得關注的高品質內容。

相反地，Google 是盈利企業，是透過廣告來賺錢的搜尋引擎。[13]Google 的業務並不包括核實網頁內容，或者評估內容品質，它也沒有編輯人員負責核實內容來源，其搜尋結果只是根據該公司的工程師設計的演算法得出。這個強大搜索引擎的演算法是根據連結、文本及其他資料訊號，決定搜尋結果的排行先後。因為 Google 的流量很大，所以有無數的人、企業、組織都會進行所謂的「搜尋引擎最優化」來操縱資訊，讓特定網頁盡可能地獲得最佳排序。相對地，Google 也不斷地修改演算法，讓搜尋結果盡可能不會受到個別操縱所影響。[14]

雖然 Google 提供的網頁跟你查詢的關鍵字較有關連，但這家公司的員工並不會去評估這個網頁的內容品質如何。有許多專門放送陰謀論和名人八卦的網頁在搜尋結果上都有很高的排行，假如你想找這些東西，Google 也樂於提供。Google 的目標就是在你搜尋時，提供關連性最高的網頁給

你，但跟這些網頁的內容正確與否無關。我碰到的青少年很多人都以為 Google 提供的網頁有專人核實，真是太天真的想法，也很不正確。

我不管去到哪裡，都會聽到家長、老師和青少年熱烈讚頌推崇 Google。他們認為在這個可疑內容四處可見的數位生態系統中，Google 就是可靠資訊的來源。更重要的是，我遇見的人很多都認為 Google 客觀中立，跟傳統新聞來源不一樣，例如福斯新聞（Fox News）或《紐約時報》。大多數人理所當然地以為傳統媒體的新聞都是由某一個人，通常是主編，選擇要在報紙頭版或電視新聞中刊載播放什麼消息，但他們卻天真地以為 Google 資訊是由演算法、程序集計算得出的結果，必定不會帶有編輯人員的偏見。

演算法到底是什麼，大多數人是陌生的，包括大多數青少年也不會懂。然而對 Google 等很多電腦系統而言，演算法是它們的基本運算作業。使用搜尋引擎的人大多數也不了解，搜尋引擎是由複雜的機器學習演算法構成，就算知道有這回事，大概也不清楚實際上是怎麼運作。像 Google 這種公司的演算法，都是商業機密，到底如何設定和運作，外人不得而知。為 Google 等公司建立演算法的工程師也沒辦法掌握系統所做的每個決定，因為隨著資料輸入，演算法也會自行演進，這就讓問題變得更複雜。

雖然某些技術的細節我們也不需要了解，但至少要知道演算法並不是客觀中立的。工程師建構機器學習演算法，基本上都需要餵它一些訓練資料，有時候工程師要提供分類以協助演算法分析資料。這些系統要匯整資料才能得出結果，由工程師透過查詢來驗證，他們認為這些結果都應該要有一個「正確」答案，或者至少合理的結果。在這些過程中，都需要人來操作，而偏見也隨之滲入。他們選擇用哪些資料來訓練系統，如何建立分類，用哪些樣本進行測試，在他們調整演算法，以達到他們認為的高品質結果時，這些都是人在做決定。就像傳播學者吉萊斯比（Tarleton Gillespie）所言，演算法也有政治。[15]

　　一個搜索引擎產生的結果，可能會帶有基礎資料的偏見，或者反映出工程師對於某些內容太過倚重。雖然工程師會努力清理資料，盡量減少偏見，但他們也沒辦法清除自己的偏見。況且演算法原本就很複雜，又需要分析非常大量的基礎資料，工程師也很難預測哪些查詢會產生什麼結果。[16]

　　如今我們在 Google 上搜尋所獲得結果，也越來越個人化，這是受到 Google 對搜尋者的了解所影響，包括人口統計上的資料、客戶的搜尋歷史，以及從社群媒體蒐集到的資料。這些都會導致搜尋結果的差異化，每個人做一樣的搜尋，卻獲得不太一樣的結果。有些人覺得針對用戶量身定做

的搜尋大有好處，但也有些人很不滿。政治活動家兼科技創作者普萊澤（Eli Pariser）在他 2011 年著作《過濾泡》（*The Filter Bubble*）中指出，個人化演算法會造成社會分化，破壞民眾知的權利。比方說，一個長久以來點閱保守派或自由派新聞來源的用戶，可能只獲得類似政治觀點的搜尋結果，使得既存的政治歧見益形擴大。

哈佛大學柏克曼中心（Berkman Center）的學者則指出，Google 等搜尋引擎對青少年獲取資訊的品質大有影響。[17] 青少年以為 Google 是數位資訊世界的中心，卻不太了解那些搜尋結果是怎麼產生的，更不會意識到個人化演算法會影響到他們看到的結果。他們跟大多數成年人一樣，毫不懷疑地信任 Google。愛荷華州 18 歲白人男孩沃夫就說：「如果在 Google 上找不到，就是沒有啊。」他 17 歲的白人朋友雷德（Red）同意說：「Google 無所不知。」

網路上的內容是非混淆，創作者龍蛇雜處，又沒人把關看守，因此網路資訊的可信度很難分辨。但青少年沒學會批判性地看他們獲得的資訊，只曉得尋找新的中介機構，可以幫助他們決定哪些資訊有價值。總之他們毫無保留地接受 Google 的搜尋結果，不管是好是壞，同時嚴守師長教導，排斥那些高品質內容，而他們的爹娘也是以為 Google 中立客觀，像是維基百科這樣的網站反倒覺得可疑。

知識生產網站：維基百科

在美國的十二年級制教育體系中，維基百科的名聲很糟。很多教育工作者都以為，一個任何人都能上去編輯、修改的免費百科全書，必定充滿了錯誤和誤導的資訊。學生要是把它當做是唯一的資訊來源，就更令教育工作者感到憂心和懷疑。很多老師根本看不出維基百科的教育潛力，只是一味地勸告學生，不論如何都不要接近維基百科。我在全美各地都聽到類似的說法。

麻州 15 歲白人女孩凱特（Kat）告訴我：「引用維基百科真的很不好，因為它不一定會列出資訊來源……你根本不知道是誰寫的。」內布拉斯加州 15 歲白人布魯克（Brooke）則說：「老師叫我們不要用維基百科，裡頭很多資訊，有些不太正確。」這些論調跟我從家長和老師那邊聽到的幾乎是一模一樣。雖然不知道這些學生是否只是照搬老師的話，或者是自己思考之後也獲得同樣的結論，不過學生們幾乎都曉得，大多數老師都認為維基百科的正確性有限。

很多人認為維基百科不可靠、可信度有限，但研究指出，維基百科就算不比傳統資訊來源更加正確，至少也是跟諸如大英百科等一樣可靠。[18] 老師一向是擁護自己熟悉而公認可靠的資訊來源，他們鼓勵學生上圖書館找資料，但是他

們在推薦數位資訊來源時，通常不會解釋為什麼某些來源比較可靠。[19] 德州 15 歲白人男孩阿倫（Aaron）表示：「很多老師都叫你不要用維基百科做參考書目來源，因為它就是不被認可。他們寧可你採用某個大學教授的網頁。」雖然阿倫也搞不懂資訊來源認不認可是在說什麼，但他心裡很明白老師認為哪些網站可以引用，哪些不行。同樣的，愛荷華州 16 歲白人青少年希瑟（Heather）說：「我們學校說不要把維基百科當做主要來源，你可把它當做是次要或第三個來源，但不是最重要的。他們推薦微軟百科（MSN Encarta），說用這個比較可靠。」我問學生說，為什麼他們應該使用微軟百科或教授的網頁，他們回答說是比較可靠、也比較可信，但他們都無法解釋這些來源到底是如何可靠。

雖然我碰到的青少年幾乎每一個都告訴我，老師禁止他們做功課使用維基百科，但也幾乎是每一個都會偷用。有些人是靠它提供的資訊當做起點，再上 Google 找老師認可的資訊來源做引用。也有些學生是明知故犯，只求不要被老師抓到就好。我在波士頓遇到一位青少年就跟我說，他的老師其實也從沒檢查過那些資訊來源，所以他照樣引用維基百科的資訊，但在列出引用來源時，就挑那些比較可靠的，像微軟百科等等，他知道老師不會逐條檢查引述是否真確。也就是說，這小子偽造資訊來源，因為他知道老師不會檢查。雖然他是找到辦法來對付老師的規定，卻完全不知道要他們列

出引用來源的真義何在。他只曉得老師禁止他們引用維基百科「超蠢的」。

因為很多成年人以為青少年在數位資訊的處理上都很厲害，也因為他們自己都不了解許多網路資訊的來源，所以他們對網路資訊的判斷常常誤導青少年，讓他們接收到不正確的訊息。當青少年在維基百科上找到可用資訊卻無法揀擇，而老師在貶低其可信度時也無法提供批判看法時，衝突自然就出現。

其實維基百科可以變成很棒的教育工具，但我碰到的教育人員大多不知道如何善用。維基百科跟其他可靠的資訊來源，包括別的百科全書和可靠作者著作不一樣的是，維基百科每個條目的編修過程都是公開的。各位只要點閱維基條目頁面上的「歷史」，就能看到誰做了編輯、修改，修改了哪些內容。再點閱上頭的討論，也可以讀到關於編輯過程的諸多討論。所以維基百科不只是知識的產出而已，更是大家分享和展示「創造知識」這個過程的紀錄。

在大多數的教育機構中，青少年讀到的內容大多是仰賴出版商和專家來審查，但他們不會公開資訊取捨的討論過程。有些教師認定某些出版品值得信賴，學生也跟著照單全收，認為那些內容真確無誤。但我們要是去讀一些以前的歷

史書籍或百科全書，有時候會覺得內容很好笑，因為內容真確與否和讀者觀點都是與時並進的，但書上的內容卻受制於一時或一地的觀點或文化脈絡。然而過去的學生接收到的那些資訊，也跟今天的學生一樣，被教導說那些資訊就是正確，就是事實。

教科書雖然被很多學生認定是權威教材，其內容卻未必中立，甚至未必正確。教科書的內容很容易過時，學校卻來不及更新。我採訪的青少年都很喜歡挑教科書的毛病，例如有些教科書還把冥王星列為行星。而教科書上不正確的內容，未必都是因為錯誤或過時，有些是因為原作者的社會或政治信念而誤植偏見。以美國來說，德州對教科書的干預就是全美之冠，惡名昭彰。[20] 德州的教育工作者堅稱美國「開國元勳」都是基督徒，就讓一些質疑的學者感到不安。教科書的內容，其實都有高度政治意涵。

對於歷史的解讀，詮釋觀點的差異是尤其重要。在我成長的家庭中，就聽到許多例子。我媽媽是小時候搬來紐約的加拿大人，但外公是英國人。我媽媽讀書的時候，外公對她的歷史課本非常有意見，甚至說要撕了它，讓她很困惑。對我那個「愛國」的英國外公來說，美國的建國史根本是欺人太甚。

像是對於美國獨立戰爭這個主題，美國和英國的高中教育觀點就很不一樣；而不管是英國，還是美國，很少有學校考慮到女性、黑奴或美國原住民的觀點又是如何。很多歷史學家對這些主題極感興趣，有些專著就致力於探索這些在歷史上「消失」的觀點，例如津恩（Howard Zinn）的著作《人民的美國史》（*A People's History of the United States*）。儘管很多人覺得反正就是成王敗寇，但有不少紀錄仍舊是分歧的，有些紀錄雖然矛盾，也未必需要達於一致。像是美國和英國的教科書當然是一個主題各自表述，兩國未必要有一致的見解。所以像我媽媽家族那樣渡海而來的人，有時候就會面對矛盾衝突的觀點，而且其中也沒有多大的討論空間。在我媽媽的童年時代，歷史就有對錯之分，我外公就認為我媽的歷史教科書根本是錯的。

　　維基百科常常要解決記載矛盾的問題，雖然不是每個辭條都是如此。批評者也時常笑說維基百科只是烏合之眾，仰賴用戶提供一些來源可疑或有待商榷的資訊，但是這個網站也提供一個公開平台，讓大家可以看到知識如何演變和競爭。維基百科上的「美國革命」（American Revolution）辭條顯然就是許多矛盾歷史觀點的產物，其中不但包含英、美教科書上的主流觀點，也涵括一些在正統教科書中一貫被邊緣化的論點。

而維基百科的「美國革命」辭條會這麼有趣，也不只是在於它的內容而已，包括各方的討論和修訂過程都很有趣。在公開編修過程的網頁中，那些參與作業的用戶都會說明修訂原因。而在討論專頁上，各方參與者公開討論要怎麼解決一些觀點上的矛盾。比方說，在「美國革命」的討論頁上，就有一整頁專門討論當年到美州的殖民者，到底是要叫做「愛國人士」（這是從美國觀點）或者叫「判亂分子」（英國觀點）。在討論過程中，有位用戶提出了第三個稱呼：「革命志士」。最後在這個辭條的內文中，編輯者們大多使用「美國愛國人士」或「革命志士」來稱呼，或者直接稱呼殖民者為「美國人」。維基百科「美國革命」辭條的討論頁，本身就是一堂歷史課。我們從討論過程的紀錄，可以看到編輯群對於某些主題的辯護和說服，各方觀點競逐其中，讓讀者可以藉此思考資訊的取捨與呈現，到底原因何在。我從維基討論頁看到許多不同的「美國革命」相關觀點，比我在大學先修班上歷史課學到的還多。

　　我碰到的青少年，會上網的大多去過維基百科，也知道它可以編輯修改，卻幾乎都不曉得它還提供討論專頁和編輯過程的紀錄。沒人教導他們，其實可以把維基百科當做是一個不斷在發展中的文件，可以讓我們看到知識是如何形成。相反地，學生只看到老師批評維基百科，他們就根據老師的喜好來判斷網頁內容的「好」或「壞」。維基百科原本提供

了理想的環境，讓青少年可以從中質問資訊來源，了解資訊是如何產生出來的，結果這個機會就這麼浪費掉了。

從維基百科的本質和承諾上來看，這都是一項不斷在進展中的工作，用戶會不斷地帶來新知識，提出新議題，可謂與日俱增。當然這個網站的內容有些的確是不正確，但維基的編輯社群也有一整套方法來解決這些問題。也有些人惡作劇或為了個人私利，故意提供假資訊。維基百科一旦確認這些問題，都會保留觀察紀錄，對於影響重大的假資訊事件甚至也列表呈覽，讓後來者得以鑑察。[21]

數位科技提供匯集和整理內容的替代方法，對於原本的權威機構和專家很具顛覆效果。[22]匯集眾人之力而成的內容，如維基百科，是不見得更好、更正確，或著關照層面不見得會比專家審核的內容更全面，但它可以且往往更能在資訊取用上扮演更寶貴的角色，並對知識產生的過程提供了解和反思。維基百科創建辭條所使用的資訊來源如果不是大家認可的，其價值也就無足論道。比方說，維基百科中的歷史內容許多也都來自歷史學家的書面資訊，但維基百科做得更好的是，它以免費、公開，而且是大家都能夠理解的方式來匯整及呈現資訊，並公開內容生產過程中的觀點交鋒和討論。儘管這個網站有其局限和弱點，但是像維基百科這樣的計畫對於教育工作其實非常重要，因為它讓大家都能清清楚楚地看

到知識是如何產生，同時也強調出利用科技提供數位素養的
寶貴機會。

數位不平等

　　媒體素養帶來的挑戰來自數位不平等，也反過來又讓數
位不平等更形惡化，但是「數位原住民」的想法卻可能讓大
家都忽略這個問題。媒體學家詹金斯（Henry Jenkins）極為
生動地指出：

> 「數位原住民」的說法，是讓我們認識並重視一些學習
> 及文化表現的新方式，這是伴隨個人電腦及網路電腦成
> 長的新世代所帶來。但是「數位原住民」一詞也可能掩
> 蓋了青少年在資訊獲取能力和科技適應上的差異。數位
> 原住民的說法讓我們更不會注意到數位分化的狀況，青
> 少年參與各種科技平台的能力和機會不均，造成文化經
> 驗和社會身分上的落差。說青少年是數位原住民，就等
> 於認定他們一體共享且掌握知識，而忽略了大家都不熟
> 悉且不確定的網路世界。[23]

　　詹金斯特別重視資訊獲取機會和能力不均的「數位分
化」現象，強調大眾使用「數位原住民」這種說法，反而會

讓我們看不清，甚至強化既有的不平等。

關於數位分化造就的政治情勢，可以追溯到幾十年前。在 1990 代末期，新聞界、學者和政府機構開始使用「數位分化」來形容富人與窮人對於資源的取用落差。[24] 最早的時候，它是指設備的有無與網路連結能力的差距。[25] 所以社會運動者和政客們要求縮短差距，是著眼於提供「設備和管道」的方法，讓數位弱勢民眾可以使用電腦上網。[26] 政府機構則認定科技，尤其是網路，是提升經濟機會的重要角色，希望這個「進入數位經濟的基本工具」會是未來美國經濟的優先投資項目。[27]

但在公眾熱烈討論數位分化帶來的不平等問題該如何解決時，大家很快就搞清楚，「取用」上的不均等，不能跟有沒有「使用」混為一談。於是數位分化的討論重點很快就轉移到科技能力和媒體素養上。[28] 但是學者和政府機構又認為，如果不知道怎麼使用眼前工具的話，光是能否取用又有什麼差別。[29] 隨著越來越多青少年可以在學校及公共機構使用電腦和上網，並且在科技成本越來越低的現在，學者開始關切數位技能、素養和「對社會有其意義」的取用不均等問題。[30]

在 2011 年，美國青少年的上網率已達 95%，不管他們

是在家或在學校上網。[31] 而青少年取用狀況到底為何，又是如何參與，則是個人大有差異。[32] 因此詹金斯及其合作學者又提出「參與差異」，關注取用機會大增之後，反而讓媒體造成更嚴重的數位分化，強調取用程度上的差異造成參與層次的分歧。[33] 比方說，每天利用圖書館電腦及其受限制的網路上網一小時的青少年，他的網路經驗絕對跟擁有智慧手機、筆電和無限上網的青少年很不一樣。[34]

我在田野調查中一次又一次見證這個現象。我遇到的青少年中，有些人唯一上 Facebook 的機會就是在放學後，到慈善機構男孩女孩俱樂部（Boys and Girls Club）借用電腦才行。他們知道怎麼繞開一些網路使用上的限制，上傳照片、修改隱私設定，靠著公共電腦跟朋友社交往來。乍看之下，好像大家都挺厲害的。不過我仔細觀察後就發現，這些青少年在電腦和網路使用上的能力，絕對比不上那些自己家裡就有電腦或者利用他們的 iPhone 上網的青少年。如果只是在 Facebook 上跟朋友哈啦，那麼雙方的差距也不太大。然而要是透過社群媒體尋求資訊和支援時，我發現優勢和弱勢青少年之間的差距就很大了。

我曾在紐約觀察某個青少年女孩如何使用她的 Android 手機。她會發送簡訊，也常常使用 Twitter 和 Facebook 等 APP。她很興奮地展示自己怎麼同時跟許多人對話，在幾個

程式之間來來回回，毫無罣礙。等到我問她怎麼用手機查資料做功課時，她嘆了好大一口氣，然後切換到瀏覽器打開Google 網頁，輸入一個關鍵詞做查詢。然後她拿手機讓我看，一直抱怨說她的瀏覽器下載網頁超慢的，她說她的手機的確是可以上網看網頁，但速度慢到讓人受不了，所以她很少用手機做那些事。她比較喜歡利用學校的電腦找資料，不過能有電腦用的機會也不太多。要是她真的需要知道什麼，她會發簡訊問朋友，看他們曉不曉得答案，或者有誰可以用「真正」的電腦幫她查一下。從大多數的標準來看，她的確是可以利用她的智慧手機上網，但她也很清楚這種上網方式有著多大的限制。

　　經驗上的差異也會造成另一種數位不平等：技能水準不一樣。社會學家哈吉泰過去十多年來一直在調查網路使用者，包括青少年的網路技能。[35] 她發現不但同一世代不能相提並論，甚至是同一個年齡層的媒體素養和技能水準也有很大差別。技能上的差異跟電腦取用方式不同有點關係。在光譜的一端是那些自己擁有筆電和智慧手機的青少年，不管身在何處都能上網查詢任何資料，從時尚服飾到家庭作業一應俱全。但另一端則是上網機會有限的青少年，只能使用嚴加控管的網路，從學校或圖書館的電腦取得經過篩選的內容。哈吉泰發現，上網機會頻繁與否，跟青少年的上網技能大有關係，這其實毫不讓人感到意外。而牽涉到頻繁與否的「取

用品質」高低，也跟社會經濟地位很有關係，這也一樣不會讓人意外。正如前面說過的，哈吉泰發現很多青少年不但不是什麼「數位原住民」，甚至對這些東西相當生疏。[36]

大家都會認為青少年應該可以上網，具備一些技能和媒體素養，才能善加利用網路社會的機會，但是只注意到這些跟個人比較相關的條件和能力，又會忽略一些影響青少年取用機會和資訊的結構因素。在社群媒體的資訊流和互動都會影響到個人的上網經驗，因此人脈就變得相當重要。如果身邊都是科技人的青少年，當然更可能培養出上網技能。要是置身在不重視科技能力的社區，甚至也不認為這些技能有其必要，那麼這樣的青少年就很難成為熟悉數位科技的使用者。媒體學者克勞佛（Kate Crawford）和羅賓森（Penelope Robinson）都認為，人脈網路和知識網路，對於我們能將哪些資訊和知識結合到日常生活中大有影響。[37]

就算我們是如何想像、如何描述數位不平等的問題，也有其政治意涵。傳播學者艾普斯坦（Dmitry Epstein）及其合作學者認為，社會如果把數位不平等的狀況當做是「取用」上的問題，我們會認為政府和業界應該出來負責解決這個情況。[38]如果社會了解到數位分化是能力問題，我們又會認為學會怎麼管理資訊的責任在於個人和家庭。有時候我們也會希望教育體系和公共機構協助個人學習，但這些討論又很少

觸及政府資助的問題。對於數位不平等的責任歸屬，就是這樣會隨著我們使用的語言和觀點不一而變化。因此我們使用什麼樣的語言來描述這些問題，就變得很重要。

超越數位原住民

如今大多數學者都不再使用「數位原住民」這個名稱，但很多民眾還是接受。《數位原生代：了解第一代數位原住民》（Born Digital: Understanding the First Generation of Digital Natives）作者帕佛瑞（John Palfrey）和嘉瑟（Urs Gasser）因此認為，學界及保護青少年的人應該再利用這個概念，把它分辨得更精確。[39] 他們認為光是拋掉這個不合適的名稱，並無法釐清新科技正帶來的改變。他們對數位原住民的描述，更強調本章所討論的不平等狀況，以糾正過去的錯誤觀念：「數位原住民共有的全球性文化，嚴格來說並非按照年紀來區別，而是根據一些條件和互動經驗，包括他們跟資訊科技、資訊本身如何互動，他們彼此之間、跟其他人、其他機構如何互動。那些不是『數位原生代』的人對於數位科技也可以跟年輕人一樣熟悉，甚至比他們還厲害。而且沒有人是一出生，比方說 1982 年以後出生的人，就必定是個數位原住民。」[40]

在他們的研究討論中，帕佛瑞和嘉瑟用了很多篇幅來分辨誰才是數位原住民，誰又不是。他們特別凸顯那些意料之外的參與差異，以及數位不平等造成的種種難題。雖然他們希望再次調用並重新定義「數位原住民」這個詞的努力很值得讚許，但目前還不知道大家是否真的都能了解他們論證中的細緻論點。因為我們常常看到很多人只是拿帕佛瑞和嘉瑟的著作做為「證據」，說小孩都是數位原住民。我雖然尊重帕佛瑞和嘉瑟的看法，但我不認為我們應該再使用這個詞。儘管他們兩位提供了非常縝密的論證，但其他學者、記者說到這個詞的時候仍然是指涉整個世代。就此而言，在肯定及批判青少年對社群媒體的參與作為，「數位原住民」這種錯誤說法反而帶來不利影響。

　　我認為「數位原住民」這種說法不只是不正確而已，根本就是很危險的想法。這想法在社會中政治化之後，有些人就可以逃避責任，不必幫助徘徊在網路世界的青少年甚至成年人。要是我們把這些相關的技能和知識看做是世代原生，那麼想要提升媒體素養等等後天努力也全部都不必要了。把今天的青少年當做是整個世代的數位原住民，就等於說我們整個社會未來什麼也不必做，只須耐心等待這些數位天才長大就萬事如意。如此的放任，豈能斷絕此起彼伏的不平等。況且這樣的態度，也不能鼓勵一般青少年更深入且嫻熟地參與網路。

普南斯基當年提出「數位原住民」的說法時，大概也沒想到這個比喻會流傳多年，彷彿有了自己的生命，更不會想到後來會被許多成年人拿來當做消極不作為的藉口。[41] 但他其實是要表示我們應該想辦法提升自己的「數位智慧」，創造出有用的工具，增進我們對於數位科技的理解，幫助大家能夠更明智地利用既有工具。既然知道科技可以興利也能為害，普南斯基認為我們對於科技的使用就一定要更加深思熟慮。

　　想提升智慧，就要主動學習。青少年在密集參與社群網媒體，好奇地廣泛探索之際，需要更多科技相關技能來做為輔助。由於青少年利用這些服務來跟同儕進行社交，他們通常也能在非正式的社交學習中獲得一些技能。[42] 但是要達到熟稔數位科技所需的媒體素養技能，很多都不是青少年利用 Facebook 和 Twitter 跟朋友嘻嘻哈哈就能學得到。諸如建立網路空間的科技能力，就需要積極培養才辦得到，這種技能是需要主動學習和鑽研才能獲得的。青少年輕鬆地瀏覽，在網路上進行社交互動，也許可以培養出某種直觀的感覺，但這種感覺並不能讓你了解為什麼搜尋引擎會操控查詢結果的優先順序。這樣的散鬆經驗，也不會讓年輕人想要學會自己建立網路系統，而不只是被動地利用社群媒體平台。光憑青少年的社會身分和地位，並不能決定他們面對科技是否能夠流利操作或精通箇中奧妙。

現今的社會中，科技必將扮演越來越吃重的角色，甚至有些最基礎的工作也以能順利操作某些科技工具做為先決條件。政府機構不管是為了服務民眾或與民眾親近，都越來越仰賴科技。很多社會地位較高的機會，從接受較高的教育到一些新形式的就業，也都需要我們擁有更高的媒體素養和技術能力。我們不能再用過去的假設來看待今天的青少年。要積極參與現在這個資訊社會，不管大人、小孩都要提升媒體素養和技術能力，況且學習本來就是一輩子的事。

NOTES

1. Walz and Brownsberger, "(Real) Virtual Education."

2. 哈斯波（Ellen Helsper）和艾儂（Rebecca Eynon）在〈數位原住民〉（Digital Natives）中指出，假設老師和學生的數位知識存有落差純屬誤導，而且成年人也可以透過技能培養及與資訊、通訊科技互動，而成為數位原住民。

3. Barlow, "Declaration of the Independence of Cyberspace."

4. 「數位原住民」的概念源於何處目前還不清楚，巴洛在撰寫〈網路獨立宣言〉時，羅斯科夫剛好出版了《播放未來》。在打書期間，羅斯科夫常常說青少年是數位原住民，例如韋爾（Elizabeth Weil）在《快速企業》（Fast Company）網站的文章〈未來比你以為的還年輕〉（The Future Is Younger than You Think）中引述羅斯科夫的話說：「在那個地方，小孩都是原住民，而大多數的大人是移民。」而羅斯科夫和巴洛也都告訴我說，他們是受到對方的啟發。

5. Prensky, "Digital Natives, Digital Immigrants."

6. Prensky, "Digital Natives, Digital Immigrants."

7. 伊藤瑞子等學者在〈連線學習〉（Connected Learning）中談到幾個不同的方面應該通力合作，共同打造可以透過科技來學習的新形式。這份報告提供教育工作者具體可行的步驟。

8. Aufderheide, Media Literacy; Livingstone, "Media Literacy"; Hobbs, "Seven Great Debates."

9. 英國的媒體素養教育開始於 1930 年代，李維斯（F. R. Leavis）和湯普森（Denys Thompson）被公認首次在學校出版指導手冊《Culture and Environment: The Training of Critical Awareness》，傳授大眾媒體相關課程。請參見：Buckingham, "Media Education in the UK"。

10. 美國的媒體素養提升運動開始於 1960 年代，卡爾金（John Culkin）率先主張在學校課程中傳授媒體教育，請參見：Moody, "John Culkin"。

11. 年齡、性別、種族和社會經濟地位，都是青少年是否有機會發展數位素養能力的決定因素。例如，高收入家庭的孩子更可能接觸新科技，表示他們更有機會去弄清楚如何使用，他們可以獲得家長或兄姊的指導，而不只是自己盲目摸索。而且這些孩子在資訊的尋找、認定和評估上也更容易獲得教導。請參見：Livingstone, Bober, and Helsper, Internet Literacy Among Children and Young People；Hargittai, "Digital Reproduction of Inequality"。

12. 博客（Dan Perkel）在〈複製與剪貼素養〉（Copy and Paste Literacy）一文中指出，青少年雖是從社交的角度來進行「網路對話」，卻也培養出技術感知能力來更新自己的 MySpace 網頁。

13. Vaidhyanathan, Googlization of Everything.

14. 布魯敦（Finn Bruton）在其著作《垃圾廣告》（Spam）中，詳細介紹 Google 開發複雜演

算法以阻撓搜尋引擎最優化劫持系統，而垃圾廣告業者又是如何反制。這些垃圾廣告業者利用爭取搜尋結果排行來賺錢，而 Google 跟它們的戰鬥也將持續下去。

15. 關於吉萊斯比詳盡探討演算法獲得政治權力的方式，請參見："The Relevance of Algorithms"。

16. 安南尼（Mike Ananny）曾探討 Android 推薦系統的演算法，會產生意料之外的連結結果。當他下載同志交友網站 Grindr 時，系統也推薦他下載一個性犯罪搜尋網站。於是他寫篇文章質問到底演算法是怎麼設計的。遺憾的是，Google 對此毫無回應，只是修改了演算法即算了事。請參見："The Curious Connection Between Apps for Gay Men and Sex Offenders"。

17. Gasser, Cortesi, Malik, and Lee, "From Credibility to Information Quality."

18. Giles, "Special Report."

19. 在佛特（Andrea Forte）和布魯克曼（Amy Bruckman）合著的《寫作、引用及參與媒體》（*Writing,Citing, and Participatory Media*）中，指出使用維基百科對於高中生的寫作及資訊處理技巧上都非常有幫助。

20. 關於德州對美國教科書市場的不當影響，請參見：Collins, "How Texas Inflicts Bad Textbooks on Us"。關於德州基督徒干預教科書編修，請參見：Birnbaum, "Historians Speak Out Against Proposed Texas Textbook Changes"。

21. http://en.wikipedia.org/wiki/Wikipedia:List_of_hoaxes_on_Wikipedia.

22. 最近幾年來有很多專著討論利用社群媒體及其他新近科技，解決資訊流及匯整問題，包括聚眾分包（crowd-sourcing）、分類及合作等等。請參見：Weinberger, *Everything Is Miscellaneous*；Shirky, *Cognitive Surplus*；Benkler, *Penguin and Leviathan*。

23. Jenkins, "Reconsidering Digital Immigrants."

24. 官方首次使用「數位分化」這個詞，是在美國電信與資訊管理局（NTIA）的報告中出現。電資局對於「數位分化」的定義是能否使用電腦與上網的差別。請參見：NTIA, *Falling Through the Net*.

25. Compaine, *Digital Divide*.

26. Warschauer, *Technology and Social Inclusion*.

27. NTIA, *Falling Through the Net*.

28. Hargittai, "Digital Reproduction of Inequality"; Mossberger, Tolbert, and Stansburgy, *Virtual Inequality*; Selwyn, "Reconsidering Political and Popular Understandings."

29. Federal Communications Commission, *National Broadband Plan*. See also Eszter Hargittai's work on skill, e.g., DiMaggio, Hargittai, Celeste, and Shafer, "Digital Inequality"; and Hargittai, "Second-Level Digital Divide."

30. Warschauer, *Technology and Social Inclusion*.

31. Lenhart et al., "Teens, Kindness and Cruelty on Social Network Sites."

32. 環繞取用差異的政治問題可不簡單。山維希（Christian Sandvig）在〈數位分化政策的意外結果〉（Unexpected Outcomes in Digital Divide Policy）中曾指出，不加控管的鬆散取用，青少年上網常常只是在玩遊戲、聊天和做一些政策制定者心目中不認為「有益」的活動。

33. Jenkins et al., *Confronting the Challenges of Participatory Culture.*

34. 不受限制地取用網路，哈吉泰稱為「使用的自主權」，對上網的參與深度和可以獲得什麼好處有顯著的影響。依靠公共資源上網的青少年，例如透過學校或圖書館，對其使用和成果常常造成很大的阻礙，包括物理距離、開放時間和設備品質和可得性，請參見："Digital Na(t)ives?"。

35. 哈吉泰關於網路技能的調查，請參見：http://webuse.org/pubs/。另有兩篇相關論文："Digital Na(t)ives?"；Hargittai and Hinnant, "Digital Inequality."

36. Hargittai, "Digital Na(t)ives?"

37. Crawford and Robinson, "Beyond Generations and New Media."

38. Epstein, Nisbet, and Gillespie, "Who's Responsible for the Digital Divide?"

39. Palfrey and Gasser, *Born Digital*; Palfrey and Gasser, "Reclaiming an Awkward Term."

40. 帕佛瑞和嘉瑟在其網站細緻梳理「年輕人都是數位原住民嗎？」這個問題，請參見：http://www.digitalnative.org/#about。他們那本書一開頭也做了類似的說明。

41. Prensky, "Digital Wisdom and Homo Sapiens Digital."

42. 針對青少年網路活動的大量學習機會，伊藤瑞子等學者提供詳盡的理解架構，請參見：*Hanging Out, Messing Around, and Geeking Out*。很多青少年利用社群媒體和其他科技服務來跟朋友鬼混，但有些人也因此開始摸索一些不同的技術和媒體元素，例如 MySpace 上有些人就學會一些程式碼來進行網頁修改。這些青少年要是對一些事情感到極大的興趣，或許也會從社群媒體轉而建立自己的網路社群，以進行鑽研。這本書提供一些思考框架，讓我們了解青少年在網路環境的自由探索中，可以有哪些學校體系之外的學習機會。

CHAPTER 8

尋找自己的公共空間

16 歲白人中產階級小孩艾茉莉（Emily）是我在我家鄉賓州蘭開斯特附近遇到的，當她說起自己的生活和自己想要做的事情時，我不禁懷念起故鄉來。雖然她跟我住在不同的城鎮，也不是上同一所學校，但她在文化上的許多啟發地點，可都是我很熟悉的地方，例如那附近好幾家火雞山便利商店，還有吸引許多附近居民的公園城購物商場。艾茉莉說她很喜歡去那家商場，也參加許多學校的比賽活動。但我深入了解之後，發現她去那些地方和場合，並不只是為了買東西，就算她去看那些比賽，也不是為了要看足球或摔角。

　　對艾茉莉來說，所謂的「自由」就是能夠去同學、朋友聚集在一起的地方，即使她不是真的想看比賽或買衣服。到了那些公共場所，她說：「你可以到處走走看看，自由自在，幹什麼都行。被那些雜事或學校綁住很煩啊，你需要一點點這種自由。」她弟弟喜歡去同學家，但艾茉莉比較喜歡到那些公共場所，因為社交機會比較多。「跟朋友出去，也許又會碰上一些朋友。到外面去才會碰到更多朋友。你去朋友家，也許只看到一個朋友，頂多三個吧。但要是去購物商場，說不定會遇到七個或十二個。」艾茉莉說她會把握任何一個能夠去公共場合跟朋友聚會的機會，所以她會去看籃球比賽、田徑比賽，還有學校的其他比賽活動，只要朋友也會去參加，她都不放過。朋友要去看電影，如果能搭便車，她也會跟，就算朋友挑的電影她不是很感興趣。她想要的就是在電影開

演前，可以跟朋友聊聊天。

艾茉莉想要找到能跟朋友聚在一塊兒的地方，可以跟朋友說說笑笑，可以簡單回復自我的地方。公園城就可以提供這種自由。以前我那些朋友也會到這裡鬼混。當時我們也都沒多少錢可以揮霍，大概只買得起安蒂思蝴蝶餅吧，但花錢買東西根本就不是重點啊，我們想去那兒，是因為朋友們也都去那兒。

不過我跟艾茉莉不一樣，我們以前常常被禁止去公園城。我念高中的時候，當地商會和教育當局合作，為一些不準備升學的學生設立一所職校，後來就選中公園城這個地點，因為那裡聚集的青少年，常常就是這個實驗學校要找的學生。可是這些小孩當然是打架、逃學，甚至少年犯罪樣樣都來，搞得公園城的名聲也一樣臭哄哄。不過從那所學校設立至今二十年過去啦，公園城也有了很大的改變，現在可算是個頗為高級的購物中心，提供一些中等平民化及高級品牌。雖然艾茉莉跟她朋友都在美食街那一區碰面，那裡的青少年也比不上我那個時代那麼多。現在我回家時總是對公園城感到驚訝，雖然純樸而體面，但就是很無聊。不過呢，這裡雖然已經不像我小時候那樣亂糟糟的，我訪過一些小孩才曉得，他們還是認為這裡很危險。但大多數青少年都可以在這裡聚會碰頭。

不管是在賓州或其他地方，我都碰到許多青少年渴望著艾茉莉擁有的自由。他們希望能夠出門，跟朋友見面。其實這些人大多也可以參加一些學校活動，也允許在週末跟朋友去一些公共場所。不過我在全美各地還是一次又一次地聽到青少年抱怨，說他們沒有自己的時間、沒有自由，不能在自己希望的時間和地點跟朋友見面。就為了這些原因，他們找到了社群媒體，打造出自己可以安身的網路公共空間。

創造網路公共空間

本書討論的幾個主題，往往取決於青少年想要參與公共空間的意圖，以及與同儕連繫的渴望。但他們並不是要收回前輩們曾占領過的場所和空間，而是採取不同的做法，他們已經創造出自己的公共空間。青少年會受到社群媒體的吸引，是因為他們能夠藉此連絡朋友，並且不必出門，只要待在自己的房間裡頭也可以成為廣闊公共世界的一部分。他們可以透過社群媒體，來建立自己的人脈和資訊網路。因此他們不只是參與了網路公共空間，事實上也幫助了這些公共空間的設立。

我們從導言開始就談過，網路之所以能夠形成公共空間，一方面是靠網路科技所賜，另一方面也是靠網民以新方

式來參與這個想像的社群。公共空間的重要性，不只在於它能促發政治行動，同時也提供了我們建構公共世界的機制。從本質上來看，公共空間就是整個社會的織理紋路。

藉由公共空間的參與，我們才能接觸到其他人，感知他人，也才有寬容和尊重的可能。儘管特定司法管轄中，哪些事情可以做、哪些不行，都有明確的法律規定，但是人世間大多數的互動卻是在社會規範之下進行的。我們置身於自己可以理解的公共空間，觀察和體會他人行為，形成對於規範的集體感受，也根據這個感覺來調整自己的行為。這當然不代表世界從此太平，大家都會尊重自己的鄰居，而是能夠創造出共有的文化背景，為大家提供一層緩衝，來隔離仇恨。

青少年希望進入公共空間去看別人，也被他人觀看，他們想跟朋友社交互動，想要獲得自由去探索那個一向被家長和學校牢牢掌控的世界。大致上來說，就跟過去我們限制女性參與公共生活一樣，現在我們在許多方面也禁止青少年參與公共生活。成年人一方面是受制於自己的經驗和認知而將青少年排除在外，另一面則說這都是為了他們好，以做為合理化的藉口。

但是青少年對於這樣的社會地位可不樂意接受，他們努力要找到新方式來參與公共空間，從社交空間到政治空間都

包括在內。所以，通常他們就是找到社群媒體和其他網路科技服務來做這件事。

　　青少年在網路上的所作所為仍是他們更廣泛的欲望與興趣、態度與價值觀的一部分，兩者不可分割。他們跟網路公共空間的關係，代表他們想要加入公共生活。這也不表示他們遁入虛擬，或者利用科技服務來逃避現實，因為參與社群媒體和其他科技服務，正是他們參與廣闊公眾世界的方式。

　　美國青少年的世界被畫下許多界線，生活也受到爸媽和體制力量牢牢地控制著。儘管在家自學也是一種選項，但義務教育制度就是當代的現實。法律規定他們什麼時間可以在什麼地點、以什麼方式聚會，影響了青少年整體流動和個別活動。同樣道理，美國社會這樣的文化狀態，也影響著青少年的世界觀。他們都暴露在媒體論述所傳達的廣泛文化價值之下，生活在消費與商業為本質的體系裡頭。

　　青少年棲身其中的網路公共空間，並不是國營或公營。事實上青少年最愛去的公共場所幾乎都是私營的，例如購物中心或 Facebook 網站。[1]青少年的光顧與否時常夾雜著商業利益，對於網路行銷、在學校或者其他青少年會去的地方來說，他們都是目標。[2]這種趨勢早在網路出現之前就有了，但的確是因為社群媒體而加劇，在網路公共空間正明顯地上

演。這本書並不是要對此狀況提出批判，這方面許多優秀學者都已經做了，而是當做一個事實，因為這已經成為現代青少年唯一知道的公眾世界。[3]青少年會接受這樣的網路公共空間是因為，儘管它們不盡完美，青少年其實也只能靠社群媒體所提供的空間和社群，做為自己熱切參與公共生活的途徑。他們能夠進入的這個商業世界也許不夠理想，但就是不像現實世界中既處處受限，又時時被掌控的生活。

公開自我與身處公共場合

迷戀巴黎的法國詩人波特萊爾（Charles Baudelaire）曾經記錄巴黎的社會生活，描寫大眾漫步街道的情景。他筆下的「游蕩者」信步由之，沒有特定目的地，只是在街上我看人、人看我。按照波特萊爾的說法，游蕩者既不是只想自我展示，也不是只想窺伺，而是時時刻刻既想看人，又想被觀看。游蕩者是城市的私密，既是被觀看的對象，也在觀察別人。

青少年參與網路公共空間，一方面是要跟朋友連絡，再者也希望獲得同儕的肯定與認可。他們在那裡分享一些資訊，是為了觀看也被觀看。他們想要表現自我，讓人尊重、讓人覺得有趣，也能避開那些他們不想要的關注。他們樂意

分享資訊，是希望自己能夠成為公眾的一部分，但他們願意分享多少資訊，又牽涉到他們希望自己多公開。事實上，他們就是數位化的游蕩者。

當青少年漫步數位街頭，他們必定要面對網路科技帶來更複雜的社會現況。我在第一章談到，之後也一再提及的持久性、能見度、散播力、可搜索等特性，對於他們在網路公共空間的經驗都會造成基本上的影響。對那些看不見的觀眾和情境崩解，他們都必須有所妥協。對於持續不斷的監控和行為能力上的約制，他們也都要找出新策略以爭取控制自己的社交環境。

雖然青少年活躍於社群媒體大多只是想要參與公共生活，但他們在網路上的活動卻帶來成年人極大的恐慌，擔心他們可能在 Instagram 上分享什麼不適當的內容，或在 Twitter 跟陌生人互動。對於上網安全和隱私的顧慮，再加上種族和階級等因素而來的焦慮，有時候正是上下兩代對於網路的緊張來源。青少年並不是不曉得爸媽會擔心，但是跟可能的後果比起來，他們更重視網路帶來參與公共生活的機會。

青少年在網路公共空間遭遇許多問題之際，也要先釐清公開自我和身處公共空間的差異。雖然可以透過隱私設置來控制，但身在公共場合是否必定是公開的，這之間的緊張其

實是在於對社交環境的控制能力，而其中的區別也在於青少年與公共生活之間的關係。

　　我在北卡羅來納州遇到 17 歲的印度裔男孩瑪努（Manu），他在 Facebook 和 Twitter 上都很活躍。我本來以為他是利用 Twitter 做公開展示，而 Facebook 則保留做為更私密的空間。不過我錯了。因為 Facebook 在他的同儕之間實在太流行了，所以他也不得不用它來跟大家保持連繫。但 Twitter 不一樣，在他的社群裡頭 Twitter 還不是特別受歡迎。兩邊觀眾的差異，還有他們對於他分享內容的不同回應，影響了他對 Facebook 和 Twitter 的理解。所以當瑪努在 Facebook 貼東西時，總覺得自己像是強迫所有人觀看，但在 Twitter 上就好像大家還可以有所選擇，覺得好玩有趣才來看。他因此解釋說：「我猜 Facebook 就像是對著大家喊話，而 Twitter 則是躲在房間裡說話。」[4] 所以要是他想要散播資訊讓大家知道，他會貼在 Facebook；如果是一些私密的想法，就放在 Twitter。瑪努的想法跟許多成年人剛好相反，由於這兩個網站的技術特性和預設，成年人都以為 Facebook 要比 Twitter 更顯得私密。

　　特定網站或服務系統之所以比較公開或隱密，並不一定是系統的設計使然，而是要看它在整個社交生態系統中的位置。Facebook 設立之初雖然是想代替 MySpace，提供一個更

為隱密的私人空間，但我們從瑪努的實際經驗可以看出，因為 Facebook 實在是太受歡迎了，全球竟有十億個用戶，因而讓它變得像是很公開的場合，就算是一些實際上更公開的網站都比不上，因為它們並沒有那麼受歡迎。在這種狀況下，比較重要的是，用戶對自己與該網站關係的理解，還有大眾對於特定網站的認知，網站的技術結構反倒是其次。

科技和它創造出來的網路公共空間，兩者之間的緊張揭示出我們日常生活中的「公開」本質每天都在改變。Twitter 並不會因為貼文都能被大眾看到，就天生具備公開的特質，而 Facebook 也不會因為貼文瀏覽可以設限，就會讓人感覺私密。儘管這兩個網站都幫助建立了網路公共空間，但其「公開」程度卻因周圍的人如何使用這些工具而有所不同。

青少年在公共空間想要獲得什麼，又是如何理解，可不是人人都一樣。有些青少年認為公共空間就是自由的場所，可以不受成年人監控，自由漫步。這些青少年想要置身公共空間，另外有些青少年則是希望透過公開，讓自己被大家看到。這些人利用相同的科技服務，放大自己在網路公共空間的聲音，藉以糾集眾人，達到接觸群眾的目的。

那些想要把自己公開出來的青少年，對於媒體報導、電視的真人實境秀、探索青少年生活的豐富描述，以及名人的

喧鬧探險都很感興趣，他們認為那些名人就是因為公開自我而獲得自由和機會。於是他們把置身於公共場所和公開自我搞混了。

　　早在網路出現之前很久，就有一些青少年夢想過，甚至很熱中於在自家創造公共空間。那些想要展示自我的青少年，常常會利用媒體或新的科技，在 1980 年代和 1990 年代，有些青少年設立地下電台，也有人跟朋友一起創辦報刊或雜誌。[5] 雖然運用這些科技的青少年也不是到處都有，但流行電影《我有話要說》（*Pump Up the Volume*）和《反斗智多星》（*Wayne's World*）都是肯定這種將自我公諸於世的做法和樂趣。

　　社群媒體讓青少年更容易公開自我，更有許多青少年利用流行的科技服務發表自己想法以召喚觀眾，為整個文化氛圍獻上一己心力。我碰上的一些青少年，不管是在 MySpace、Twitter、YouTube 或 Instagram 上，許多人都有幾千、幾萬個網友追蹤動態。有些人會分享自製的影片、時尚評論，或者是跟朋友一起製作音樂作品來分享；另外有些人會張貼一些有傷風化的圖片或有問題的內容，來吸引陌生人。總之他們貼圖、貼文、貼影片的原因是各式各樣都有，但博取關注則一，這些青少年也都很高興有這麼一個被看見的機會，可以成為整個公眾對話的一部分。

雖然有些青少年是想要藉由公開自我來吸引注意，但大多數青少年則只是想要待在公共空間而已，他們大概就是想要成為公眾世界的一部分，希望在文化層面跟公眾有個連結和參與，這不但是為了培養出自我的感覺，也希望自己是社會的一分子。有些人甚至也在其中尋找積極投入某些社會運動的機會，希望藉此熱切地參與公共生活，讓自己所處的世界變得更美好。

網路公共空間的政治化

　　社群媒體不但為公開自我和參與公共空間提供新途徑，也讓我們過去熟悉的一些政治公共空間重新配置。[6]雖然青少年對政治往往都有些冷感，但也有些人不管是在網上或網外都極為熱中。[7]網路公共空間不必然帶有政治特質，但有些青少年確實帶進某些政治議題，利用網路科技來達到政治目的。[8]

　　現在世界各地都有民眾利用社群媒體和網路技術從事政治活動的實例，他們利用網路和手機來進行協調和溝通，召集群眾形成許多不同的群體來對抗政府。[9]就算只是掛在網路上看人和被觀看，也可以形成公眾網路空間，進而支持某些政治實體活動。[10]青少年參與社群媒體並不只是無聊找事

做而已，對於一些公眾生活絕非全無影響力，不管他們是有意或無意涉及政治事務。

　　青少年參與網路公共空間大多數不為政治，但也有一些明顯例外卻沒被大家注意到。2005 美國國會提出編號 HR4437 的「邊境保護、反恐怖主義、非法移民控制法案」（Border Protection, Anti-Terrorism and Illegal Immigrant Control Act），針對沒有居留文件的非法移民提出多項措施，預料在社會正義和人道處置方面帶來嚴重後果。移民權利運動人士說它是惡法，群起反對。但是該法案獲得許多反移民團體的支持，於是反對者開始上街抗議。

　　2006 年 3 月，移民權利團體透過西班牙語媒體和傳統動員管道發動大規模的抗議示威，很多非法移民的青少年子女覺得被那些經驗豐富的社會運動團體所忽略，轉而利用 MySpace 和手機簡訊進行串連，為自己發聲。[11]

　　在移民權利團體大規模示威抗議後沒幾天，在 2006 年 3 月 27 日有數萬名加州的高中生也走出校園站上街頭，為自己的家人爭取權利。[12] 光是洛杉磯就有兩萬多名學生遊街抗議。有些學生指稱該法案允許以種族歸納（racial profiling）執法，無異於代表某種形式的種族壓迫，也有學生談到經濟體制的問題，墨西哥裔明明是重要的勞力資源，卻受到體系

的壓迫。還有一些學生描述父母如何來到美國，為下一代爭取更好的機會和生活。他們自己製作標語布條和海報，攜帶旗幟代表各自不同的文化淵源，高唱拉丁裔民運領袖查維茲（Cesar Chavez）及一些民運歌曲。

儘管成年人老是認為青少年對於公眾利益沒興趣或者對政治冷感，這些青少年卻站出來從事政治活動。那麼，他們因此受到大家的讚許了嗎？沒有。他們不但沒有因為挺身出來而受到肯定，反而還是受到貶抑。

政府官員和學校師長公開反對學生示威，說他們運用科技服務造成騷亂，鼓勵同學蹺課。大人們嚴厲譴責學生，說他們只是利用政治問題來合理化逃課。而記者們則以本書一再提到的手法散播恐懼，讓大家以為政府當局和學校之所以反對學生的活動，只是因為考慮到孩子們的安全。

管理當局對媒體表示，他們訓斥學生趕快回到學校去，因為在那裡討論移民問題會更有「成果」。洛杉磯市長維拉雷哥薩（Antonio Villaraigosa）對一些年輕的示威群眾說：「各位今天既然已經表達了對自己家人的支持，也對薩生布雷納（Sensenbrenner；譯按：支持該項法案的眾議員）提出抗議，就該回去上課了吧。」[13] 他居高臨下的語氣，表示上學比參加這種政治活動還要重要。有些成年人故意談到查維

茲，說這位受人尊敬的民運領袖一定會以他們為恥。學生們在 MySpace 上說他們要是不去上課，學校的政府補助可能遭到刪減，每個學生會影響三十至五十美元的補助云云。這又讓那些批評聲浪顯得相當詭異。

學生的抗爭活動，後來也遭到處罰，有些城鎮的教育當局說他們名為上街路過，實為逃課，很多學生因此被處以留校察看或其他懲罰。對於他們利用科技工具直接參與政治活動的能耐，沒多少成年人給予認同。搞社運的人常常會受到懲罰，而這些青少年甚至也沒人認為他們是在搞社運。

HR4437 引發的活動從許多方面來看都是典型的青少年抗爭，不過他們還有很多行動就形式上來看，跟成年人的抗爭就不太一樣。許多民運領袖和記者因此認為青少年和年輕人發起的那些活動根本不能叫做抗爭。例如，在我的田野調查過程中，曾遇到一些青少年自豪地宣稱參加駭客組織「匿名者」，這個團體當初是為了跟山達基教會和其他有權有勢的機構相對抗，讓許多權力者感到驚慌。

「匿名者」其實是一群立志挑戰權力機構的人所組成的鬆散組織，在 2010 年 12 月有些人開始利用網路進行駭客行動，攻擊美國政府和一些大企業，才開始引發各界關切。[14]後來非營利組織「維基解密」（WikiLeaks）在網路上公布

美國國務院外交密電，美國政府震怒，逼迫美國企業界不得支持該組織。於是亞馬遜公司刪除了維基解密的帳號，不再保管它的內容，網路金流業者 PayPal 也註銷該組織的金融帳戶。維基解密的創辦人，澳洲公民阿桑奇（Julian Assange）不但被美國政府列入不歡迎名單，司法機構也發動大陪審團調查起訴。針對這些行動，駭客組織再度攻擊那些迫害維基解密的政府機關和工商企業界的網路設施，並在其他方面帶來安全威脅。

事情愈演愈烈，英、美兩國當局逮捕了一些利用科技設備挑戰權威的搗亂分子，但大多數都是十幾、二十歲的年輕人。[15] 我碰到的那些自稱加入「匿名者」的青少年都沒有被逮捕，不過很多參與各種政治抗爭活動的青少年都宣稱自己是「匿名者」，推崇福克斯（Guy Fawkes）的象徵意義，以團體行動來扮演羅賓漢。儘管當局認為這些傢伙是無政府主義專搞破壞，甚至當他們是恐怖分子和賣國賊，但我遇到這些青少年卻以為自己是在做政治抗爭，從事政治活動，雖然做法不為成年人認可。

政治參與有很許多種形式。雖然青少年比較少有組織化的政治行動，很多人還是常常利用網路工具來發表政治看法。比方說，一些爆紅網路圖文的創作和散播就是很常見的自我表達方式，這其實也可以看做是一種政治表態和宣揚。

這種網路模因一開始可能只是特定的數位化製品，也許是圖片、歌曲、「＃」標籤文字或影片，但廣為流傳之後，又會結合其他的文字或媒體，變成連結鬆散但帶有類似基礎指涉的媒介物。[16] 這些文物不僅是在網上分享流傳，也會吸引更多人複製、模仿，創作出更多內容。

我在本書第二章談過網路流傳的「笑臉貓」圖片，是利用一些跟貓有關的圖片，加上不合英文正規文法的「貓文」來搞笑，此外還有許多網路模因跟笑臉貓一樣，都只是娛樂大眾而已。不過還有一些模因帶有政治意涵，比方說「希特勒垮台」（Hitler Downfall）的模因原本是 2004 年電影《帝國毀滅》（Der Untergang）中，希特勒對部下大發飆的一場戲。引用這個橋段創作模因的網民，把原本的德語重新配上一些跟政治或有關或無關的文字內容，戲謔希特勒對某些創作情境也感到很生氣。多年來發生的許多事情，都有希特勒上台插一腳，像是美國次級抵押貸款辯論、美國政府的數位千禧年著作權法案（Digital Millennium Copyright Act）準備禁止戲仿改編和模因、美國法辦國安局告密者史諾登（Edward Snowden）的挫折、希特勒發現自己的 Xbox Live 電玩帳號被禁等等。[17] 這個模因就是利用大家都熟悉的歷史典故，在嘻笑怒罵中批評時事。

雖然「希特勒垮台」影片不一定都是青少年做的，事實

上也算不出來，但我碰到的青少年很多都做過這段影片，也分享散播過，還有些人則是製作了自己的影片。要製作和解讀這樣的影片，需要對歷史背景有所了解，也需要豐富的媒體素養。我們在前一章談到說，不要把青少年對於科技和媒體的敏銳視為理所當然，但也不要忽視有些青少年可以利用這些技術來幫助建造實際上帶有政治意涵的公共空間。

也不是所有的青少年都喜歡參與政治，況且他們參與的方式有許多也是成年人無法認可的，因為他們的評論或抗爭活動不被大人接受。然而他們那些活動容有爭議，卻也揭露出網路公共空間更多的政治層面。

置身於網路公共空間，與之共存

如今社群媒體已經成為社會的一部分，而今天的青少年不論個人參與程度的深淺，總之也都來到方便取得資訊和媒介化通訊的時代。社群媒體的創新將不斷湧現，以更引人興趣的方式創造出新的互動形式，讓整個社會更趨於複雜。移動設備的興起也帶來更多挑戰，讓目前已經普遍的「永遠上線」邁向新層次，也為實體空間的巡遊創造出新途徑。隨著社群媒體日益普及，實體世界和數位世界將更趨交纏，界限越來越模糊。創新帶來新挑戰，我們對於隱私設置、身分

維護都必須重新思考，對於日常社會動態的融入與協商也必定要面對新的問題。假如歷史會帶給我們什麼教訓和啟發的話，就是過去成年人對青少年使用社群媒體的恐懼和憂慮，必定也會在未來青少年使用更新的科技製品時再次出現。[18]

這本書所談的雖是特定時代美國青少年的狀況，尤其是針對普遍流行的社群媒體相關問題，但其中的基本狀況絕對不是現在才有的。我以青少年對社群媒體的參與，來思考許多社會技術層面的問題，主要在於檢視更廣泛的文化結構，以及一些我們習以為常的價值觀。我們對於青少年作為的認定或許不盡完整，尤其是透過一些扭曲的描述來評斷個人、群體和文化製品。

我們常常把科技當做是希望或焦慮的目標。有些事物只因為它是新的，就會成為完美的出氣筒。但最難、也最重要的是，社會在面對科技變革時，應該要思考的是其中真正改變了什麼，又有哪些是沒變的。電腦學家瑟夫（Vint Cerf）曾說：「網路就像是整個社會的一面鏡子，會映照出我們所看見的事物。要是我們在鏡子裡看到不喜歡的問題，就該從社會來改善，而不是修理那面鏡子。」[19] 要用批判性的眼光來檢視更大的系統變革，不光只是看到那些新穎而造成的破壞，更要從歷史脈絡中來加以解讀，但這就更加困難了。

經由他們的實驗和挑戰，今天的青少年為大家展示出科技與社會的某些複雜互動。對於各式各樣的問題雖然不一定都有答案，但他們在這個網路世界的運作方式，也為科技融入、進而塑造日常生活，提供了寶貴的經驗可供思考。

　　青少年都努力想要了解他們置身其中的網路公共空間，以及他們揭示文化特質的各種方式，凡此也都凸顯出社會在科技融入日常生活時要面對的諸多挑戰。同時青少年也跟往常一樣，一直都以彈性和創意來利用科技，實現他們的願望和目標。他們熱中運用科技來探索新的可能，力求控制自己的生活，想方設法要成為公眾生活的一部分。這讓那些害怕或憂慮青少年的人感到恐懼，但我們也不該讓這種情況誤導，更應該認識到社群媒體提供一種工具，讓青少年能夠掌控自己的生活。

　　當青少年開始協助建立網路公共空間時，他們對社會就會有一定的想像，也想像自己在這個社會裡頭的位置。透過社群媒體，青少年揭示了自己的希望和夢想，也讓大家看見他們所面對的困難和挑戰。並不是所有青少年做的都對，但成年人也一樣會做錯。儘管科技可以創造出某些事情，或讓某些事不會發生，但科技也只是讓大家看到青少年面對那些問題時的努力或掙扎，那些有害的事情既不是科技創造出來，也無法靠科技來避免。它只是映照和放大日常生活中的

許多層面，不管那些是好是壞。

　　在網路公共空間中長大而且成為其中的一部分，這件事情並不單純。青少年面對的現實，無法套入烏托邦或反烏托邦這種簡單框架，一味地排斥科技也不能解決他們遇到的問題。網路公共空間已經出現，而且會繼續存在。我們不應該再排斥科技，或者擔心害怕青少年參與社群媒體會怎樣，而是要幫助青少年培養必要的技能和觀點，讓他們得以應付網路公共空間帶來的複雜，並且善加利用。只要我們一起努力，成年人和青少年就能建造出大家樂居其中的網路世界。

NOTES

1. Matthews, Taylor, Percy-Smith, and Limb, "Unacceptable Flaneur."

2. Seiter, *Sold Separately*; Schor, *Born to Buy*.

3. Scholz, "Market Ideology and the Myths of Web 2.0"; Lovink, *Networks Without a Cause*.

4. Marwick and boyd, "Tweeting Teens Can Handle Public Life."

5. Duncombe, *Notes from Underground*; Finders,"Queens and Teen Zines"; Bayerl, "Mags, Zines, and gURLs."

6. 媒體學者維迪亞那桑（Siva Vaidhyanathan）在著作《圖書館中的無政府主義者》（*The Anarchist in the Library*）中說明新科技消除體制界限，進而挑戰社會中原本的政治組織。這不只是讓大家利用新科技來參與政治行動，而且這些網路公共空間的功能可以帶來與社會結構相關的技術配置，整個改變政治格局。社會學家卡斯特在專著《通訊力量》（*Communication Power*）中也指出，那些在技術和社會層面上操控網路的人，通常也握有最大權力。

7. 根據「青年參與政治調查計畫」（Youth and Participatory Politics Survey Project）報告，有41%的年輕人至少參與一項政治活動，「藉由以同儕為基礎的互動，個人及團體針對某些公眾議題發出聲音和影響力」。請參見：Cohen et al., "New Media and Youth Political Action"。

8. 媒體學者迪恩（Jodi Dean）認為我說的那些網路公共空間不會成為政治公共空間，因為那些系統均屬商業經營。我尊重她的看法，但我認為這些網路系統一樣存在著許多政治運作，儘管它們並非有利於形成政治氛圍的理想公共空間。請參見："Why the Net Is Not a Public Sphere"。

9. 學者瑞格德（Howard Rheingold）在《聰明暴民》（*Smart Mobs*）書中介紹菲律賓民眾利用科技來散播訊息，聚集起來從事政治活動。埃及和中東地區爆發民眾抗爭時，很多人也都利用社群媒體來獲取資訊和協調各種政治抵抗活動。請參見：Tufekci and Wilson, "Social Media and the Decision to Participate in Political Protests"。

10. 法律專家霍華德（Philip Howard）在著作《獨裁與民主的數位淵源》（*The Digital Origins of Dictatorship and Democracy*）中談到民眾上網率高有助於支持民主，儘管他們並不直接利用網路從事政治活動。「數位媒體與學習計畫」（Digital Media and Learning）報告指出，非政治性質的網路參與文化也會成為公眾或政治活動的明確途徑，包括志工活動、社區問題解決、民眾抗爭和政治表態等。請參見：Kahne, Lee, and Timpany Feezell, "Civic and Political Significance of Online Participatory Cultures among Youth Transitioning to Adulthood"。

11. Khokha, "Text Messages, MySpace Roots of Student Protests."

12. Cho and Gorman, "Massive Student Walkout Spreads Across Southland."

13. Leavey, "Los Angeles Students Walk Out in Immigration Reform Protests."

14. Coleman, "Our Weirdness Is Free"; Norton, "Anonymous 101"；Greenberg, "WikiLeaks Supporters Aim Cyberattacks at PayPal."

15. Olson, *We Are Anonymous*.

16. Shifman, *Memes in Digital Culture*.

17. http://knowyourmeme.com/memes/downfall-hitler-reacts.

18. Fisher, *America Calling*.

19. Vint Cerf quoted in Ward, "What the Net Did Next."

APPENDIX

附錄：受訪青少年名單

　　本附錄提供這本書中受訪青少年的名單，包括他們的基本資訊、採訪日期和使用的社群媒體。這份名單並未列出所有接受採訪的一百六十六位青少年，也不代表所有我觀察過的青少年。這份名單當然不能代表所有的青少年，但可以做為了解書中內容的補充。

　　這裡提供的資料僅是就我所知，且為了保障青少年隱私，我只提供一般的地理訊息。居住在全美五十個最大都市附近者以該城市為居住地；其餘則逕稱州名。我盡量以青少年使用的語言來描述他的種族、族群和／或宗教。有些人並未列出基本資料和文化資料，是因為我也不知道，不敢擅自猜測。社會經濟狀況也未列出，是因為要對青少年進行階級劃分很難做到標準一致。關於性別取向亦未特別詢問，因此也未標示。

本清單列出採訪及網路留言日期、採訪期間青少年使用的社群媒體。如果是由我的同事瑪威克採訪者，另有標明。

阿倫（Aaron；15 歲，德州）：白人，男性，基督教
採訪：2007 年 3 月 14 日。慣用 MySpace，爸媽不知道。

阿碧蓋兒（Abigail；17 歲，北卡羅來納州）：白人，女性，基督教
採訪：2010 年 10 月 13 日。慣用 Facebook；以前用 MySpace。

愛莉西亞（17 歲，北卡羅來納州）：白人，女性，基督教
採訪：2010 年 10 月 10 日。慣用 Facebook 和 Twitter；以前使用 MySpace。

艾莉（Allie；17 歲，印第安納州）：白人，女性，基督教
MySpace 留言：2007 年 12 月 7 日。慣用 MySpace。

艾咪（Amy；16 歲，西雅圖）：黑白混血，女性
採訪：2007 年 1 月 20 日。慣用 MySpace。

安娜－賈西亞（Ana-Garcia；15 歲，洛杉磯）：瓜地馬拉與巴基斯坦混血，女性，回教
採訪：2007 年 3 月 5 日。慣用 MySpace。

安娜塔西亞（Anastasia；17 歲，紐約）：女性
部落格留言：2007 年 8 月 11 日。慣用 Facebook 和 MySpace。

安德魯（Andrew；17 歲，納什維爾）：白人，男性，基督教
瑪威克採訪：2010 年 9 月 30 日。慣用「4chan」；以前使用
Facebook 和 Twitter。

安尼蒂達（Anindita；17 歲，洛杉磯）：印度裔，女性
採訪：2007 年 2 月 20 日。慣用 Facebook 和 MySpace。

艾絮莉（Ashley；14 歲，北卡羅來納州）：白人，女性，基督
教
瑪威克採訪：2010 年 10 月 13 日。慣用 Facebook。

比安卡（Bianca；16 歲，密西根州）：白人，女性
採訪：2007 年 6 月 26 日。慣用 Facebook。

布萊‧蘿莉塔諾一維納（Bly Lauritano-Werner；17 歲，緬因
州）：白人，女性
「青年電台」廣播：2006 年 7 月 24 日。慣用 Facebook 和
LiveJournal。

布魯克（Brooke；15 歲，內布拉斯加州）：白人，女性
採訪：2007 年 4 月 17 日。慣用 Facebook。

卡奇（Cachi；18 歲，愛荷華州）：波多黎各裔，女性
採訪：2007 年 4 月 18 日。慣用 Facebook、MiGente 和 MySpace。

迦勒伯（Caleb；17 歲北卡羅來納州）：非洲裔，男性，基督教

瑪威克採訪：2010 年 10 月 12 日。慣用 Facebook 和 Twitter；以前使用 MySpace。

卡門（Carmen；17 至 18 歲期間，波士頓）：西班牙／阿根廷裔，女性，天主教

採訪：2010 年 7 月 21 日；焦點團體訪談：2011 年 8 月 17 日。慣用 Facebook 和「4chan」；以前使用 Twitter 和 MySpace。

卡特琳娜（Catalina；15 歲，奧斯丁）：白人，女性

採訪：2017 年 3 月 14 日。慣用 Facebook 和 MySpace。

香特爾（Chantelle；15 歲，華盛頓特區）：非洲裔，女性，基督教

採訪：2010 年 11 月 6 日。慣用 Facebook；以前用 MySpace。

克蘿伊（Chloe；15 歲，亞特蘭大）：白人，女性，基督教

採訪：2009 年 5 月 9 日。慣用 Facebook。

克里斯多福（Christopher；15 歲，阿拉巴馬州）：白人，男性，基督徒

採訪：2007 年 6 月 27 日。因為沒興趣，不使用社群媒體。

科琳（Corinne；13 歲，麻州）：女性

焦點團體訪談：2007 年 11 月 15 日。

克雷格・沛提爾（Craig Pelletier；17 歲，加州）：男性
部落格貼文：2007 年 2 月 10 日。慣用 Facebook 和 MySpace。

多明尼克（Dominic；16 歲，西雅圖）：白人，男性
採訪：2007 年 1 月 21 日。慣用 Facebook 和 MySpace。

艾茉莉（Emily；16 歲，賓州）：白人，女性
採訪：2007 年 5 月 5 日。慣用 Xanga。

佛萊德（Fred；15 歲，德州）：白人，男性
採訪：2007 年 3 月 14 日。因為父母禁止，不使用社群媒體。

希瑟（Heather；16 歲，愛荷華州）：白人，女性
採訪：2007 年 4 月 21 日。慣用 Facebook、MySpace 和 Xanga。

韓特（Hunter；14 歲，華盛頓特區）：非洲裔，男性
採訪：2010 年 11 月 8 日。慣用 Facebook。

詹姆斯（James；17 歲，西雅圖）：白人與美洲原住民混血，
男性
採訪：2007 年 1 月 20 日。慣用 MySpace。

珍娜（Jenna；17 歲，北卡羅來納州）：白人，女性，基督教
採訪：2010 年 10 月 13 日。慣用 Facebook；以前用 MySpace。

喬丹（Jordan；15 歲，奧斯丁）：混血（墨西哥與白人），女性，天主教
採訪：2007 年 3 月 14 日。慣用 Facebook 和 MySpace。

凱特（Kat；15 歲，麻州）：白人，女性
採訪：2007 年 6 月 20 日。慣用 Facebook；以前用 MySpace。

凱絲（Kath；17 歲，馬里蘭州）：白人，女性
科羅拉多州訪談：2008 年 7 月。慣用 Facebook。

凱凱（Keke；16 歲，洛杉磯）：黑人，女性
採訪：2007 年 1 月 12 日。慣用 MySpace。

莉拉（Lila；18 歲，密西根州）：亞裔／越南裔，女性
採訪：2007 年 6 月 27 日。慣用 Facebook。

莉莉（Lilly；16 歲，堪薩斯州）：白人，女性
採訪：2007 年 4 月 16 日。慣用 Facebook 和 MySpace。

羅洛（Lolo；15 歲，洛杉磯）：拉丁裔／瓜地馬拉裔，女性
採訪：2007 年 1 月 23 日。由於前男友的壓力，不使用社群媒體。

瑪努（Manu；17 歲，北卡羅來納州）：印度裔，男性，印度教
採訪：2010 年 10 月 12 日。慣用 Facebook 和 Twitter。

馬修（Matthew；17 歲，北卡羅來納州）：白人，男性，基督教
採訪：2010 年 10 月 10 日。慣用 Facebook 和 Twitter；以前使用 MySpace。

梅蘭妮（Melanie；15 歲，堪薩斯）：白人，女性
採訪：2007 年 4 月 16 日。慣用 Facebook 和 MySpace。

麥可（Mic；15 歲，洛杉磯）：埃及裔，男性，回教
採訪：2007 年 1 月 22 日。因父母限制，不使用社群網站。

米奇（Mickey；15 歲，洛杉磯）：墨西哥裔，男性
採訪：2007 年 1 月 12 日。慣用 MySpace。

米卡拉（Mikalah；18 歲，華盛頓特區）：黑人，女性
瑪威克採訪：2010 年 11 月 7 日。慣用 MySpace 和 Facebook。

麥克（Mike；15 歲，加州）：白人，男性
談話：2016 年 5 月。慣用 Facebook。

米拉（Myra；15 歲，愛荷華州）：白人，女性，基督教
採訪：2007 年 4 月 22 日。因父母限制，不使用社群網站。

娜塔莉（Natalie；15 歲，西雅圖）：白人，女性，基督教
採訪：2007 年 1 月 20 日。慣用 MySpace。

尼古拉斯（Nicholas；16 歲，堪薩斯州）：白人，男性
採訪：2007 年 4 月 14 日。慣用 Facebook 和 MySpace。

莎布麗娜（Sabrina；14 歲，德州）：白人，女性
採訪：2007 年 3 月 15 日。慣用 MySpace。

薩曼莎（Samantha；18 歲，西雅圖）：白人，女性，基督教
採訪：2007 年 1 月 20 日。慣用 MySpace。

莎夏（Sasha；16 歲，密西根州）：白人，女性
採訪：2007 年 6 月 26 日。因父母限制，不使用社群網站。

星恩（Seong；17 歲，洛杉磯）：亞裔／韓裔，女性
採 訪：2007 年 2 月 20 日。 慣 用 Facebook、MySpace、
Cyworld 和 Xanga。

瑟琳娜（Serena；16 歲，北卡羅來納州）：白人，女性，基督
教／路德教派
採訪：2010 年 10 月 14 日。慣用 Facebook 和 Twitter；以前使
用 MySpace。

夏米佳（Shamika；17 歲，華盛頓特區）：非洲裔，女性，基
督徒
採訪：2010 年 11 月 7 日。慣用 Facebook 和 Twitter；以前使用
MySpace 和 Tumblr。

史凱樂（Skyler；18 歲，科羅拉多州）：白人，女性
部落格貼文：2006 年 3 月 16 日。慣用 MySpace。

史丹（Stan；18 歲，愛荷華州）：白人，男性
採訪：2007 年 4 月 18 日。慣用 MySpace。

桑默（Summer；15 歲，密西根州）：白人，女性，天主教
採訪：2007 年 6 月 27 日。慣用 MySpace。

席妮亞（Sydnia；15 歲，華盛頓特區）：黑人，女性
採訪：2010 年 9 月 26 日。慣用 MySpace、Facebook 和 Twitter。

塔拉（Tara；16 歲，密西根州）：亞裔／越裔，女性
採訪：2007 年 6 月 27 日。慣用 Facebook 和 MySpace。

泰勒（Taylor；15 歲，波士頓）：白人，女性
第一次採訪：2010 年 7 月 26 日；後續對談：2012 年春季。慣用 Facebook。

崔維薩（Traviesa；15 歲，洛杉磯）：西班牙裔，女性
採訪：2006 年 12 月 5 日。慣用 MySpace。

崔佛（Trevor；15 歲，北卡羅來納州）：白人，男性，基督教
採訪：2010 年 10 月 9 日，慣用 Facebook。

維琪（Vicki；15 歲，亞特蘭大）：白人，女性，天主教
採訪：2009 年 5 月 9 日。慣用 MySpace、Facebook 和 Twitter。

威佛（Waffles；17 歲，北卡羅來納州）：白人，男性，基督教
採訪：2010 年 10 月 9 日。慣用 Facebook。

沃夫（Wolf；18 歲，愛荷華州）：白人，男性
採訪：2007 年 4 月 18 日。慣用 MySpace。

ACKNOWLEDGMENTS
致謝

雖說寫出這本書實在讓人興奮，但要說是全靠我一個人的努力就太可笑了。我寫這本書獲得很多人的幫助，對於他們提供無數的建議、支持和編輯上的協助，我永遠感謝。

在很久以前，一個遙遠的地方，這本書原本只是一篇論文。2003 年，我開始蒐集社群網站的相關資料，也漸漸對青少年參與社群網站的情況有些疑問。隨著時間經過，這項研究頗有進展，我也很幸運地獲得許多人的合作，他們幫助我、引領我向前邁進。當麥克阿瑟基金會（MacArthur Foundation）成立「數位媒體與學習」（Digital Media & Learning）社群後，我也幸運地成為有史以來第一個大型數位青少年民族誌研究計畫的一分子。感謝麥克阿瑟基金會對這個研究計畫提供許多贊助，尤其要感謝布朗（John Seely Brown）和姚薇兒（Connie Yowell）對我研究工作的一貫

支持。這個研究社群由志同道合的學者一起做相關研究，能夠加入其中真是太幸福了。這個由伊藤瑞子、萊曼（Peter Lyman）和卡特（Michael Carter）等二十八位學者組成的「數位青少年」團隊，為我的論文提供了絕佳的學術思辨環境，解決了許多難題。我要特感謝赫爾—史蒂芬生（Becky Herr-Stephenson）、霍斯特（Heather Horst）、帕斯科伊（CJ Pascoe）和派克爾（Dan Perkel），他們花了許多時間跟我討論和辯論。

這個研究計畫開始於加州大學柏克萊分校，感謝我在那兒受到極大的支持，特別是我的論文口試委員，伊藤瑞子、海登（Cori Hayden）、布瑞爾（Jenna Burrell）、賽桑尼亞（Anno Saxenian）諸位，幫助我將想法化為值得獲得獎勵的論文。尤其是在我摯敬的顧問萊曼因腦癌過世之後，要是沒有以上諸位，我不可能完成這項研究。感謝資訊學院全體人員不斷地支持我向前走，尤其是戴維斯（Marc Davis）和豪斯（Nancy Van House）。

拿到博士學位之後，我跟全世界最棒的搭檔瑪威克一起展開新的田野調查，一起到南部訪談青少年，努力融入青少年文化。這次的合作也讓我原先的想法獲得絕大的強化，特別是〈隱私〉和〈霸凌〉兩章如果缺少她的真知灼見，那完全是不可能完成。瑪威克的協助，讓我重新思考我原先許多

假設和問題，使我在理論方面更加完備。

　　在處理那些資料時，有許多研究助理幫我追查文獻，整個作業進行得井井有條，這方面要謝謝傑克森（Sam Jackson）、莫瑞（Ann Murray）、李維特（Alex Leavitt）、卡斯蒂爾（Heather Casteel）和格里森（Benjamin Gleason）諸位。還有一些人非常有耐心地幫助我梳理思緒，哈佛大學柏克曼網路與社會中心（Berkman Center for Internet and Society）的同事跟我一起組成讀書會，讓我在研究過程中維持正確方向。我要特別感謝多納特（Judith Donath）、哈吉泰（Eszter Hargittai）、麥克萊（Colin Maclay）、希爾斯（Doc Searls）、溫伯格（David Weinberger）和祖克曼（Ethan Zuckerman）等諸位，花了許多時間與我共享痛苦和喜悅。

　　夏佛勒（Doree Shafrir）幫我擺脫生硬的論文用語，把這些材料重新安排成一本書。當我在撰寫過程中迷途失所，不知道自己何去何從，諾頓（Quinn Norton）跳進來擔任我的文字訓練師，施以「鞭擊」錘練，讓我流離渙散的思緒能夠化為可供閱讀的文字。還有米特納（Kate Miltner）幫助我研磨論證，在邏輯上拾闕補漏。

　　我向朋友和同事尋求反饋和意見時，他們都非常樂意

閱讀我的作品，並且在幾個不同階段給予我許多回饋，在這方面我要特別感謝：Mark Ackerman、Ronen Barzel、Geof Bowker、Elizabeth Churchill、Beth Coleman、Jessie Daniels、Cathy Davidson、Judith Donath、Nicole Ellison、Megan Finn、Jen Jack Gieseking、Elizabeth Goodman、Germaine Halegoua、Eszter Hargittai、Bernie Hogan、Mimi Ito、Henry Jenkins、Airi Lampinen、Amanda Lenhart、Jessa Lingel、Nalini Kotamraju、Eden Litt、Mary Madden、Alice Marwick、John Palfrey、CJ Pascoe、Jillian Powers、Hannah Rohde、Adrienne Russell、Jason Schultz、Clay Shirky、Christo Sims、TL Taylor、David Weinberger、Sarita Yardi、Michele Ybarra 及 Ethan Zuckerman。他們的見解和挑戰讓這本書更為完備。

在整個撰寫過程中，耶魯大學出版社的編輯，馬金（Alison Mackeen）和卡拉米亞（Joe Calamia）不斷地擔供指導，讓它可以成為首尾連貫的書稿。有耶魯大學出版社團隊的協助，才能從 Word 文件檔的草稿變成一本正正經經的著作。我在 ICM 公司的代理（先是李〔Kate Lee〕後來是達爾〔Kristine Dahl〕），以及萊‧布若公司（Leigh Bureau；尤其是奈夫〔Wes Neff〕）幫助我表達研究心得，並規畫如何找到讀者。

　　在創作過程之外，我在學術和策略上也受到多位導師的指點，我要特別感謝：Andy van Dam、Judith Donath、Henry Jenkins、Genevieve Bell、Mimi Ito、Peter Lyman、John Palfrey，以及 Jennifer Chayes，不斷地給我建議和支持。我尤其要謝謝伊藤瑞子在這個計畫中時時給予指點，也要謝謝我心愛的顧問萊曼，他對我十分信任。學術圈以外我也很幸運地擁有許多導師、上司和業界人士的協助，他們都敞開大門幫助我了解社群媒體方面的技術問題，這方面要特別謝謝：Tom Anderson、Adam Bosworth、Lili Cheng、Cory Doctorow、Caterina Fake、Reid Hoffman、Bradley Horowitz、Joi Ito、Craig Newmark、Tim O'Reilly、Ray Ozzie、Marc Pincus、Ian Rogers、Linda Stone、Jeff Weiner 以及 Evan Williams。

　　我在讀完研究所時，很幸運地在微軟研究院（Microsoft Research）找到一個知識分子的家，於身邊多位大學者的督促下更深入地思考一些問題。我要特別感謝：Alice Marwick、Mike Ananny、Andrés Monroy-Hernández、Megan Finn、Nancy Baym、Kate Crawford 以及 Mary Gray 諸位，還有一些很厲害的實習生和訪問學者，他們不吝與我合作並提供建議。我也要感謝微軟研究院和「社群媒體集合體」（Social Media Collective）諸多人員這幾年來與我的合作。我很謝謝那些張開雙臂歡迎我去提出疑問的數學

家和電腦專家，尤其是切爾斯（Jennifer Chayes）和伯格斯（Christian Borgs）和萊希德（Rick Rashid）提供了莫大支持。微軟研究院給我一個知識上的家，讓我可以安心做研究，並且讓我知道一個完善的知識社群可以發揮出多麼強大的力量，促成創新與批評思辨。

多年來，我一直有幸參與許多專業圈子，不但豐富了我的閱歷，也在許多方面獲得支持，包括各種的會議、研討會、讀書會和學術沙龍等，都讓我可以跟多位學者深入思考某些議題。我非常、非常、非常感謝無數位沒提到名字的朋友、學者、同行和同事，他們多年來給我支持，也給我挑戰。如果沒有他們的疼愛、支持和歡笑，我無法想自己可以完成這項研究。

這個研究計畫如果沒有幾百位青少年花時間接受訪談、給我回饋，那也不可能完成。很感謝各位爸爸媽媽允許我採訪這些孩子，也要感謝各地幫助我的老師、圖書館人員、宗教主事、課後輔導員和一些社區成員，全靠他們引薦我才能順利完成採訪。因為考慮到隱私問題，我不能在此一一公布他們的姓名，但我非常感謝大家的幫忙，讓我得以完成這個研究。我要感謝很多位科技人員和工程師，協助我拿到一些資料，也引領我去了解他們在工作中看到的一些狀況。雖然書裡頭我很少談到這個角度的看法，但是在我對青少年網路

參與的定位和描述上大有幫助。

　　我這項研究的規模之大、歷時之久，如果沒有家人的支持也是不成的。我永遠感謝我的母親，凱瑟琳（Kathryn），即使我待在學校的時間長到她覺得不太必要，她都一貫地支持著我；我弟弟，萊恩（Ryan）雖然對他姊姊的瘋癲行徑不太以為然，卻也對我笑臉以待；還有我的表親崔佛（Trevor）和朱莉（Julie），儘管我時常惹出一些麻煩，他們還是一樣地關心我。我也深深感謝我的爺爺、奶奶，迪克（Dick）和麗塔（Rita），長久以來都是我的啟發和靈感。

　　最後也最重要的，我在這個過程中有幸找到身邊的最佳伴侶。我在為博士論文做田野調查時，遇到我的靈魂伴侶吉拉德（Gilad），他伴著我跑遍全世界，讓我保持冷靜，問我一些關於我那個奇特國家的奇怪問題。他始終不渝地支持著我，一直與我同在，這種感覺，有時候讓我拙口訥言說不出來，只能心領神會。我完成這本書時，我們的孩子也正在我的肚子裡慢慢成長。我們一起期待小奇夫（Ziv）的到來，他在未來也會熱愛許多科技新玩意吧。

鍵盤參與時代來了！——微軟首席研究員大調查，年輕人如何用網路建構新世界／達娜‧博依德 danah boyd 著;陳重亨 譯.--初版.--台北市：時報文化，2015.11；352 面；14.8*21 公分

譯自：It's Complicated: The Social Lives of Networked Teens

ISBN 978-957-13-6442-1（平裝）

1.青少年次文化　2.網路使用行為　3.網路社群

544.67

104020882

NEXT 叢書 226

鍵盤參與時代來了！──微軟首席研究員大調查，年輕人如何用網路建構新世界

It's Complicated: The Social Lives of Networked Teens

作者　達娜‧博依德 Danah Doyd｜譯者　陳重亨｜主編　陳盈華｜編輯　劉珈盈｜美術設計　廖韡｜執行企劃　林貞嫻｜董事長‧總經理　趙政岷｜總編輯　余宜芳｜出版者　時報文化出版企業股份有限公司　10803 台北市和平西路三段 240 號 3 樓　發行專線—(02)2306-6842　讀者服務專線—0800-231-705‧(02)2304-7103　讀者服務傳真—(02)2304-6858　郵撥—19344724 時報文化出版公司　信箱—台北郵政 79-99 信箱　時報悅讀網—http://www.readingtimes.com.tw｜法律顧問　理律法律事務所　陳長文律師、李念祖律師｜印刷　勁達印刷有限公司｜初版一刷 2015 年 11 月 6 日｜定價　新台幣 380 元｜行政院新聞局局版北市業字第 80 號｜版權所有　翻印必究（缺頁或破損的書，請寄回更換）